LA FIGURE DU PRÊTRE
DANS LES GRANDES TRADITIONS RELIGIEUSES

Actes du Colloque en hommage à M. l'abbé Julien RIES

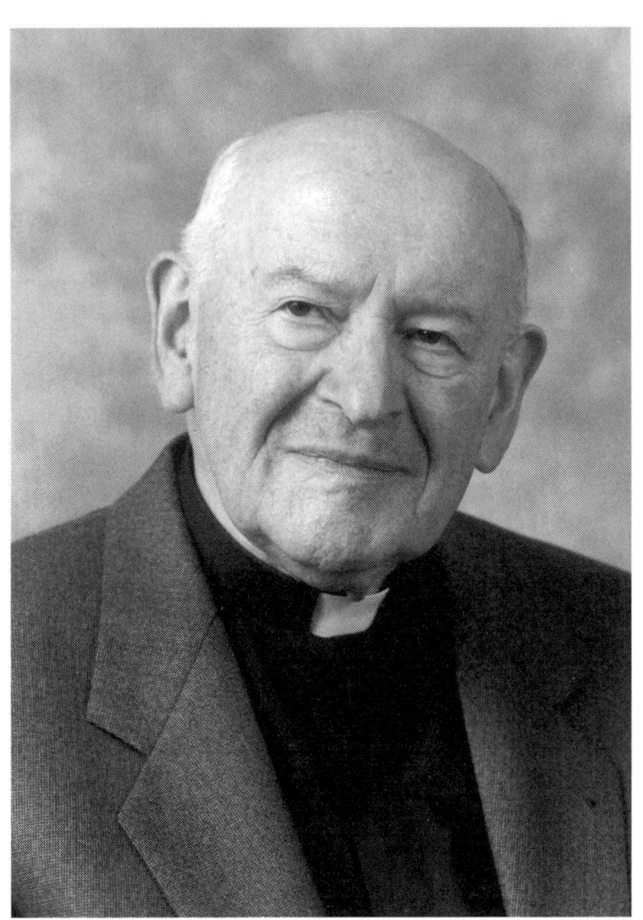

COLLECTION D'ÉTUDES CLASSIQUES
Volume 20

LA FIGURE DU PRÊTRE DANS LES GRANDES TRADITIONS RELIGIEUSES

Actes du Colloque organisé en hommage à M. l'abbé Julien RIES
à l'occasion de ses 80 ans par les Départements de Langues et littératures classiques et de Philosophie des Facultés Universitaires Notre-Dame de la Paix en collaboration avec la Société belgo-luxembourgeoise d'Histoire des Religions
(Namur, du 26 au 28 octobre 2000)

édités par

A. MOTTE et P. MARCHETTI

avec la collaboration de
P. Pietquin

ÉDITIONS PEETERS / SOCIÉTÉ DES ÉTUDES CLASSIQUES
LOUVAIN - NAMUR - PARIS - DUDLEY, MA
2005

A CIP-record for this book is available from the Library of Congress.

61 rue de Bruxelles, B-5000 Namur (Belgium)

Dépot légal: D. 2005/0602/36
ISBN 90-429-1596-X (Peeters Leuven)
ISBN 2-87723-858-X (Peeters France)

PRÉFACE

La figure du prêtre dans les grandes traditions religieuses

Même si cet ouvrage, fruit d'un congrès de haute qualité scientifique, traite de la figure du prêtre dans les grandes traditions religieuses et non seulement dans l'Église du Christ, qu'il me soit permis, en guise de préface, de souligner, du point de vue catholique, l'importance décisive et la brûlante actualité du thème ici abordé.

Le monde dans lequel nous vivons a un besoin essentiel de transcendance. Car l'homme est ainsi fait que seul ce qui dépasse sa mesure est vraiment à sa mesure. Il est un animal métaphysique. Comme tel, son intelligence et sa volonté ne sont pas seulement ordonnées à des vérités ou des biens partiels. Même la totalité des objets du monde ne suffirait pas à rassasier son appétit de connaissance et son désir de bonheur. L'homme est un animal branché sur l'être et que seule la plénitude de l'être pourrait combler.

Mais il y a transcendance et transcendance. Sur le marché de la spiritualité, beaucoup de transcendances de nature impersonnelle sont proposées à l'homme contemporain. Que d'anonymat dans les effluves, les énergies, les radiations que s'efforcent de capter la pensée positive ou l'approche holistique du Nouvel Âge ! Par rapport à la consistance unique de la personne, cette transcendance abstraite joue alors le rôle d'un solvant où se dilue la valeur irremplaçable de chaque individu.

Dans beaucoup de religions, le sacerdoce est signe de transcendance. Il est une médiation qui évoque et représente ce qui, dans le réel, précède, porte et dépasse notre existence. Dans les Églises et communautés ecclésiales chrétiennes qui ont découvert et gardé le trésor de la figure du prêtre, cette transcendance renvoie à un visage personnel : celui du Christ. Le prêtre y est signe de transcendance. Il rappelle, par la dimension sacrée de son ministère, que l'Église n'est pas une simple association spirituelle, un groupe de militants cultivant en autogestion des « valeurs évangéliques ». C'est déjà beaucoup.

Mais en renvoyant, par son ordination, à la succession apostolique et, par là, aux Apôtres choisis et envoyés par Jésus et enfin à Jésus lui-même, le Fils et l'Envoyé du Père, le prêtre atteste que la transcendance qu'il représente est de nature personnelle. Il n'est pas un simple « fonctionnaire du sacré », mais celui qui, par son ministère, rend présent le Christ, Parole de Dieu venue en ce monde, seul Prêtre de l'Alliance nouvelle et éternelle, seul Berger de son Peuple. Même le caractère masculin du prêtre est, dans l'Église catholique et l'Église orthodoxe, signe d'une transcendance profondément personnelle, dès lors qu'il renvoie au Christ en tant qu'Époux de l'Église.

Par ces quelques mots, je voudrais rendre hommage à la réflexion menée par le Congrès de Namur. Mais l'on comprendra que je souhaite aussi honorer de la sorte l'un de mes éminents confrères, l'abbé Julien Ries, autour duquel ce Congrès a voulu se réunir. Je me réjouis de voir ainsi d'éminents spécialistes saluer le travail mené depuis tant d'années. avec une opiniâtreté inébranlable, par un grand savant et un prêtre exemplaire.

Mgr A. M. LÉONARD
évêque de Namur

FIGURES DE PRÊTRE DANS LA LITTÉRATURE GRECQUE

André MOTTE

I. Hommage

L'intitulé même de notre colloque constitue à lui seul un hommage discret à celui que nous fêtons aujourd'hui. Sans doute s'attend-on à ce que référence soit faite ici à la première partie du titre : « La figure du prêtre ». Sans vouloir méconnaître ce rapport évident, que d'autres que moi ont d'ailleurs souligné, c'est la seconde partie du titre que, pour ma part, je voudrais quelque peu gloser. L'expression « dans les grandes traditions religieuses » n'est en effet, vous l'aurez reconnu, qu'une *oratio variata* de celle qu'affichent au moins cinq publications majeures dont le professeur Julien Ries a été l'éditeur ou le co-éditeur, à commencer par les trois volumes par lesquels a été inaugurée, dès 1978, la collection *Homo religiosus* sous le titre : *L'expression du sacré dans les grandes religions* [1]. C'est à lui que revient donc la paternité de cette expression, présente ensuite dans le titre d'un colloque à l'organisation duquel il a participé et dans celui d'un autre colloque dont il a été lui-même l'initiateur [2]. Mais les mots importent moins, en l'occurrence, que les préoccupations qu'ils traduisent. J'en perçois deux pour ma part.

1. J. RIES (éd.), *Homo religiosus* 1, 2 et 3, Louvain-la-Neuve, Centre d'histoire des religions, 3 vol., 1978, 1983, 1986.

2. H. LIMET et J. RIES (éd.), L'expérience de la prière dans les grandes religions. Actes du colloque de Louvain-la-Neuve et Liège (nov. 1978) (Homo religiosus, 5), Louvain-la-Neuve, 1980 et J. RIES (éd.), *Le symbolisme dans le culte des grandes religions. Actes du colloque de Louvain-la-Neuve (oct. 1983)* (Homo religiosus, 11), Louvain-la-Neuve, 1985. Ce dernier ouvrage a connu une édition italienne sous le titre *I simboli nelle grandi religioni*, Milano, Jaca Book, 1988 ; 2e éd., 1997. À lire au sujet des remarques qui vont suivre sur « le comparatisme en histoire des religions », l'ouvrage portant ce titre de F. BOESPFLUG et Françoise DUNAND (dir.), Paris, 1997.

Dans la passion pour l'étude des religions qui n'a cessé de le mobiliser, le professeur Ries a cherché continûment à faire se rencontrer et à dialoguer ensemble de nombreux spécialistes des religions, de Belgique et de l'étranger, croyants ou non, de diverses confessions et de divers courants de pensée. Il s'est donc fait un rassembleur, un trait d'union entre personnes et entre institutions. Et l'on peut dire qu'il a pleinement réussi dans cette entreprise. J'en veux pour preuve la composition du Comité qui anime notre jeune société belgo-luxembourgeoise d'histoire des religions, dont il est le président-fondateur et qui regroupe aujourd'hui - fait totalement inédit en ce domaine dans notre pays - des représentants des sept institutions universitaires francophones concernées, auxquelles se sont joints le Musée royal de Mariemont et la Faculté de théologie protestante de Bruxelles.

Mais cette volonté de rassemblement répond aussi, je pense, à une préoccupation scientifique, méthodologique pour être plus précis. L'histoire des religions est par nature fragmentée, à l'image des fractures de l'espace et du temps qu'elle a l'ambition de couvrir. Une saine méthode commande que chaque religion soit d'abord investiguée pour elle-même, aux époques et dans les régions où elle s'est implantée, dans son contexte culturel, dans ses caractéristiques les plus constantes aussi, comme dans les diversités liées à son devenir. Qui ne voit cependant qu'une intelligence affinée des phénomènes religieux requiert un certain recul, celui que permet précisément la comparaison entre deux et, si possible, entre plusieurs religions. Cette démarche peut faire apparaître des analogies, voire des continuités dans la manière d'appréhender le sacré et de l'exprimer en paroles et en gestes, mais aussi des divergences significatives mettant en relief des spécificités propres. L'étude des religions n'a donc pas moins besoin de bons comparatistes que de bons spécialistes. Or, au prix d'un immense labeur, notre jubilaire a été l'un et l'autre, et nous lui sommes reconnaissants de nous avoir entraînés bien souvent dans le jardin de ses curiosités multiples et des découvertes qu'il y a faites en comparant « les grandes religions ».

Il s'imposait donc que ce colloque rappelât, dans son titre même, cette double préoccupation qui fut la sienne. Comparer, à vrai dire, c'est déjà ce que chacun de nous est appelé à faire dans sa propre spécialité. Comment pourrait-on, en effet, définir les caractérisques propres à une religion sans avoir au préalable repéré des données persistantes et jugées significatives ? Mais combien stimulante et féconde pour l'étude apparaît aussi la découverte de différences, de faits parfois marginaux qui, par l'approfondissement de la recherche qu'ils appellent, amènent à nuancer des jugements, à tempérer des généralisations trop hâtives, à réviser même quelquefois des vues d'ensemble généralement admises ou, à l'inverse, à les conforter et à les mettre plus vigoureusement en relief. L'exception, dit-on, peut confirmer la règle.

II. Aperçu de la prêtrise en Grèce

Ces propos ne sont pas l'annonce d'une révision déchirante que se proposerait mon petit exposé sur la prêtrise en Grèce. C'est bien cependant à faire voir des discordances entre certains témoignages littéraires et la représentation que l'on se fait traditionnellement du prêtre grec que je vais m'employer. À défaut d'une remise en cause radicale, ce bref aperçu pourra du moins déboucher sur quelques questions.

Demandons-nous d'abord ce que représentait le plus communément le prêtre aux yeux des anciens Grecs [3]. *Sub verbo* ἱερεύς – c'est le mot en l'occurrence de beaucoup le plus courant –, l'*Etymologicum magnum* (468, 5) définit le prêtre comme « celui qui envoie (ἀναπέμπω) à la divinité des sacrifices ». Cette définition correspond assez bien à la perception des Anciens. Nombreuses, en effet, sont les scènes évoquant un prêtre ou une prêtresse (ἱέρεια) en train de procéder à un sacrifice, aussi bien dans l'iconographie que dans la littérature. Dans un passage du *Politique* (290 c-d), Platon ratifie cette manière de voir, non dans la perspective d'un État idéal à créer, mais bien en référence à l'opinion courante, qu'il éclaire par d'intéressantes précisions. Après avoir parlé des devins qui, par leur science de la mantique, sont des interprètes des dieux auprès des hommes, il évoque le rôle des ἱερεῖς qui, « conformément à ce que veut la tradition (τὸ νόμιμον), sont capables d'offrir aux dieux, en notre nom, les sacrifices qui les agréent et leur adresser des prières pour qu'ils nous comblent de leurs biens ». L'une et l'autre de ces tâches, ajoute-t-il, relève d'un art du

3. S'il n'existe pas encore d'ouvrage d'ensemble, un tant soit peu développé, sur la prêtrise en Grèce, il ne manque pas d'aperçus de qualité. Pour brosser le portrait rapide qu'on va lire, je me suis plus particulièrement inspiré des études suivantes : ZIEHEN, art. « *Hiereis* », dans *R.E.*, VIII, 2, 1913, col. 1411-1424 ; Ph.-E. LEGRAND, art. « *Sacerdos* », dans DAREMBERG - SAGLIO - POTTIER, *Dictionnaire des antiquités grecques et latines*, IV, 2, 1911, p. 934-942 ; J. LABARBE, art. « Grèce (Religions de la Grèce antique) », dans P. POUPARD (dir.), *Dictionnaire des religions*, Paris, P.U.F., 3e éd., 1984, vol. II, p. 793-795 (« Lieux, personnel, actes du culte ») ; W. BURKERT, *Greek Religion*, Cambridge (Mass.), 1985, p. 95-98 (l'A. veille à ne pas réduire ses informations à un même dénominateur commun) ; Madeleine JOST, *Aspects de la vie religieuse en Grèce*, Paris, Sedes, 1992, p. 96-112 (« Les acteurs du culte ») ; Vinciane PIRENNE-DELFORGE, « Religion grecque », dans Y. LEHMANN (dir.), *Religions de l'Antiquité*, Paris, P.U.F., p. 134-139 (« Le personnel religieux »). Pour une étude circonstanciée, l'ouvrage, un peu vieilli, de J. MARTHA, *Les sacerdoces athéniens*, Paris, 1882, demeure précieux. L'occasion me sera donnée, chemin faisant, de citer quelques recherches plus ciblées.

service (διάκονος). Ainsi donc, le prêtre, serviteur de la divinité, est aussi au service de sa communauté. C'est en son nom qu'il sacrifie, mais également qu'il prie.

Car la prière commune relève aussi de l'office du prêtre [4]. Elle fait d'ailleurs partie intégrante du sacrifice, mais elle peut en être dissociée, comme le montre, par exemple, la scène célèbre du chant 6 de l'*Iliade* (vers 370 et s.) qui met en scène la prêtresse Théanô [5] recevant d'Hécube un magnifique voile brodé qu'elle s'en va déposer sur les genoux d'Athéna – comprenons : de la statue d'Athéna – dont elle est la servante. Après quoi elle supplie la déesse de faire en sorte que Diomède, le tombeur des Troyens, morde bien vite la poussière et elle lui promet, si sa prière est exaucée, que douze génisses lui seront sacrifiées dans un sanctuaire. En ce péril extrême, c'est donc à une prêtresse que les femmes de la cité font appel pour être la porte-parole des supplications solennelles et de la promesse d'offrir des sacrifices en cas d'exaucement.

Prière et sacrifice, qui sont les deux actes principaux du culte, font donc du prêtre qui en a officiellement la charge un médiateur privilégié entre la communauté et les divinités qu'elle vénère. Mais, il faut le préciser d'emblée, ni la prière ni le sacrifice ne sont en Grèce le privilège exclusif des ἱερεῖς et des ἱέρειαι. À la limite, tout fidèle adulte est invité, à titre privé, non seulement à prier, mais aussi à offrir des sacrifices. Pareille responsabilité incombe évidemment au chef de famille agissant au nom des siens et il est aussi des magistrats, – politiques comme l'archonte-roi à Athènes ou militaires comme les stratèges –, qui sont mandatés pour accomplir de tels actes. Les prêtres au sens strict du terme sont également concurrencés dans leurs prérogatives par diverses catégories de personnages exerçant des fonctions typiquement religieuses. Tels sont, on vient de le voir, les devins dont Platon dit qu'ils ont aussi une mission de service ; à titre officiel ou privé, ils interprètent les signes envoyés par les dieux, comme le vol des oiseaux, pour faire connaître leur volonté. Proches d'eux sont les devins-prophètes dont la parole est censée être directement inspirée

4. Un vieux mot rare, ἀρητήρ, présent chez Homère (*Il.*, 1, 11 ; 5, 78), désigne le prêtre en tant qu'il adresse des prières aux dieux. Sur la prière en Grèce, il faut désormais consulter l'excellent ouvrage de Danièle AUBRIOT-SÉVIN, *Prière et conceptions religieuses en Grèce ancienne jusqu'à la fin du* V[e] *siècle av. J.-C.* (Série littéraire et philosophique, 5), Lyon, Maison de l'Orient Méditerranéen, 1992.

5. À ce personnage, P. WATHELET (*Dictionnaire des Troyens de l'Iliade*, Liège, 1988, p. 577-582) consacre une longue notice qui fourmille d'informations. Il est d'autres figures de prêtre chez Homère, par exemple : Chrysès, qu'Apollon apprécie beaucoup et dont la prière sera exaucée après l'outrage qu'Agamemnon lui a fait subir (*Il.*, 1, 370 et s.), ou encore Maron, qui habite dans un bois consacré à Apollon et qu'Ulysse a épargné par respect (*Od.*, 9, 198 et s.).

par la divinité, privilège qu'ils partagent avec des poètes inspirés comme Hésiode et Pindare [6]. Dans le genre, il est encore les chresmologues, interprètes d'oracles transmis par la tradition orale ou consignés par écrit, les exégètes qui sont chargés d'interpréter les règlements sacrés, les experts en purifications (καθαρμοί) et en initiations (τελεταί) qui marchandent leur compétence de cité en cité et parmi lesquels se faufilent parfois des magiciens charlatans [7]. Tous ces personnages sont habilités, ou se prétendent tels, à accomplir des actes sacrificiels et à formuler des prières.

Ce qui, en définitive, fait la particularité des ἱερεῖς et de leurs consœurs prêtresses, c'est qu'ils sont toujours attachés à un sanctuaire déterminé et au service exclusif de la divinité qu'on y vénère. Là, et là seulement, les prêtres sont en charge des ἱερά, des « choses sacrées », c'est-à-dire de tout ce qui est censé soit venir des dieux, comme les rites dont il faut garantir la régularité parfaite et, le cas échéant, les oracles, soit leur appartenir, comme l'espace du sanctuaire (τὸ ἱερόν), l'autel, la statue, le temple, les offrandes déposées, les animaux élevés pour le sacrifice. Dans ce cadre limité, les prêtres officient de façon autonome, assumant des tâches liturgiques, administratives et aussi disciplinaires, mais toujours cependant sous le contrôle de magistrats et de l'assemblée du peuple. Car, à l'époque classique en tout cas, c'est de la cité qu'ils tiennent officiellement leur charge, quelquefois par l'entremise de familles aristocratiques qui ont conservé la maîtrise d'anciens cultes, – comme les Eumolpides et les Céryces à Éleusis –, mais le plus souvent par élection ou par tirage au sort, ou encore, à l'époque hellénistique et en Asie surtout, par une procédure d'achat de la prêtrise, un système qui contribue à pourvoir aux revenus du sanctuaire. Dans la plupart des cas, la durée de la charge est limitée à un an ou à une période située entre deux fêtes solennelles. Une grande diversité s'observe aussi, d'une cité à l'autre, voire d'un sanctuaire à l'autre, quant aux conditions particulières d'âge, de sexe, d'état civil et de continence. Du moins exige-t-on pour les cultes publics la qualité de citoyen, issu d'une famille honorable sur laquelle ne pèse pas de souillure (ἄγος) ancestrale ou récente, ainsi qu'une intégrité physique (ὁλοκληρία). Détail qui n'est pas

---

6. Dans une étude fondée sur l'examen de toutes les occurrences du mot προφήτης jusqu'au IVe siècle av. J.-C., j'ai distingué cinq types principaux de prophétisme : le prophétisme cultuel et oraculaire, le prophétisme télestique, qui joint des rites à la parole, le prophétisme exégétique, qui interprète d'anciens oracles, les prophétismes poétique et philosophique : « Aspects du prophétisme grec », dans J. ASURMENDI (éd.), *Prophéties et oracles*, II, *Égypte et Grèce* (Cahiers Évangile, suppl. au n° 89), Paris, Éd. du Cerf, 1994, p. 41-78 et 106-107 (bibliographie).

7. Bel exemple de devins charlatans chez Platon, *Rép.*, II, 363 e – 365 a. Pour une brillante synthèse sur la magie antique : Fr. GRAF, *La magie dans l'Antiquité gréco-romaine. Théologie et pratique*, Paris, « Belles Lettres », 1994.

sans importance : lorsqu'ils officient, les prêtres portent des vêtement spéciaux de couleur blanche, ou pourpre quelquefois, et ont la tête couronnée de fleurs ou de feuillage. C'est bien une manière de les distinguer et de mettre en relief leur fonction. Car ils ont droit au respect des fidèles et bénéficient de certains privilèges, comme celui de la proédrie, et d'honneurs rendus à leur sortie de charge.

Il n'est donc pas de sanctuaire qui ne possède son prêtre, et celui-ci est souvent assisté, pour des services spécialisés ou subalternes, par un personnel auxiliaire. Les grands sanctuaires disposent assurément de plusieurs prêtres, certains formant parfois des collèges voués à des tâches particulières, comme c'est le cas à Delphes pour les *Hosioi* [8]. En Asie, à l'époque hellénistique, une hiérarchie est parfois décelable par la présence d'un « archiprêtre » (ἀρχιερεύς) ; elle peut l'être aussi, plus généralement, par l'attestation d'un rang protocolaire.

Si ma mémoire est bonne, le titre d'archiprêtre existe encore, distinct de celui d'évêque, dans le diocèse de Namur où nous nous trouvons présentement. Mais pareil détail ne suffit sans doute pas à attester qu'existeraient entre la prêtrise grecque et le clergé chrétien de ce diocèse des rapports autres que très lointains ! Les historiens de la religion grecque insistent tour à tour, et sans doute ont-ils quelques bonnes raisons, sur les différences essentielles qui marquent les deux conceptions. La prêtrise grecque, observent-ils, ne suppose aucune vocation et n'implique pas un genre de vie distinct de celui du citoyen ordinaire. Elle ne réclame pas non plus de compétence particulière et n'exige pas de formation préalable : le premier venu peut l'exercer. Tout au plus le prêtre se fait-il initier à ses tâches par son prédécesseur. Il ne reçoit pas d'ordination lui conférant une marque indélébile : il quitte sa fonction tel qu'il y est entré. Il n'a pas davantage la qualité de théologien ou de catéchiste : il n'enseigne ni ne prêche. Rien en lui ne ressemble non plus à un pasteur, car il ne joue pas auprès des fidèles le rôle d'un conseiller ni celui d'un guide spirituel. Il veille seulement à ce que les visiteurs adoptent dans le sanctuaire une attitude décente et se conforment scrupuleusement aux rites prescrits. É. des Places [9] renchérit en notant que, dans le culte même, les prêtres ne jouent finalement qu'un rôle assez effacé. Mais c'est là sans doute une vision par trop minimaliste, car le fait est qu'ils président bien au sacrifice et que celui-ci est l'élément essentiel du culte, présent dans quasiment toutes les cérémonies et les fêtes de quelque importance.

---

8. Il en sera question plus loin. Voir à ce propos, G. ROUX, *Delphes, son oracle et ses dieux*, Paris, 1976, p. 59-63.
9. É. DES PLACES, *La religion grecque*, Paris, 1969, p. 143.

Au total cependant, on peut être tenté de conclure que le prêtre grec, dans la mesure notamment où il ne dispense pas d'enseignement et n'est pas chargé d'une mission pastorale, n'exerce pas sur les fidèles une influence profonde, « d'autant que, dans l'accomplissement des rites eux-mêmes, il est concurrencé, pour ainsi dire, par des laïcs : les rois et les seigneurs à date ancienne, plus tard les archontes, les stratèges et d'autres, pourvus d'attributions religieuses non négligeables [10] ». Un diagnostic semblable paraît s'imposer à propos du rôle qu'il joue dans la conduite de la cité. L'imbrication entre le religieux et le politique y est, comme on sait, très étroite. Mais si l'assemblée des citoyens et certains magistrats ont bien leur mot à dire dans le fonctionnement des sanctuaires et des cultes, on ne voit pas que les prêtres, en tant que tels, pèsent de quelque manière dans la politique de la cité. Ils le peuvent d'autant moins qu'ils ne forment pas entre eux une caste sacerdotale qui pourrait s'ériger en un contre-pouvoir ou peser sur l'autorité politique [11]. D'un sanctuaire à l'autre, dans une même cité, les personnels attachés au culte n'entretiennent pas entre eux de lien organique. Le prêtre grec, a-t-on remarqué aussi, est un simple fonctionnaire, un employé de la cité, comme il en est beaucoup d'autres. Leur multiplicité, consécutive à la multiplication des sanctuaires, et aussi la durée, le plus souvent éphémère, de leur charge ont sans doute contribué à banaliser la fonction et à en diminuer l'importance. De là à induire que l'institution était gagnée par la routine et menacée de sclérose, il n'y a qu'un pas, vite franchi, mais un peu vite peut-être.

Les données qui soutiennent cette esquisse de la prêtrise grecque, – on pourrait presque parler d'une vulgate -, proviennent pour l'essentiel d'un examen des documents épigraphiques, décrets officiels, lois sacrées, archives comptables des sanctuaires, etc. C'est là assurément, bien que limitée aux aspects institutionnels de la prêtrise, une source de première importance et dont il faut souhaiter qu'elle donne lieu encore à de nombreuses enquêtes ponctuelles [12]. Mais on attend aussi un ouvrage d'ensemble qui intégrerait en outre, mieux qu'on ne l'a fait peut-être jusqu'ici, les données des sources littéraires. À la faveur de coups de sonde pratiqués dans la littérature archaïque et classique, mon attention a été attirée par des textes qui sont loin de corroborer sous tous ses aspects le portrait qui vient d'être tracé.

---

10. J. LABARBE, *op. cit.* (n. 3), p. 594.

11. Voir sur cette question R. GARLAND, « Priest and Power in Classical Athens », dans M. BEARD - J. NORTH (éd.), *Pagan Priests*, Ithaca - New York, Cornell University Press, 1990, p. 75-91.

12. Parmi les monographies récentes on peut citer : J. WINAND, *Les Hiérothytes. Recherche institutionnelle*, Bruxelles, 1990 (il s'agit d'une prêtrise auxiliaire, attestée dans diverses régions de la Grèce antique, que l'A. étudie soigneusement à partir de 130 inscriptions).

Refléteraient-ils une autre part de vérité sur la prêtrise en Grèce ? Les trois auteurs auxquels je me suis borné s'échelonnent sur trois siècles et représentent en outre des genres littéraires très différents.

III. La prêtrise vue par deux poètes et par un philosophe

1. *Les premiers prêtres d'Apollon à Delphes*

Le premier texte est extrait de la « Suite pythique » de l'*Hymne homérique à Apollon* qui relate la fondation du sanctuaire de Delphes et que l'on date généralement du VIe siècle avant notre ère. La dernière partie de ce poème, qui est de beaucoup la plus longue [13], est tout entière consacrée à l'institution en ce lieu de la prêtrise, sous la forme d'un récit mythique très expressif. Plusieurs épisodes méritent l'attention, et tout d'abord la relation du recrutement des prêtres dont se charge personnellement le dieu. Plutôt que de vocation, c'est d'une réquisition qu'il convient de parler ici, tant l'action d'Apollon se déploie dans une violence sacrée qui ne fait guère place au libre arbitre des élus.

Après avoir bâti son temple et s'être vengé de la source Telphouse qui l'avait abusé, Apollon se demande qui il pourrait bien recruter comme prêtres [14] pour le servir (θεραπεύεσθαι : v. 390 d), pour accomplir les actes sacrés (τὰ ἱερὰ ῥέζειν) et pour proclamer ses arrêts (θέμιστες : v. 394). Apercevant du haut du Parnasse des marins crétois voguant paisiblement vers Pylos, il prend l'apparence d'un dauphin et bondit sur le pont du navire ; tel un monstre énorme, il ébranle celui-ci, laissant ses occupants muets de stupeur. C'est lui désormais qui, sans un geste, va gouverner le bateau et le conduire impérieusement jusqu'au port de Crisa où il le fait s'échouer sur le sable. Survient alors une nouvelle et fulgurante épiphanie, sous l'apparence cette fois d'un astre éclatant qui illumine toute la région et

---

13. Dans l'édition de J. HUMBERT (*Hymnes homériques* [C.U.F.], Paris, « Belles Lettres », 1959) que nous suivrons et dont nous emprunterons aussi la traduction, la « Suite pythique » commence au vers 182 et se termine au vers 546. Le récit du recrutement et de l'intronisation des prêtres commence au vers 388 et se poursuit jusqu'à la fin de l'*Hymne*, soit un peu plus de 150 vers.

14. Vers 389 : le terme ici utilisé n'est pas ἱερεῖς, mais ὀργίονες, qui est un *hapax* et qui est à rapprocher de ὄργιον, mot qui est lui-même très rare au singulier, mais assez fréquent au pluriel et employé le plus souvent à propos de cultes à mystères. Cet emploi unique d'ὀργίονες ne permet pas de saisir les connotations particulières que pouvait évoquer ce mot chez les Anciens. Sur ces notions, voir A. MOTTE et Vinciane PIRENNE-DELFORGE, « Aperçu des significations d'ὄργια et de quelques dérivés », *Kernos* 5 (1992), p. 119-140. Sur les associations religieuses désignées par cet autre mot apparenté qu'est ὀργεῶνες, voir l'article récent de Yulia USTINOVA, « Orgeones in Phratries : a Mechanism of Social Integration in Attica », *Kernos* 9 (1996), p. 227-242.

la remplit d'une grande terreur (μέγα δέος : v. 446). Apollon réapparaît ensuite sur le navire, sous la forme d'un adolescent robuste, et il confirme sa réquisition : les Crétois de Cnossos ne reverront plus leur aimable cité ni leurs chères épouses, ils seront pour toujours les gardiens de son temple opulent, sans perspective de retour, mais honorés à jamais de par la volonté des Immortels. Solennellement, à l'issue d'un premier dialogue, le dieu se fait connaître : « Je suis le fils de Zeus, et je me glorifie d'être Apollon (v. 480). »

L'expérience de cette puissance divine et l'effroi qu'elle suscite ont provoqué chez ces étrangers une véritable mutation. La suite du récit, particulièrement digne d'intérêt, les montre, en effet, parfaitement dociles à toutes les injonctions qu'ils reçoivent du dieu. Elle signifie en outre qu'on ne devient pas prêtre d'Apollon à la sauvette ; il y faut une véritable préparation religieuse. Suivant donc à la lettre les instructions de leur nouveau maître, les marins débarquent sur le rivage, y construisent un autel, offrent un sacrifice et, regroupés en cercle, se mettent en prière (εὔχεσθαι : v. 495 et 510). Vient ensuite le repas, ponctué de libations aux Olympiens. Car il a bien été recommandé aux futurs prêtres de chasser en eux tout désir de boisson et de nourriture. C'est qu'ils vont devoir être tout à leur affaire dans la longue marche pèlerine qui va les conduire jusqu'au sanctuaire. Le dieu en personne prend la tête du cortège et leur sert de guide, la lyre à la main, scandant la mesure du pas, tandis que la Muse dépose un chant suave dans le cœur (ἐν στήθεσσιν : v. 519) des pèlerins. Chanter le péan, l'hymne consacré au dieu de la musique qu'est Apollon, c'est une manière privilégiée d'entrer en communion avec lui et de partager son allégresse [15]. Aussi bien est-ce sans fatigue (ἄκμητοι : v. 520) que les Crétois gravissent ensuite la montagne et parviennent au lieu tant « désiré » (v. 521 : χῶρον ἐπήρατον) où le dieu va établir sa demeure ; il leur fait voir son « saint » (v. 523 : ζάθεον) adyton, qui est, comme on sait, l'endroit le plus secret et le moins accessible du temple.

---

15. Cette évocation fait en effet écho à la scène initiale de la *Suite pythique* qui fait voir Apollon, entouré de toute la jeunesse divine, exécutant en musique un pas de danse ; c'est l'image de la fête et du bonheur divins. Sur les rapports étroits entre musique, poésie et célébration festive, voir Danièle AUBRIOT, *Hymnes et prières à travers Homère et quelques autres poètes : la démarche religieuse à l'époque archaïque*, Université de Liège, Entretiens sur l'Antiquité gréco-romaine, 1996, ainsi que son étude « Autour de quelques fêtes épiques et lyriques : Homère et Pindare », dans A. MOTTE et Ch. M. TERNES (éd.), *Dieux, fêtes, sacré dans la Grèce et la Rome antiques*, Turnhout, Brepols, 2003, p. 53-80, et ma contribution au même volume, « Fêtes chez les hommes, fêtes chez les dieux », p. 113-131 (plus spéc. p. 123-130). Le pèlerinage inaugural qu'imagine ici le poète trace la voie sacrée que suivront les générations de fidèles débarquant dans le petit port de Crisa.

Bien qu'admis ainsi dans l'intimité du dieu, ces gens tout ordinaires ne tardent pas à éprouver l'angoisse d'un avenir qu'ils redoutent précaire :

> Seigneur, puisque tu nous as conduits loin de nos amis et de notre patrie [...], comment allons-nous vivre, dès maintenant ? Nous te pressons de nous le faire connaître. Cette terre n'est point bonne pour la vigne ni pour le pâturage [...] (v. 525-529).

C'est qu'ils n'ont pas encore réalisé tout ce que pouvait la puissance d'Apollon. Le dieu commence donc par les gourmander gentiment pour les vains soucis qui les agitent ; puis il ajoute d'un ton impérieux :

> Facile est la parole (ἔπος) que je vais dire et que je vais mettre en votre esprit (ἐπὶ φρεσί). Que chacun, le couteau à la main droite, égorge sans cesse des moutons ; seront présentes à foison toutes les victimes que me conduiront ici d'illustres familles humaines. Prenez soin de mon temple et accueillez ici ces familles des hommes [...] (v. 534-538) [16].

Apollon expose ensuite une autre mission qu'il confie à ses prêtres, celle de prévenir les paroles et les actes de démesure (ὕβρις : v. 541) dont sont coutumiers les hommes. Après une allusion probable à l'amphictyonie, association de douze ethnies chargée d'assurer la protection du sanctuaire delphique, Apollon conclut en faisant écho à son propos initial :

> Tout ainsi a été dit : garde-le quant à toi en ton esprit (v. 544).

Le pluriel initial s'est transformé en un singulier : une manière peut-être de s'adresser personnellement à chaque membre [17] du collège d'ὀργίονες. C'est par cette expression forte, évoquant une sorte d'ordination réalisée par la parole du dieu, que prend fin le récit mythique. Deux vers grâce auxquels le poète prend congé d'Apollon en le saluant et en lui promettant de nouveaux chants clôturent la composition.

Dans ce récit de fondation, remarquable est la place qu'occupe l'institution de la prêtrise, et, plus encore, la manière très appuyée dont l'auteur authentifie et exalte ce ministère, un dessein que servent admirablement la narration mythique ainsi que les symboles et les images poétiques qui la rehaussent. Après l'aperçu de la prêtrise grecque qui a été donné précédemment, on peut difficilement se défendre ici d'une impression de décalage. À l'époque de l'hymne, il est vrai, Delphes n'était déjà plus un lieu saint quelconque, au rayonnement purement local ou régional ; son privilège oraculaire – « le premier oracle pour les hommes »,

---

16. Pour serrer le texte de plus près, je me suis écarté quelque peu, ici et dans la citation qui suit, de la traduction de J. Humbert.

17. Au vers 392, le poète précise que les hommes surpris sur le bateau par Apollon étaient nombreux (ἄνδρες πολέες). À l'époque déjà, les besoins du sanctuaire de Delphes requéraient un personnel important.

si l'on en croit le poète (v. 214) – attirait de nombreux pèlerins, venus de la Grèce entière et même de plus loin. Du point de vue institutionnel cependant, on ne voit pas que l'hymne s'inspire d'une conception de la prêtrise qui serait étrangère au monde grec : il se conforme à des usages delphiques que connaissent aussi d'autres hauts lieux. L'impression de singularité que donne l'hymne émane bien plutôt de la façon dont l'auteur s'attache à interpréter certaines de ces pratiques et à en radicaliser le sens religieux.

En inscrivant l'institution de ce ministère dans l'histoire mythique de la fondation du sanctuaire, le poète entend montrer, en effet, que tout ce qui caractérise la qualité et la fonction des prêtres répond strictement à une volonté divine telle qu'elle s'est exprimée à l'origine : l'élection dont il sont l'objet et la préparation préalable qu'il reçoivent, l'engagement à vie qui est requis de leur part et, en contrepartie, l'assurance que le dieu pourvoira à leurs besoins, les missions qui leur sont dévolues ainsi que l'esprit qui doit les animer et qu'il leur faudra inculquer aussi aux visiteurs du temple.

L'épisode du recrutement s'accompagne d'une illustration grandiose de la puissance apollinienne sous la forme de trois épiphanies successives [18]. La première (v. 400 et s.) révèle un étonnant pouvoir de métamorphose animale et monstrueuse [19] qui laisse ses témoins immobiles et les rend muets de stupeur. La deuxième (v. 440 et s.) revêt une dimension cosmique, assimilant Apollon à un astre fulgurant ; toute la région cette fois est plongée dans une grande terreur qui arrache aux femmes de longs cris. Pour sa troisième épiphanie (v. 448 et s.), Apollon s'humanise enfin sous les traits d'un robuste jeune homme, ouvrant ainsi la voie à un premier dialogue avec ses futurs prêtres que ces effrayants prodiges ont véritablement subjugués.

C'est qu'il était grand besoin d'une manifestation répétée de la puissance divine et de l'effet psychologique qu'en escomptait le dieu pour que soient rendus accessibles à sa réquisition ces paisibles marins, étrangers [20] sur une terre inconnue, qu'il venait d'enlever brutalement contre leur gré (v. 473) et de qui il s'apprêtait à réclamer un arrachement

---

18. Le poète puise ici dans un registre mythique bien connu. On peut songer, par exemple, dans l'*Hymne homérique à Déméter* (v. 275-293), à la scène de transfiguration soudaine de la déesse et à la réaction d'angoisse qu'elle produit chez Métanire et ses filles, ou encore, dans l'*Hymne homérique à Dionysos* I, à l'épiphanie monstrueuse de Dionysos sur le bateau des pirates tyrrhéniens.

19. On sait que le nom grec du dauphin (δελφίς) s'apparente à celui de Delphes.

20. Cette qualité accentue l'idée de rupture, en même temps qu'elle suggère l'audience universelle d'Apollon. Sans compter que le poète évoque peut-être ici d'antiques liens entre Delphes et la Crète.

total à tout ce qu'ils avaient de plus cher sur terre : leur ville, leur maison, leur épouse, leur métier. Qui plus est, l'engagement requis est à vie, sans espoir de retour (v. 476). Le service d'Apollon, décidément, ne s'accommode pas de demi-mesures.

Cette forme violente d'élection n'annonce certes pas les pratiques qui seront en usage chez les hommes. Le temps des fondations, il est vrai, n'appartient qu'aux dieux seuls. Mais on se souviendra que l'idée d'un choix des prêtres opéré par la divinité elle-même n'était pas absente de certaines procédures de désignation, en particulier celle du tirage au sort, comme les Anciens se plaisent parfois à le souligner [21]. Quant à la prêtrise à vie, elle fut bien en usage à Delphes même, comme en d'autres lieux, non seulement pour la Pythie, mais aussi pour le ou les prêtres de premier rang, de même que pour le collège des cinq Hosioi, soit pour les ministères les plus importants [22].

Le fait d'en appeler à des gens tout ordinaires (des navigateurs de commerce), pourvu du moins qu'ils soient de qualité (v. 392 : ἐσθλοί), ne contredit pas non plus les pratiques les plus communes. Aucune disposition intellectuelle particulière, on le sait, aucune formation préalable de ce type n'était requise des prêtres. Remarquable est cependant l'insistance mise ici sur l'initiation proprement religieuse à laquelle Apollon soumet les hommes réquisitionnés avant leur entrée en fonction : sacrifices et prières, procession pèlerine cadencée et baignant dans une divine musique, tous gestes que la troupe des futurs desservants accomplissent à l'unisson et qui les préparent à l'expérience d'une plus grande intimité avec le dieu dans l'endroit le plus reculé de sa résidence. Apollon a pu ainsi s'assurer de leur parfaite docilité à ses instructions et de leur piété fervente, deux qualités qui seront, suggère le poète, l'honneur de leur sacerdoce.

La relation étroite que le dieu entend instituer entre lui et ses prêtres trouve son plein achèvement dans l'espèce d'ordination par laquelle le récit se termine. Le dieu déclare, en effet, « déposer en leur esprit sa parole » et il leur demande de l'y garder à jamais. Cette parole, réputée « facile » (v. 534), livre les premiers décrets dont avait déjà parlé Apollon

21. Par exemple Euripide, *Ion*, 415-416 (les prêtres qui siègent près du trépied delphique et font partie de l'élite ont été désignés par le sort) et Platon, *Lois*, VI, 759 b-c (pour la désignation des prêtres, on doit, par le recours au tirage au sort, laisser au dieu le soin d'exprimer ses préférences). W. BURKERT, *op. cit.*, p. 96, observe : *Sortition may be seen as an intimation of divine will.* La transmission héréditaire de la prêtrise était susceptible d'une interprétation semblable puisque c'est la divinité qui passait pour avoir, à l'origine, choisi ses prêtres, comme on le voit, par exemple, à Éleusis.

22. Voir à ce propos G. ROUX, *op. cit.* (n. 8), p. 53-70, où l'on trouvera les précisions et les références utiles.

(θέμιστες : v. 394), – son premier oracle en quelque sorte, qu'il réserve à ses prêtres –, et elle se veut donc encourageante au moment d'énoncer les missions de la prêtrise. On n'est pas surpris que l'action de sacrifier soit indiquée prioritairement, par une évocation réaliste (couteau à la main !) assortie d'une prédiction bien rassurante pour ces serviteurs inquiets de leur sort : ils auront sans cesse à égorger une multitude innombrable de victimes [23]. Il est fait mention ensuite de la garde du temple opulent, que tiennent en grand honneur tous les hommes (v. 483), et de l'accueil (δέχεσθαι : v. 538) des familles humaines qui afflueront aussitôt. À ce dernier devoir est jointe une tâche éducative et disciplinaire : veiller à ce que le sanctuaire ne soit témoin d'aucune parole et d'aucun acte de démesure (ὕβρις : v. 541) qui ferait injure au dieu. Il faut rappeler ici que ce centre religieux, dès l'époque des Sept Sages, exaltait une forme de piété ayant partie liée avec l'éthique [24]. Bien plus tard, Platon [25] se plaira encore à évoquer les Sept réunis à Delphes pour offrir à Apollon les prémices de leur sagesse et consacrer sur place, ajoute-t-il, ces inscriptions que chacun répète : « Connais-toi toi-même » et « Rien de trop », deux préceptes qui ne sont pas sans rapport avec la notion d'ὕβρις. On peut penser qu'au temps où fut composé l'hymne, les prêtres du lieu étaient déjà attentifs à ce genre de mission que le poète dit avoir été confiée à leurs lointains prédécesseurs.

Se pourrait-il que les prêtres de Delphes bénéficiant d'une fonction à vie aient eu à cœur, en suivant une coutume en usage, de se préparer religieusement à leur haute mission, comme l'auteur de l'hymne invite à le penser, ou serait-ce là seulement une notation de son cru ? Il serait intéressant d'interroger sur ce point les sources disponibles et de le faire aussi pour d'autres lieux. On conviendra à tout le moins qu'un engagement définitif au service du dieu n'était pas une décision que les responsables et, plus encore, les intéressés eux-mêmes pouvaient prendre à la légère. D'autre part, qu'ait existé parfois une véritable cérémonie d'intronisation – comme semble l'esquisser l'hymne en montrant Apollon imposant à ses prêtres sa parole – paraît bien attesté pour le collège des Hosioi œuvrant dans ce sanctuaire. Il existait, montre G. Roux [26], une cérémonie sacrificielle par laquelle un ὁσιωτήρ, un « sanctificateur », « transformait le nouvel élu en *Hosios* ».

---

23. Précédemment, alors qu'il énonçait déjà ses visées concernant les prêtres (v. 394), le dieu avait usé de l'expression ἱερὰ ῥέζειν qui évoque à coup sûr l'action de sacrifier (tout comme le latin *sacra facere* qui a donné *sacrificare*), mais dont la signification peut s'étendre à l'ensemble des actions sacrées qu'accomplit le célébrant.

24. Voir sur ce sujet L. COULOUBARITSIS, *Histoire de la philosophie ancienne et médiévale*, Paris, Grasset, 1998, p. 127-140.

25. *Protagoras*, 343 a-b.

26. *Op. cit.* (n. 8), p. 62.

On constate donc que l'auteur de l'hymne, loin de proposer un modèle inédit de prêtrise, prend ici appui sur des pratiques en usage qu'il s'applique à authentifier en soulignant leur origine divine et à magnifier aussi dans une amplification mythique digne des temps héroïques : c'est au prix d'un déracinement brutal et de rudes privations que les prêtres se vouent entièrement et à tout jamais au service d'un dieu dont ils continueront de porter au plus profond d'eux-mêmes une marque indélébile. Est mise également en relief la mission sociale, de nature éthico-religieuse, qui leur incombera dans ce sanctuaire promis à la plus large audience.

2. Un modèle de prêtre imaginé par Euripide

Un portrait idéalisé d'une même veine, nimbé aussi d'une histoire sainte dont Delphes reste un des principaux épicentres, se retrouve un bon siècle plus tard dans la pièce d'Euripide intitulée *Ion*. Ce personnage légendaire, investi depuis longtemps par l'épopée généalogique dans le rôle de héros éponyme de tous les Ioniens, fait l'objet ici d'une recréation destinée à servir la gloire d'Athènes, bien malmenée en ce Ve siècle finissant. Encore fallait-il qu'Ion ne fasse plus dans cette cité figure d'immigré, mais apparaisse comme un citoyen de pure souche, bien intégré dans la lignée royale des enfants d'Athéna. C'est à quoi s'emploie le poète tragique, avec un clin d'œil amusé sans doute, en faisant d'Ion le fils d'une princesse athénienne, Créuse, la fille d'Érechthée, et d'un père divin, Apollon. Or, pour dissimuler son déshonneur, la mère a dû se résigner à exposer son enfant dans une grotte de l'acropole. Ce geste de désespoir, on le sait, est d'une efficacité presque infaillible pour fabriquer un héros : à la requête de son libertin [27] de frère, Hermès enlève Ion et le conduit au sanctuaire delphique où la Pythie, prise de pitié, le recueille et l'adopte comme un fils.

On n'est plus ici aux origines de la fondation, et le clergé de Delphes est depuis longtemps installé. Le recrutement du futur desservant est donc tout occasionnel et se limite du reste à une unique personne. Mais une situation analogue à celle de l'hymne homérique se remarque déjà : le dieu du sanctuaire choisit lui-même celui qui est appelé à le servir et, derechef, il s'agit d'un étranger, de surcroît heureuse victime d'un enlèvement. Comme le rappellera la Pythie à la fin de la pièce (v. 1343), c'est bien Apollon qui a voulu Ion comme serviteur. Ce choix divin, on le devine, est garant d'une exceptionnelle réussite. Élevé par la Pythie dans l'ignorance

27. Le jeune Ion, devenu prêtre, mais ignorant encore de qui il est le fils, déplorera cette légèreté dont font preuve parfois certains dieux ; ils prennent de force des jeunes filles et puis les abandonnent, ils se précipitent vers les plaisirs sans réfléchir ; ce n'est pas juste et c'est un bien mauvais exemple donné aux hommes (v. 436-451) !

de sa véritable parenté, l'enfant grandit auprès des autels (v. 52, 1190), le dieu en personne prenant soin de sa subsistance (v. 183, 327). Il réside dans le temple même (v. 314-315) et y coule une vie sainte autant qu'austère (σεμνὸς βίος : v. 56). On ne peut concevoir meilleure préparation à l'exercice d'un divin ministère. Aussi bien le jeune Ion, dès que son âge le permet, se voit-il confier par les Delphiens la haute charge de gardien des trésors du dieu, d'intendant de toutes ses richesses (χρυσοφύλαξ, ταμίας : v. 54-55) [28]. La suite le montre œuvrant en outre dans une autre fonction, qui n'est pas non plus inconnue à Delphes [29] : il est prophète du dieu à l'extérieur du temple (προφητεύω [θεοῦ] [...] ἔξω : v. 413-414), mission qui consiste à accueillir et à guider les pèlerins qui surviennent.

Euripide brosse de ce personnage principal un portrait très vivant, fort embelli sans doute, mais en même temps réaliste : le jeune homme n'est pas sans défauts [30]. Ce que le poète tragique entend surtout mettre en évidence, et qui nous intéresse ici, c'est la relation privilégiée qu'Ion entretient avec ce dieu dont il se dit l'esclave (v. 182, 309, 327). Nous ne le verrons pas plongé dans les comptes du sanctuaire, comme il sied à un intendant, mais occupé tout d'abord par de modestes tâches qu'il accomplit spontanément depuis l'enfance (v. 102), avec un zèle émouvant. Chaque jour, il décore le portail du temple, il balaye le parvis et l'arrose d'eau fraîche, il chasse les oiseaux qui menacent les offrandes déposées sur l'autel (v. 103-124, 155 et s.). Il remplit les vases d'eau lustrale, habilité qu'il est à répandre cette eau venue de la fontaine Castalie, « puisqu'il est pur de toute couche » (v. 150). Pour son rôle de « prophète » à l'extérieur du temple, Ion a bien retenu les instructions données par Apollon aux premiers prêtres du sanctuaire. Il

28. L'argument de la pièce parle quant à lui d'une charge de νεωκόρος, sorte de sacristain et de gardien du temple, dont les tâches correspondent bien, en partie du moins, à celles qu'accomplit Ion.

29. Cette fonction « prophétique » est évidemment à distinguer de celle, bien plus noble encore, qu'exerçait la prophétesse par excellence qu'était la Pythie. Dans son rôle de porte-parole du dieu, celle-ci était assistée de « prophètes », au nombre de deux sans doute, dont l'un officiait à l'extérieur du temple, l'autre à l'intérieur, près du trépied. Selon G. ROUX (*op. cit.* [n. 8], p. 56-57), cette fonction était distincte de celle de prêtre proprement dit, avis que ne partage pas H. W. PARKE, « A Note on the Delphic Priesthood », *Class. Quarterly* (1940), p. 85-89. Sur ces prophètes de second rang, témoignant d'une « chaîne prophétique », voir aussi ma contribution citée à la note 6, p. 106-107.

30. Marie DELCOURT (*Euripide, Tragédies complètes*, I, Paris, 1962, p. 608-609), non sans quelque exagération, me semble-t-il, trouve « ce petit sacristain vaniteux et pédant » ; il fait preuve de « snobisme », de « pharisaïsme » et est de surcroît cruel. Rappelons, d'autre part, que Racine n'a pas hésité à s'inspirer du personnage lorsqu'il met en scène, dans *Athalie*, un enfant élevé lui aussi dans un temple, le lévite Joas.

accueille avec bienveillance les pèlerins qui ne cessent d'affluer (v. 239), veille à ce que ne soient prononcées que des paroles pieuses (v. 98-101), rappelle les rites préalables à accomplir pour la consultation (v. 226 et s.) et, au besoin, les fait recommencer (v. 1190-1193). Il sait aussi écouter et veut aider les consultants qui sont dans la peine (v. 242 et s., 333), il en invite d'autres à admirer les splendeurs du temple (v. 232). Et c'est lui encore qui, avec le plus grand soin, fait dresser la tente sacrée pour un festin d'action de grâces auxquels sont conviés les Delphiens (v. 1132 et s.).

La raison de tant de zèle est à chercher dans la piété que nourrit le jeune prêtre pour son dieu et dans le relation intime qui l'unit à lui. Il a de son sacerdoce une conception qu'on pourrait qualifier de mystique. Le voici s'adressant à Apollon :

> Ô Péan ! ô Péan ! Sois béni ! sois béni ! ô toi, fils de Létô !
> Il est beau, le travail, Phoibos, auquel je m'adonne, pour toi, devant ton temple, en l'honneur du séjour fatidique ! Glorieuse est ma tâche, puisque je mets mon bras au service des dieux, ces maîtres immortels, non de maîtres mortels. Et ce pieux labeur, je ne m'en lasse point. Phoibos est mon père, l'auteur de mes jours. Car je bénis le dieu qui me nourrit. Mon bienfaiteur, je l'appelle mon père. C'est Phoibos, le Phoibos de ce temple.
> Ô Péan ! ô Péan ! Sois béni ! sois béni ! ô toi fils de Léto !
>
> (v. 125-140, trad. d'H. Grégoire.)

Quand il fait cette prière, Ion ignore encore qu'Apollon est l'auteur de ses jours. C'est donc d'une paternité toute spirituelle qu'il veut ici parler. Et lorsqu'il aura cru reconnaître son vrai père en la personne d'un pèlerin athénien venu consulter l'oracle, le poète-philosophe lui fera dire que s'il est bien né (γίγνεσθαι) d'un père, son être (οὐσία : v. 1288) n'en appartient pas moins au dieu. À deux reprises d'ailleurs (v. 152 et 182), il proclame sa volonté de ne jamais cesser d'être au service d'Apollon. Vivre à jamais dans le sanctuaire, tel est donc son vœu le plus cher.

On peut même parler, incarnant cet idéal, d'un genre de vie qu'Euripide thématise en l'opposant plus loin (v. 576-675) à la vie de roi, que recommandent le pouvoir, la gloire et les richesses. C'est que le père putatif d'Ion, Xouthos, est lui-même roi d'Athènes et rêve que ce fils inespéré lui succède. Il voudrait donc arracher Ion à l'existence, misérable à ses yeux, qu'il mène dans le sanctuaire. Mais ce dernier résiste, préférant de beaucoup le bonheur modeste qu'il savoure ici, un loisir (σχολή : v. 634) à l'abri des soucis et des intrigues, voué au service des dieux et au commerce avec les hommes, office dont il n'a jamais eu qu'à se réjouir. Ce qui est souhaitable pour les hommes, ajoute-t-il, c'est ce qui est juste ; or, pour ce qui est de moi, la loi et la nature ont convergé pour que je sois offert au dieu. Telles sont les pensées qui le poussent à demander qu'on le laisse en ces lieux. Ion ne cédera à son royal destin qu'après avoir appris que Créuse, l'épouse du roi, est sa mère et Apollon son père, et après avoir reçu les encouragements de la Pythie, garante des visées du dieu [31].

En dépit de contextes très différents, l'*Hymne homérique* et la pièce tragique présentent de remarquables affinités dans leur manière de mettre en relief et de valoriser la prêtrise. De part et d'autre, on se fonde sur des institutions existantes ; on ne cherche pas à les révolutionner, mais bien à en renouveler le sens religieux, auquel on insuffle une vigueur peu banale. L'initiative du choix appartient à la divinité, et grande est la sollicitude que celle-ci nourrit pour ses prêtres. L'entrée dans la prêtrise implique que l'on se soit exercé, longuement dans le cas d'Ion, à une piété qu'habitent une intense ferveur et une totale soumission à la volonté divine. Un déracinement préalable prélude à un engagement sans limite de temps. Mais la pièce tragique personnalise doublement la relation qui unit Ion à son maître. Si le jeune homme n'a pas choisi librement le destin initial qui le fait échouer dans le sanctuaire de Delphes, c'est bien une véritable vocation de prêtre qui a mûri en lui dès l'enfance, avant même que les Delphiens ne ratifient officiellement le choix divin ; d'autre part, sa consécration, corps et âme, et qui se veut définitive, au service d'Apollon fait l'objet de la part du jeune homme d'une profession explicite, appuyée par des propos qui témoignent d'un idéal sacerdotal d'une haute élévation. Il est remarquable que, dans la foulée, Euripide ait songé à introduire la prêtrise dans la thématique des genres de vie en opposant la σχολή mise au service des dieux et des hommes aux ambitions mondaines et aux tracas d'une vie princière. Quant à la mission sociale qu'Ion remplit auprès des pèlerins, elle prend quelquefois des allures pastorales.

Pour chanter la gloire de Delphes et de son dieu, le poète de l'hymne a éprouvé le besoin de faire converger son récit de fondation vers l'institution de la prêtrise et d'exalter celle-ci. Pour célébrer la gloire d'Athènes, l'auteur tragique a, lui, imaginé de faire du héros éponyme des Ioniens un athénien de sang divin, en l'auréolant de surcroît du prestige delphique [32].

31. Une raison qu'Ion invoque au départ, avec une franchise un peu naïve, pour refuser à terme la royauté est que Xouthos n'est pas athénien d'origine, ni non plus de sang royal, et que lui-même, Ion, n'est qu'un bâtard de mère inconnue. C'est l'oracle qui, au prix d'un pieux mensonge, avait révélé à Xouthos sa soi-disant paternité. Après les reconnaissances, la Pythie elle-même exhorte Ion à quitter le sanctuaire et à accepter son destin de roi.

32. C'est peut-être même trop peu dire. Une intention amusée d'Euripide pourrait avoir été aussi de récupérer au profit de sa cité le vieux symbole de l'omphalos delphique, qu'il assimile, par une série de ressemblances, à la corbeille dans laquelle

Mais il ne s'en tient pas là : il fait de ce héros un parangon de la prêtrise et de la vie pieuse. Or le cas d'Ion n'est pas isolé dans son œuvre. Dans quatre autres pièces, comme l'a montré Richard Hamilton [33], le poète tragique s'est plus à mettre en scène des groupes de personnages qui mènent, dans un sanctuaire, une vie sainte à l'écart et entretiennent avec le dieu qu'ils servent une relation privilégiée. Ion ne serait donc qu'un des modèles les plus achevés et les plus réussis de cet idéal de piété, révélateur peut-être d'une évolution de la pensée d'Euripide et que l'auteur de l'article met en rapport avec des changements sociaux et religieux de la fin du Ve siècle.

3. *La prophétesse Diotime et les prêtres-prophètes*

Notre troisième témoignage concerne un autre type de prêtrise et a pour théâtre un autre lieu, Athènes. Il met en scène cette fois un personnage féminin, l'illustre et énigmatique Diotime qui est dite, dans le *Banquet* de Platon, avoir initié Socrate aux mystères d'Éros. Le fait de confier à une femme une fonction religieuse d'importance n'avait rien d'inhabituel ni de choquant pour un Grec. Si les femmes, en effet, apparaissent très rarement à l'avant-scène de la vie politique, il arrive fréquemment qu'à l'instar des déesses elles tiennent un rôle en vue dans la religion, qu'il s'agisse des cultes ou des mythes. Dans le cas présent ne passe pas cependant inaperçu le fait qu'ait été choisie une représentante de la gent féminine pour instruire un petit cénacle de l'intelligentsia athénienne sur des sujets qui, de l'aveu même de Socrate, touchent au sommet de l'expérience spirituelle. Mais pourquoi s'en offusquerait-on, semble dire Platon ? C'est à la divinité qu'incombe le soin de choisir ses porte-parole. À Delphes, une Pythie officie comme prophétesse d'Apollon. S'agissant de mystères qui concernent l'amour et sa fécondité, n'y aurait-il pas quelque raison particulière justifiant que soit aussi confié à une femme le privilège d'une telle divination [34] ?

Dans ses dialogues, Platon est toujours attentif à créer autour des personnages qu'il met en scène et des actions dramatiques qu'il développe une illusion de vraisemblance. Sur l'identité de cette Diotime qui fait

---

le nouveau-né Ion a été transporté à Delphes (suggestion déjà faite dans mes *Prairies et jardins de la Grèce antique*, Bruxelles, 1973, p. 196, n. 133).

33. « Euripidean Priests », *Harvard Studies in Class. Philology* 89 (1985), p. 53-73. Les quatre autres pièces, toutes postérieures aussi à 415, sont les *Troyennes*, *Iphigénie en Tauride, Hélène* et les *Bacchantes*, sans compter des fragments d'*Augè*.

34. L. BRISSON (*Platon. Le Banquet*, Paris, Flammarion, 1998, p. 65) développe cette explication, à mon sens très éclairante, du choix que Platon fait ici d'une femme : seule celle-ci convenait à un discours centré sur l'idée d'enfantement, alors que la conception masculine de l'éducation est associée à l'émission séminale.

irruption pour la première fois dans son œuvre, et pour ne plus y reparaître, le moins qu'on puisse dire cependant est qu'il est peu disert. Lorsqu'elle entre en scène pour la première fois, il s'emploie néanmoins à donner à son sujet quelques gages apparents d'authenticité [35]. Diotime, indique-t-il, était une étrangère venant de Mantinée. Si elle s'est trouvée un jour à Athènes et a pu y rencontrer Socrate, c'est qu'elle avait été mandée dans cette cité pour y accomplir une mission religieuse requérant une qualification particulière : conjurer une épidémie de peste. En conseillant aux Athéniens une cérémonie sacrificielle [36], elle aurait réussi à retarder le fléau de dix ans [37]. C'est donc bien une sorte de prêtrise qu'elle exerçait, mais le philosophe ne livre nulle part le nom de cette fonction, se bornant dès le départ à qualifier Diotime d'« experte » (σοφή) au sujet d'Éros, et « en bien d'autres choses ». À plusieurs reprises, Socrate affirmera que c'est elle qui l'a instruit des choses de l'amour (201 d : ἐμὲ τὰ ἐρωτικὰ ἐδίδαξεν ; cf. 207 a-c et 209 e) et il ira même, non sans une pointe d'ironie, jusqu'à l'assimiler à la catégorie des « sophistes accomplis [38] » (208 c).

Mis à part les longs et denses propos qui lui sont prêtés, c'est là tout ce que nous apprenons au sujet de l'étrangère de Mantinée. Platon, manifestement, ne s'est guère mis en peine pour composer un portrait un tant soit peu circonstancié et pour accréditer l'idée d'un personnage historique. C'est qu'il ne pouvait guère viser, en l'occurrence, qu'à une vraisemblance de surface, tant était évident par ailleurs le caractère fictif de son récit. À qui faire croire, en effet, qu'une grecque totalement inconnue aurait été, au beau milieu du Ve siècle, ce remarquable professeur de philosophie que l'on découvre ici et qui aurait enseigné en long et en large, plus de soixante ans

---

35. Toutes les indications que fournit Platon sont réunies en 201 d.

36. Le seul terme utilisé ici (201 d 4), dont la signification est assez large, est le verbe θύω au moyen.

37. Si l'épidémie concernée est bien la peste qui ravagea Athènes en 430, on peut en conclure que c'est aux environs de 440 que Socrate aurait eu avec Diotime le long entretien qui l'aurait initié aux mystères d'Éros. Du moins Socrate a-t-il été initié au premier degré, une proposition que Diotime tempère elle-même d'un « peut-être » ; quant à l'initiation parfaite qui va suivre, elle déclare ne pas savoir si son interlocuteur en est vraiment capable (210 a) ! Platon, manifestement, badine : il lui faut ménager l'ignorance socratique. La suite atteste à tout le moins que le nouvel initié a mémorisé parfaitement le discours qui va décrire la voie menant à l'initiation suprême, l'époptie.

38. Le mot σοφιστής, intensif de σοφός, peut être pris en bonne part, ce qui n'est pas habituel chez Platon. À noter que Diotime qualifie Éros lui-même de « sophiste » et aussi de magicien (203 d).

avant le *Banquet* [39], la doctrine originale de l'amour qu'on y trouve exposée et qui a même partie liée avec la théorie des idées ? Cette doctrine, au surplus, Socrate l'aurait, sa vie durant, tenue secrète après l'avoir mémorisée mot à mot ; quant à Platon, dépositaire non moins fidèle du message, il aurait attendu au moins un quart de siècle pour le révéler et pour l'exploiter dans son œuvre. Aucun lecteur contemporain, un tant soit peu instruit et attentif, ne pouvait être dupe d'une telle fiction. Nous ne lisons donc pas dans le *Banquet* un discours de Diotime, pas même un discours de Socrate, mais, tout bonnement, un discours de Platon.

Quant à de prétendus mystères d'Éros dont Diotime aurait été la prêtresse et auxquels elle aurait initié Socrate, on n'en connaît pas à l'époque où ils sont censés avoir été célébrés. Il ne peut donc s'agir que de « mystères » philosophiques ou, pour reprendre une heureuse expression d'A. Diès, d'une de ces « transpositions » dont le philosophe athénien fut coutumier et qui s'inspire manifestement, dans le cas présent, de la terminologie des cultes initiatiques d'Éleusis [40].

Le personnage même de Diotime, – un nom qui prédestinait à une fonction sacrée [41] –, paraît bien, lui aussi, être sorti tout droit de l'imagination du philosophe. Dans la cité dont elle est réputée provenir, on n'a trouvé jusqu'ici aucune trace épigraphique d'une personne qui porterait ce nom et il n'apparaît pas non plus qu'y ait existé à l'époque un sanctuaire voué à Éros où Diotime aurait été bien à sa place [42]. Si elle est dite issue de Mantinée, il y a gros à parier qu'on le doive au simple fait que ce toponyme sied tout particulièrement à la spécialiste de la μαντικὴ τέχνη qu'elle est. Platon est friand de semblables jeux de mots [43]. Reste le petit cachet d'authenticité qu'apporterait l'épisode de la conjuration de la peste. L'ennui est ici que Platon est le premier à y faire écho et que, dans le dialogue, les interlocuteurs athéniens de Socrate sont censés tout ignorer aussi bien de l'événement que du personnage, ce qui ne laisse pas d'intriguer. Au sur-

---

39. On date généralement ce dialogue des environs de 375 ; quant à sa date fictive, on peut la situer en 416 ; voir à ce propos L. BRISSON, *op. cit.* (n. 34), p. 12-14.

40. Comme l'a bien montré Chr. RIEDWEG, *Mysterienterminologie bei Platon, Philon und Klemens von Alexandrien*, Berlin, 1987, p. 2-29.

41. Ce féminin, assez rare, de Διότιμος est formé de la racine du mot Ζεύς et du mot τιμή ; le nom peut signifier « qui honore Zeus » ou « honorée de Zeus ».

42. Voir à ce sujet l'étude de Madeleine JOST, *Sanctuaires et cultes d'Arcadie*, Paris, 1985. Les propositions de R. GODEL, *Socrate et Diotime*, Paris, 1955, pour qui Diotime serait bien un personnage historique qui aurait été au service du dieu de Delphes, ne me paraissent pas convaincantes.

43. Voir, par exemple, *Phèdre*, 24 b-c, où Platon spécule sur la même racine en rapprochant la μαντική de la μανική [τέχνη], laquelle est un art procuré par une folie (μανία) divine.

plus, l'histoire ressemble un peu trop à celle d'Épiménide de Crète [44], personnage bien connu des Athéniens pour avoir, lui aussi, mais un siècle plus tôt, purifié leur ville d'un fléau. Coïncidence troublante [45], lorsque Platon lui-même évoque, dans les *Lois* (I, 642 d), l'exploit purificateur de cet homme divin (ἀνὴρ θεῖος), il précise par deux fois que son intervention avait eu lieu dix ans avant l'invasion perse dont s'inquiétaient déjà les citoyens d'Athéna. Dix ans, comme on l'a vu, c'est aussi le délai qui sépare l'intervention de Diotime à Athènes et la réapparition dans cette ville de l'épidémie de peste qui devait l'affaiblir au début de la guerre du Péloponnèse. L'entremise de la prêtresse, évoquée en moins de deux lignes, ne fut donc qu'une semi-réussite, oserait-on remarquer, son principal titre de gloire étant évidemment ailleurs.

Le disciple de Socrate, décidément, paraît s'être bien amusé en forgeant son histoire. Ce qui ne l'empêcherait pas d'avoir suggéré par elle cette petite leçon : si les Athéniens avaient pris soin d'accueillir aussi les mystères de l'amour que Socrate avait appris de Diotime [46], peut-être la purification de leur cité eût-elle été moins superficielle et peut-être auraient-ils évité dix ans après, à l'instar de leurs prédécesseurs, les défaites militaires qui suivirent la peste et précipitèrent la décadence de leur cité. L'inventeur de l'Atlantide aimait refaire l'histoire et tirer des enseignements d'un passé qu'il revisitait.

Ajoutons que certaines traditions [47] faisaient d'Épiménide un des Sept Sages ainsi que l'auteur d'une volumineuse *Théogonie*. Voilà qui complète la ressemblance avec la prêtresse de Mantinée, véritable σοφή, disait Socrate, en sciences religieuses. En situant d'emblée celle-ci dans le sillage de ce Crétois renommé, l'auteur du *Banquet* pouvait plus facilement se dispenser d'en dire davantage à son sujet et la maintenir ainsi dans une

---

44. Sur ce personnage légendaire, dont l'historicité est rien moins que certaine, voir l'article de Marie Christine LECLERC, « Épiménide sans paradoxe », *Kernos* 5 (1992), p. 221-233, et A. MELE - M. TORTORELLI GHIDINI (éd.), *Epimenide cretese*, Napoli, Luciano Editore, 2001.

45. Que relève fort à propos L. BRISSON, *op. cit.* (n. 34), p. 29-30.

46. On peut se demander si ces « mystères philosophiques » n'avaient pas vocation, dans l'esprit de Platon, à concurrencer et à remplacer les mystères d'Éleusis, fleuron de la cité athénienne. Il est frappant de constater, en effet, que le philosophe ne fait jamais référence explicite à ces cultes dans son œuvre, même lorsque, manifestement, il s'en inspire ; d'autre part, la déesse Déméter, celle qu'on vénère en ce lieu, est très peu présente dans les dialogues et jamais à propos des mystères ; la religion de la cité idéale enfin ne fait aucune place à ce genre de mystères traditionnels.

47. Plutarque, *Solon*, 12 (3 A 4 Diels - Kranz), Diogène Laërce, I, 111 (3 A 1 D.K.) et I, 41-42 (10 A 1 D.K.).

sorte de clair-obscur convenant bien à son rôle de révélatrice de mystères divins.

Bien que de façon indirecte, ces questions d'historicité intéressent notre propos, car si le récit de Platon n'est pas la relation d'une histoire réelle, mais relève de la pure fiction, le rôle confié à la prêtresse Diotime n'en devient que plus significatif et en dit plus long peut-être sur les intentions du philosophe. Interrogeons-nous tout d'abord sur le modèle de prêtrise auquel il se réfère ici. Il est peu probable qu'il ait eu en vue les desservants ordinaires d'un sanctuaire, placés sous l'autorité d'une cité. D'une part, la compétence habituelle de ces prêtres ne recouvre pas la double spécialité par laquelle se distingue l'étrangère de Mantinée, à savoir la connaissance de rituels cathartiques propres à conjurer un grave fléau et, surtout, la détention d'un véritable enseignement à transmettre. D'autre part, on conçoit assez mal que ces prêtres ou prêtresses aient pu se distraire de leurs obligations locales régulières pour mettre leur savoir-faire au service d'autres cités. Mais la Grèce a connu, à côté de ce personnel dépendant des pouvoirs publics, une autre catégorie de prêtres, plus floue sans nul doute, mais néanmoins bien attestée, entre autres par Platon lui-même. Il s'agit, si l'on suit ses propres indications, de prophètes itinérants, non intégrés dans l'organisation de la cité, mais œuvrant à titre privé et occasionnel. Dotés d'un don de voyance et mus par une force surnaturelle, ils sont réputés capables de conjurer les châtiments divins qui, à la suite de fautes sacrilèges, affectent des familles ou des cités, le cas échéant pendant plusieurs générations ; à cet effet, ils recourent à des cérémonies complexes appelées τελεταί et composées notamment de prières incantatoires, de purifications et de rites sacrificiels. D'où le nom de « télestique » (τελεστική) que notre philosophe donne à cette sorte d'inspiration (ἐπίπνοια) divine ainsi qu'au genre de vie (βίος) qui s'y rapporte. Cet art sacerdotal, tantôt il le dénigre sévèrement, en raison de perversions délétères qu'il peut véhiculer, tantôt il l'évoque avec grande faveur en ce qu'il est le fruit d'une divine et bienfaisante folie. Il existe, apprend-on aussi de lui, des « télestes [48] » qui se réclament des livres d'Orphée et de Musée pour régler leurs cérémonies et pour convaincre de leur pouvoir particuliers ou cités ; et ils prétendent que ces cérémonies sont même efficaces pour se prémunir contre les châtiments de l'au-delà [49]. Ces dernières précisions sont intéressantes en ce qu'elles

48. Platon (*Rép.*, II, 364 b) n'emploie pas ce mot, mais l'expression « orphéotélestes » se rencontre chez Théophraste (*Caractères*, XVI, 11).

49. Pour l'exposé critique, très détaillé mais assez confus, que fait Platon des idées et des pratiques magico-religieuses propres à ces prophètes itinérants, voir le long passage de la *République*, II, 364 b – 365 a ; allusions plus brèves, mais tout aussi péjoratives, dans les *Lois*, X, 908 d, 909 a-b et XI, 933 c-e. Pour l'exposé, en

font voir, étroitement associées dans ce type de ministère sacré, des pratiques magico-religieuses et des spéculations savantes, eschatologiques notamment, se réclamant d'une inspiration divine.

Platon entend bien prendre ses distances à l'égard des orphéotélestes, mais le *Phèdre* atteste qu'il est aussi à ses yeux de bons représentants de la « vie télestique ». Sans doute comptait-il au nombre de ces derniers le sage Épiménide auquel il fait manifestement allusion dans le *Banquet*, et qu'il présente, dans les *Lois*, comme un « homme divin ». Dans la foulée, son lointain disciple Plutarque ajoutera qu'Épiménide était expert (σοφός) en choses divines et détenait une « sagesse inspirée et télestique » (ἐνθουσιαστικὴ καὶ τελεστικὴ σοφία) [50].

L'ensemble de ces considérations donne à penser que c'est bien à cette catégorie de prêtres-prophètes que pensait le philosophe en créant la figure de Diotime [51]. Mais pourquoi avoir substitué à Socrate un autre personnage pour dispenser l'enseignement capital du *Banquet*, pourquoi l'avoir doté d'un ministère sacré et avoir choisi ce type particulier de prêtrise ?

---

bonne part, de l'inspiration et de la vie « télestique », à côté des trois autres « folies » divines (la mantique oraculaire, la poétique et l'érotique, laquelle, faisant évidemment écho au *Banquet*, est dite propre au philosophe et la meilleure des quatre), voir *Phèdre*, 244 d-e, 248 d-e et 265 b. Ces textes difficiles ont donné lieu à des interprétations nombreuses et divergentes. On trouvera une excellente mise au point, assortie de quelques propositions nouvelles, dans O. BALLÉRIAUX, « Mantique et télestique dans le *Phèdre* de Platon », *Kernos* 3 (1990), p. 35-43 ; voir aussi mon étude citée dans la note 6 et plus récemment : « À propos de la magie chez Platon : l'antithèse sophiste-philosophe vue sous l'angle de la pharmacie et de la sorcellerie », dans A. MOREAU - J.-C. TURPIN (éd.), *La magie. I. Du monde babylonien au monde hellénistique*, Université de Montpellier, SÉMA, 2000, p. 267-292, étude qui comporte, en introduction, un long aperçu de la « pharmacie » platonicienne.

50. *Solon*, 12 (3 A 4 Diels - Kranz). On notera aussi que l'origine de la peste qui justifie l'intervention d'Épiménide à Athènes relève typiquement des situations qu'évoque Platon dans le *Phèdre* lorsqu'il parle de la télestique : c'est une malédiction divine consécutive à un crime sacrilège et impuni dont les Athéniens se sont rendus jadis coupables en exécutant l'insurgé Cylon (Diogène Laërce, I, 110 = 3 A 1 D.K.). Il est utile de rappeler enfin qu'Épiménide était réputé avoir eu, alors qu'il dormait dans la caverne du Zeus crétois, un entretien avec Vérité et Justice (Maxime de Tyr, c. 38 = 3 B 11 D.K.) ; ce représentant des « maîtres de vérité » (voir l'ouvrage bien connu de M. DETIENNE, Paris, 1967, p. 129 et s.) était assurément digne d'intéresser Platon.

51. À remarquer que, lorsqu'elle entreprend de définir la nature du démonique, par quoi se caractérise la nature d'Éros (*Banquet*, 202 e – 203 a), Diotime se réfère à « ce qui meut la divination dans son ensemble » (ἡ μαντικὴ πᾶσα), à savoir l'art qu'exercent les prêtres (ἱερεῖς) en matière de sacrifices (θυσίαι), d'initiations (τελεταί), d'incantions (ἐπῳδαί), de divination (μαντεία) et de magie (γοητεία). C'est bien le type de prêtre-prophète, à la compétence composite placée sous le signe de la mantique, qui est ici visé.

Observons tout d'abord que, chez les intellectuels de l'époque, il était de mode, lorsqu'on innovait, de se placer sous la bannière d'ancêtres prestigieux. C'est ainsi que les sophistes eux-mêmes, si l'on en croit Platon [52], faisaient remonter leur art non seulement à des poètes comme Homère et Hésiode, mais aussi aux initiations et aux prophéties d'Orphée et de Musée. D'autre part, comme l'a bien montré L. Robin [53], l'action dramatique du dialogue, comme aussi la personnalité de Socrate (sa profession d'« ignorance »), commandaient sans doute que le protagoniste soit maintenu quelque peu en retrait. Imputer la doctrine originale du *Banquet* à un philosophe contemporain n'était guère cependant concevable, car une simple lecture de ses écrits aurait aussitôt manifesté l'imposture. Confier ce soin à une représentante de la télestique, une étrangère de surcroît, était en revanche astucieux et en même temps chargé de sens. D'une part, c'était une manière de souligner, sans avoir besoin de le dire, la nouveauté du message et aussi de s'abriter sous l'autorité d'antiques traditions. Eu égard, d'autre part, à la nature même de son contenu, le message s'accommodait parfaitement d'un prêtre-prophète, et de préférence une prêtresse [54]. À cet égard, évoquer derrière Diotime un personnage tel qu'Épiménide permettait de suggérer d'emblée les idées de sagesse inspirée, d'initiation et de purification que le philosophe se proposait d'exploiter. Mais ne l'évoquer qu'en pointillé et céder le devant de la scène à une illustre inconnue, c'était aussi une façon de s'en démarquer, la philosophie étant bien davantage qu'un ramassis de pratiques et de légendes un peu suspectes. En définitive, l'*ultima ratio* de cette mise en scène qui fait la part belle aux traditions religieuses, c'est sans doute que Platon entendait insinuer qu'existe une réelle affinité entre le prêtre inspiré qui initie et le philosophe qui enseigne, l'un et l'autre étant habités par une vérité qui ne vient pas d'eux et qu'ils ont mission de diffuser. On a vu comment le *Phèdre* thématisait l'idée d'une folie inspiratrice. Là cependant, c'est Socrate en personne qui se trouve transformé en mystagogue : emporté par la folie d'Éros, il initie le jeune Phèdre à la philosophie en lui faisant découvrir la plaine de la Vérité où stationnent les Idées [55]. Dans le *Ménon* déjà (81 a-d), référence est faite

---

52. *Protagoras*, 315 a-b ; sur ce sujet, voir M.-P. NOËL, « La persuasion et le sacré », *BAGB* (1989), p. 139-151, et plus généralement J. DE ROMILLY, *Magic and Rhetoric in Ancient Greece*, Cambridge (Mass.), 1975.

53. *Platon, Banquet,* Notice (C.U.F.), Paris, « Belles Lettres », p. XXV-XXVI.

54. Voir la note 34 et l'explication de L. Brisson.

55. J'ai développé cette lecture du *Phèdre* dans une étude qui s'attache notamment à montrer que la trame symbolique qui compose la première partie de ce dialogue est inspirée de la célébration des mystères éleusiniens : « Le pèlerinage initiatique de la parole », *Méthexis* 8 (1995), p. 33-48. À propos de la notion mythique de Vérité (Ἀλήθεια), voir la note 50.

à des prêtres et prêtresses, « experts en choses divines » (σοφοὶ περὶ τὰ θεῖα πράγματα), ainsi qu'à des poètes « divins » comme Pindare, dont un extrait est cité ; Socrate dit tenir d'eux un enseignement touchant le caractère immortel et plusieurs fois renaissant de l'âme humaine, raison pour laquelle, ajoute-t-il, il importe de mener ici-bas une vie aussi pieuse que possible. Par là s'explique aussi qu'apprendre n'est jamais que se ressouvenir. On rappellera enfin que, selon l'*Apologie* (20 e - 23 c et 28 e, 29 c), c'est un oracle de Delphes qui fut à l'origine de la vocation philosophique de Socrate et que, dans le *Phédon* (85 b), celui-ci se proclame lui-même « serviteur » d'Apollon et « consacré à ce dieu » .

On voit donc amorcée dans ces trois derniers dialogues une idée que Platon illustre à nouveau et amplifie considérablement dans le *Banquet* et dans le *Phèdre* : le philosophe qui a sa faveur est l'héritier d'une tradition représentée par des prêtres-prophètes et par des poètes inspirés. La valorisation des uns concourt à valoriser l'autre. Mais ce ne peut être qu'au prix d'un discernement judicieux, car à la menace que font courir les prophètes charlatans et les poètes impies fait pendant celle de penseurs dévoyés, tels que sont les sophistes-sorciers.

4. *Les prêtres de la cité idéale*

Ne quittons pas Platon sans jeter un bref coup d'œil sur ses utopies politiques, cette autre forme de fiction en somme, projetée non plus dans un passé reconstruit, mais dans un avenir rêvé. Considérant que « les plus importantes, les plus belles et les premières des lois » concernent l'organisation du culte, le philosophe décrète que toutes les pratiques religieuses seront placées sous le contrôle d'un oracle, plus spécialement celui de Delphes [56]. En conséquence, ce dernier intervient, par exemple, dans la phase finale de la désignation complexe des exégètes, ministres dont certains sont nommés à vie et dont la principale mission est d'interpréter les règlements issus de Delphes ; ils officient en particulier dans l'élaboration du calendrier des cultes et dans l'accomplissement de divers rituels importants. À l'époque, la fonction d'exégète existait déjà en Grèce, à Athènes notamment, mais Platon, très préoccupé d'éviter en matière religieuse toute

56. *République*, IV, 427 b ; cf. *Lois*, V, 738 b-c ; VI, 759 c ; VIII, 828 a-b. Pour cet exposé, j'ai tiré profit du riche aperçu d'Aikaterini LEFKA, « Être prêtre dans la cité de Platon », *Kernos* 9 (1996), p. 129-143. Deux ouvrages de base traitent aussi du sujet : M. PIÉRART, *Platon et la cité grecque. Théorie et réalité dans la constitution des « Lois »*, Bruxelles, 1974, et O. REVERDIN, *La religion de la Cité platonicienne*, Paris, 1945.

innovation intempestive, entend bien renforcer le poids et le prestige de ce collège en tant que régulateur de la vie religieuse [57].

Une égale attention est aussi prêtée aux prêtres et aux prêtresses qui desservent les sanctuaires ainsi qu'à leurs auxiliaires, néocores et trésoriers. Ici non plus, le philosophe ne révolutionne pas les institutions existantes (les missions et la durée annuelle de la prêtrise), mais il introduit plusieurs changements significatifs. Laissant en place les successions héréditaires, là où elles existent, il recommande pour le reste la procédure de désignation par tirage au sort, parce qu'elle s'en remet à la « fortune divine » (*Lois*, VI, 759 c). L'épreuve de docimasie est conforme aux critères en usage, mais se voit sans doute renforcée par cette exigence : le prêtre et ses parents doivent avoir passé leur vie exempts de toute faute commise à l'encontre des « choses divines » (*ibidem*). La période probatoire est bien longue puisque l'âge de soixante ans est exigé pour accéder à la prêtrise, comme du reste à la fonction d'exégète. Cette condition est révélatrice non seulement de l'importance accordée à la fonction sacerdotale, mais aussi de « la volonté du législateur d'inciter les habitants de la cité, notamment ceux qui ne pourraient pas jouir des droits civiques, à mener une vie conforme aux lois et à l'éthique établie, attitude qui sera honorée publiquement par un éventuel sacerdoce [58] ». Enfin, puisque tout culte strictement privé est interdit dans la cité des Magnètes, il est prévu explicitement que les prêtres pourront se charger des sacrifices et des prières au nom de particuliers (X, 909 d-e). En parcourant ces dispositions relatives à la prêtrise, on constate que Platon est très soucieux de promouvoir grâce à elles une entente amicale entre les citoyens, peut-être même entre les colons et les indigènes (VI, 759 b). Les conditions d'accessibilité et l'annualité de la fonction peuvent concourir à ce but dans la mesure où elles permettent à un nombre important de personnes méritantes d'exercer la charge dans l'intérêt de la communauté.

S'il est assez peu question des devins dans les *Lois* [59], une place capitale et originale y est faite aux εὔθυνοι, qui sont à la fois magistrats et prêtres de haut rang (*Lois*, XII, 945 b – 948 b). Membres du Conseil nocturne, l'instance politique suprême, les euthynes sont à ce titre des

---

57. Platon parle des exégètes près d'une dizaine de fois dans les *Lois* ; voir l'examen minutieux que fait de ce ministère M. PIÉRART, *op. cit.*, p. 327-344.

58. A. LEFKA, art. cit. (n. 55), p. 134.

59. Platon nourrit une grande méfiance à l'égard des devins chargés d'interpréter les présages. Il ne récuse nullement, en revanche, les devins inspirés qui pratiquent une mantique intuitive. C'est sans doute à ces derniers qu'il pense lorsqu'il associe des devins à l'œuvre législative (*Lois*, VIII, 828 a-b ; IX, 871 c-d) ; si tel est le cas, une Diotime eût été bien à sa place dans un tel rôle.

gardiens des lois ; ils exercent quant à eux un contrôle sur toutes les magistratures et rendent en ce domaine la justice. Pour sanctionner leur autorité et accroître leur prestige, Platon en fait des prêtres d'Apollon et d'Hélios. Ils résident dans le sanctuaire que ces deux divinités possèdent sur l'agora, au centre de la cité. C'est là qu'ils exercent aussi leur fonction et qu'a lieu déjà leur élection, jour où on les couronne de feuilles d'olivier. La docimasie revêt pour eux la forme d'un véritable concours d'excellence morale : ils doivent être les meilleurs des citoyens. Mais, en outre, il leur faut être solidement instruits dans les choses divines [60]. Est donc requise pour ces magistrats-prêtres une véritable formation théologique ; sous-jacente à cette exigence, on devine à nouveau la qualité de philosophe. Avant leur entrée en charge, les euthynes sont consacrés en prémices à Apollon ainsi qu'au Soleil, cet astre divin qui, dans la *République*, évoquait l'idée du Bien. Leur temps de service peut s'étendre de cinquante à septante-cinq ans ; vu l'importance de la fonction, le réalisme commande ici que l'on fixe une limite d'âge. Mais des funérailles publiques, simples et solennelles, sont prévues pour ces magistrats-prêtres. Leur mode de sépulture est décrit dans le détail et, une fois disparus, on les nomme « bienheureux » (μακάριοι), un titre d'ordinaire réservé aux héros divinisés [61]. Le premier élu de ce collège porte le titre d'archiprêtre (ἀρχιέρεως) et donne son nom à l'année, comme le faisait à Athènes l'archonte-roi (XII, 947 a-b). Dans cette cité existait déjà, au Ve siècle, un collège d'euthynes, mais dont les fonctions étaient purement civiles [62]. On voit en quel sens Platon a voulu renforcer cette magistrature en lui conférant un prestige religieux inédit.

Le système politique, fortement centralisé et à tendance théocratique, que préconise Platon dans les *Lois* réserve donc aux prêtres une place de choix. La confusion entre leur rôle politique et leur rôle religieux est particulièrement apparente dans le cas des euthynes. S'il n'est pas dit explicitement de ces derniers qu'ils doivent être des philosophes, du moins attend-on d'eux qu'ils aient reçu une formation de type philosophique. Platon a mis une sourdine au vieux rêve du roi-philosophe qu'il nourrissait encore dans la *République*. Mais les autres dialogues passés en revue ont montré qu'existe d'autre part une parenté entre le philosophe et le prêtre-

---

60. *Lois*, XII, 966 c-d ; cette exigence concerne généralement les gardiens des lois (νομοφύλακες) dont font partie les euthynes. Le législateur poursuit par une petite catéchèse au sujet des dieux. Est donc requise pour ces prêtres une longue préparation théologique.

61. L'honneur ainsi réservé à ces magistrats-prêtres n'est pas une nouveauté absolue ; W. BURKERT (*op. cit.*, p. 97) remarque, exemples à l'appui : *In a number of cases, the priest seems almost to appear as a god.*

62. Voir M. PIÉRART, *op. cit.*, p. 458.

prophète [63]. La philosophie selon Platon n'est pas moins étrangère à la religion qu'elle ne l'est à la politique.

IV. Conclusion

En dépit de différences marquantes – l'époque et le contexte culturel, le genre littéraire, les motivations –, les trois auteurs qu'on vient de visiter ont en commun le souci manifeste de magnifier la figure du prêtre. Ils le font, d'une part, en retenant de la tradition certains usages plus prestigieux que d'autres, comme le sacerdoce à vie, et, d'autre part, en poussant à la limite la conception de la prêtrise dont ces usages ont pu être porteurs. Il en résulte des portraits de prêtre fortement idéalisées, qui contrastent singulièrement avec l'image un peu banalisée qu'en donnent généralement les manuels de religion grecque, et qui peuvent même sur certains points la contredire. La valorisation recherchée concerne à la fois la dimension religieuse de la prêtrise et sa fonction sociale.

Dans l'hymne archaïque à Apollon, le récit mythique est placé tout entier sous le signe de la puissante volonté du dieu : réquisition violente des futurs desservants accompagnée d'épiphanies terrifiantes, longue initiation religieuse opérée sous sa propre conduite (prières, sacrifices, libations, marche rituelle rythmée par une musique apollinienne, admission dans le saint des saints), consécration des prêtres par l'« imposition » de sa parole, une parole prophétique qui, en même temps qu'elle dicte la mission, porte la promesse d'une constante providence. La puissance d'Apollon a pour corollaire l'absolue soumission de ses prêtres, une obéissance à toutes ses injonctions ainsi qu'un renoncement, total, définitif et au seul profit du service divin, à ce qui jusqu'alors comptait le plus dans leur vie. L'aliénation apparaît donc totale : les prêtres ne s'appartiennent plus, ils ne seront plus désormais que des instruments dociles dans les mains du dieu. Ils garderont son temple et ils seront ses intermédiaires auprès des familles humaines en les accueillant dans son sanctuaire, en redressant, selon la loi divine, leurs inévitables écarts et en immolant sur ses autels les victimes qu'elles amèneront à foison.

La pièce tragique présente comme une version adoucie et intériorisée de cette vocation sacerdotale paradigmatique. L'active présence du dieu se fait

63. Ce n'est pas le lieu ici d'approfondir cette question et de s'interroger notamment, par delà les images, sur la portée réelle de ce rapprochement dans l'esprit de Platon et sur la manière dont il peut concilier dimension religieuse et démarche rationnelle dans la quête philosophique. Sur ces questions difficiles, on peut lire, par exemple, R. BODÉÜS, « Je suis devin (*Phèdre*, 242 c). Remarques sur la philosophie selon Platon », *Kernos* 3 (1990), p. 45-52, et L. COULOUBARITSIS, « L'art divinatoire et la question de la vérité », *ibidem*, p. 113-122 (plus spéc., p. 115-117).

toujours sentir dans la trame que tisse la vie des hommes, mais de façon plus discrète et plus humaine, trop humaine presque, si l'on se réfère au début de l'histoire. C'est Apollon qui a sauvé l'enfant né de sa rencontre avec Créuse, qui l'a fait élever dans son sanctuaire de Delphes et qui a conçu pour lui une existence de prêtre vouée à son service. Aussi bien est-ce dans le cœur même d'Ion qu'il est le plus présent, d'une présence intime et toute personnelle. Le jeune prêtre n'a rien à envier à la parfaite docilité et au dévouement sans bornes dont ses devanciers ont eu à faire preuve, mais sa vocation sacerdotale, confirmée par l'appel des Delphiens, il l'a quant à lui librement assumée et il l'exerce avec un enthousiasme joyeux. Il s'y est du reste longuement préparé par une enfance et une jeunesse entièrement consacrées à des exercices de piété et de vertu. Pour mieux servir son dieu, il a même renoncé à la couche nuptiale, et son vœu le plus cher est de vivre à jamais dans l'enceinte sacrée où réside celui qu'il croit n'être encore qu'un père spirituel. Sa disponibilité et son zèle font aussi merveille auprès des pèlerins qu'il reçoit. Non seulement il les guide dans la visite du sanctuaire ou dans l'accomplissement des rites prescrits, les surveillant et les corrigeant au besoin, mais il sait se faire le confident de ceux qui sont dans la peine, il les écoute, il les console, il les conseille. Sans compter qu'il met aussi tous ses soins à l'organisation de fêtes au profit des habitants du lieu. Bref, à la faveur de l'intrigue, le poète tragique a réussi à faire de ce jeune prêtre un véritable pasteur.

Le cas de Diotime est assurément très différent. Platon n'en a pas composé ici un véritable portrait à la manière des deux poètes, mais il a fait de cette adepte de la vie télestique, de cette prophétesse experte dans les choses de l'amour un prédicateur éloquent et passionné, capable de faire de son dieu un éloge qui soit digne de lui et de dispenser en son nom un enseignement original qui initie à d'insondables mystères. L'étrangère de Mantinée est donc pour sa part un modèle de prêtre σοφός, dotée qu'elle est d'un savoir qui lui vient d'ailleurs et qu'elle n'a de cesse de pouvoir partager, là où le devoir l'appelle.

La tâche du législateur, dans les *Lois*, n'était pas de brosser une vivante peinture des sacerdoces qu'il méditait pour la cité idéale, mais bien d'édicter les règles définissant leur rôle et garantissant, pour leurs titulaires, un recrutement adéquat, de telle sorte que la communauté des citoyens puisse vivre en bonne harmonie avec ses dieux. On a vu, à cet égard, le soin que prenait Platon pour valoriser l'office des prêtres les plus ordinaires qui desservent les sanctuaires et pour s'assurer de leur aptitude à la fois éthique et religieuse, la durée très limitée de leur charge étant elle-même dictée par des préoccupations d'ordre social et aussi par la haute idée qu'il se fait de la prêtrise et de la citoyenneté : tout membre de la cité est appelé, au soir de sa vie, à prendre part au service collectif des dieux et, préalablement, à s'en être rendu digne. Mais c'est dans l'élévation des euthynes à la dignité de prêtre que transparaît plus encore un radicalisme semblable à celui qu'on a pu précédemment observer. Ces magistrats résident et officient symboliquement dans l'un des sanctuaires les plus prestigieux de la cité et sont consacrés à deux divinités qui y ont le plus de poids. Recrutés à l'âge mûr, sur base d'une formation théologique exigeante et sous réserve d'une excellence éprouvée en toute espèce de vertu, il exercent leur charge jusqu'à un âge très avancé. Et si le courage vigilant que requiert la protection des lois plaide pour une limitation dans le temps de leur responsabilité, ils n'en demeurent pas moins des « hommes divins » jusqu'à leur décès, puisque, dès les funérailles publiques dont ils sont honorés, ils doivent être, à l'instar des héros, proclamés « bienheureux ». On pourrait donc dire des euthynes qu'ils cumulent la science prophétique d'une Diotime et la piété exemplaire d'un Ion.

L'examen de semblables témoignages invite-t-il à réviser l'image que l'on se fait d'ordinaire de la prêtrise en Grèce et que, par contraste, on incline à juger réductrice ? Une réponse à cette question délicate impose la prudence. S'il est vrai tout d'abord qu'une hirondelle ne fait pas le printemps, ce ne sont pas trois auteurs, aux préoccupations bien disparates de surcroît, que l'on pourrait tenir pour représentatifs d'une conception commune. Le modèle qu'ils ont du reste choisi de magnifier est principalement celui du sacerdoce à vie qui, sans être exceptionnel à l'époque classique, spécialement dans les sanctuaires les plus fréquentés, n'était pas pour autant monnaie courante. Mais on rappellera surtout que les textes analysés relèvent tous d'un genre fictif qui, par définition, ne peut être considéré comme reflétant fidèlement la réalité vécue. Dans l'hypothèse la plus favorable, ils ne font donc qu'exprimer des aspirations ou des souhaits, plus ou moins confusément, mis à part le cas de notre philosophe. Il reste cependant que ces fictions ne sont pas nées de rien et qu'elles s'appuient, on l'a vu, non sur des modèles importés, mais sur une série d'usages bien attestés en Grèce même. Elles en surévaluent certes le sens, mais on ne peut exclure qu'elles aient pu s'inspirer parfois de comportements observés ou d'idées qui rencontraient quelque faveur. Il conviendrait aussi de s'interroger sur l'impact qu'ont pu avoir sur les mentalités courantes, voire sur des institutions, des œuvres telles que celles-là qui, par la transmission orale, par le théâtre ou par l'écrit, ont dû connaître une large diffusion. La recherche ne peut pas se borner à mettre en évidence les dénominateurs les plus communs. Quoi qu'il en soit, il est remarquable qu'une si haute idée de la prêtrise ait trouvé plusieurs fois et de bonne heure à s'exprimer dans le riche creuset que formait la religion grecque.

L'enquête très partielle que j'ai menée ici aurait atteint son but si elle pouvait encourager l'étude approfondie des témoignages qui sont de nature à mieux faire connaître, aux différentes époques de l'histoire, la manière diverse dont les Grecs ont appréhendé la figure du prêtre.

LES « PRÊTRES » DANS L'ÉGYPTE PHARAONIQUE

Données nouvelles sur l'émergence et le développement d'un éthos sacerdotal autonome de la fin du Nouvel Empire à l'époque gréco-romaine

Christian CANNUYER

Dans le volume quatrième de la précieuse « Collection Information et Enseignement », *Les religions de l'Égypte pharaonique depuis la préhistoire jusqu'à la conquête d'Alexandre*, Louvain-la-Neuve, 1978, le Professeur Julien RIES a donné, p. 158-168, une utile synthèse sur « Les prêtres de l'Égypte pharaonique. Roi divin et sacerdoce royal », dans laquelle il reprenait les acquis alors les plus assurés de la recherche égyptologique sur ce sujet [1]. Il m'a semblé intéressant, en guise d'hommage au fondateur et animateur inlassable du Centre d'Histoire des Religions de l'U.C.L., d'attirer ici l'attention sur quelques accents vraiment nouveaux qui, en la matière, ont été soulignés par des travaux parus durant la dernière décennie.

Dans un premier temps, je voudrais rappeler les caractères saillants des sacerdoces égyptiens tels que nous les donne à connaître la documentation. Je me limiterai évidemment à l'essentiel. Pour les détails, je me borne à renvoyer à une brassée d'études d'envergure, dont quelques-unes assez récentes [2], qui ont été spécifiquement consacrées aux prêtres égyptiens [3], en

1. On verra aussi la deuxième édition augmentée et intitulée *Dieu et l'homme dans la pensée religieuse de l'Égypte pharaonique* (Collection Information et Enseignement, 4/2), Louvain-la-Neuve, 1989, spéc. p. 43 et s.

2. Ainsi : S. PERNIGOTTI, « Le prêtre », dans S. DONADONI (dir.), *L'homme égyptien*, Paris, Seuil, 1992, p. 151-187 (éd. originale en italien : *L'uomo egiziano*, Rome - Bari, Giuseppe Laterza & Figli, 1990) ; B. E. SHAFER, « Tempels, Priests and Rituals. An Overview », dans ID. (éd.), *Temples of Ancien Egypt*, Londres - New York, Tauris, 1997, p. 1-30.

insistant sur tout l'intérêt que garde l'excellent petit livre du regretté Serge SAUNERON, *Les Prêtres de l'Ancienne Égypte*, Paris, Seuil, 1961, dont la qualité a justifié une réédition en 1988 (Paris, Perséa), enrichie de compléments bibliographiques et d'une préface actualisante de Jean-Pierre Corteggiani.

Ambiguïtés d'une terminologie : « prêtres » et « clergé » en Égypte ancienne ?

La religion de l'Égypte pharaonique se singularise peut-être moins par son étourdissant polythéisme, que manifeste l'inventaire de dizaines de milliers d'entités divines répertoriées par les égyptologues [4], que par son polycentrisme : dans le temple de chaque cité de la Vallée du Nil, étaient vénérées une divinité locale et sa famille proche (parèdre, enfant) accompagnées éventuellement d'une parentèle plus ou moins nombreuse, autour desquelles gravitait toute une organisation cultuelle spécifique, avec, notamment, son collège de prêtres et ses ministres subalternes, dont l'activité rituelle entretenait des liens symboliques originaux avec le système théologique autochtone. De sorte qu'on a pu parfois parler de « religion*s* » de l'Égypte ancienne [5], chaque temple et son cénacle sacerdotal fonctionnant comme une sorte d'Église autonome, avec ses traditions théologiques propres et son panthéon particulier, dont le dieu principal était localement considéré comme *le* dieu un du commencement, le démiurge initial. Parler du « clergé » égyptien n'a donc pas grand sens. Il y avait

3. Cf. W. HELCK, « Priester », *Lexikon der Ägyptologie*, IV, Wiesbaden, Harrassowitz, 1982, col. 1084-1087, où l'on trouvera de nombreuses pistes bibliographiques. On ne négligera pas de recourir au travail ancien mais fondamental de H. KEES, *Das Priestertum im Ägyptischen Staat vom Neuen Reich bis zur Spätzeit* (Probleme der Ägyptologie, I), Leyde - Cologne, Brill, 1953 (voir aussi les *Indices und Nachträge*, parus en 1958). J'aimerais également rappeler ici les mérites de l'approche pionnière d'A. M. BLACKMAN, « Priest, Priesthood (Egyptian) », dans J. HASTINGS (éd.), *Encyclopædia of Religion and Ethics*, t. 10, Edimbourg, Clark, 1918, col. 293-302 (cf. A. M. BLACKMAN, *Gods, Priests and Men. Studies in the Religion of Pharaonic Egypt*, compiled and edited with an introduction by Alan B. Lloyd, Londres - New York, Kegan Paul International, 1998). Incontournable est encore l'étude classique d'A. MORET, *Le rituel du culte divin journalier en Égypte d'après les papyrus de Berlin et les textes du temple de Séti* Ier, *à Abydos*, Paris, Leroux, 1902.

4. Les sept volumes du *Lexikon der ägyptischen Götter und Götterbezeichnungen* (Orientalia Lovaniensia Analecta, 110-116), qui vient de paraître (Louvain, Peeters, 2002) sous la direction de C. LEITZ, ne comptent pas moins de 56.500 entrées !

5. L'expression, qui remonte, je crois, à Maspero, était particulièrement chère à J. Sainte Fare GARNOT (cf. sa chronique bibliographique parue dans la *RHR* et rassemblée dans le volume *Religions égyptiennes antiques. Bibliographie analytique [1939-1943]*, Paris, P.U.F., 1952).

autant de clergés que de temples, et jamais ces corps sacerdotaux n'ont été unifiés dans quelque grand ensemble organisé à l'échelon « national » [6], sinon à l'époque gréco-romaine, quand les rois Lagides et les empereurs romains tentèrent, avec diverses fortunes, d'aller dans ce sens [7] pour mieux contrôler les milieux cléricaux, foyers potentiels de résistance à leur autorité allogène [8].

---

6. Certes, il existait un « Directeur des prêtres de Haute et de Basse Égypte » au Nouvel Empire ; cette fonction aurait été dévolue au grand-prêtre d'Amon de Karnak jusque sous le règne de Thoutmosis IV, puis confiée à des fonctionnaires ou au grand-prêtre de Memphis (selon W. HELCK, art. cit., col. 1090), peut-être pour éviter d'accroître outre mesure la puissance du hiérarque thébain. Cette charge, au demeurant mal connue, consistait surtout, semble-t-il, à contrôler les offrandes destinées aux différents temples mais n'avait à proprement parler qu'une portée religieuse ténue.

7. À l'époque ptolémaïque, la quasi-dynastie des grands-prêtres de Ptah de Memphis eut tendance à jouer *de facto* le rôle d'instance suprême des clergés égyptiens et elle s'est peut-être même alliée par le sang aux souverains régnants (si l'on en croit Eve REYMOND, *From the Records of a Priestly Family from Memphis*, Wiesbaden, Harrassowitz, 1981, p. 129 et 133, idée rejetée par J. QUAEGEBEUR, « The Genealogy of the Memphite High Priest Family in the Hellenistic Period », dans *Studies on Ptolemaic Memphis* = Studia Hellenistica, 24, Leuven, 1980) ; sous la domination romaine, la classe sacerdotale fut soumise à la surveillance d'un fonctionnaire qui arborait le titre de « grand-prêtre d'Alexandrie et de toute l'Égypte », mais dont les compétences étaient en fait purement civiles et économiques. Cf. N. LEWIS, *Life in Egypt under Roman Rule*, Oxford, Clarendon Press, 1983, p. 74, 91, 98 ; Françoise DUNAND et Christiane ZIVIE-COCHE, *Dieux et hommes en Égypte. 3000 av. J.-C. - 395 apr. J.-C.*, Paris, Armand Colin, 1991, p. 207-213 ; J.-C. GRENIER, « La religion traditionnelle : temples et clergés », dans *Égypte Romaine, l'autre Égypte*, Cat. exposition Marseille 4 avril - 13 juillet 1997, Marseille, 1997, p. 175-177.

8. Sur l'esprit de résistance du clergé au pouvoir étranger, voir les positions nuancées d'A. BLASIUS, « Zur Frage des geistigen Widerstandes im griechisch-römischen Ägypten. Die historische Situation », dans ID. et B. U. SCHIPPER (éd.), *Apokalyptik und Ägypten. Eine kritische Analyse der relevanten Texte aus dem griechisch-römischen Ägypten* (Orientalia Lovaniensia Analecta, 107), Leuven, Peeters, 2002, p. 41-62 (avec une abondante bibliographie sur le sujet). Sur les liens intimes et cordiaux tissés au contraire entre une partie du haut clergé et la dynastie des Ptolémées : P. DERCHAIN, « Le pique-nique de l'Aulète », dans W. CLARYSSE, A. SCHOORS et H. WILLEMS (éd.), *Egyptian Religion. The last thousand years*, II (Orientalia Lovaniensia Analecta, 85), Leuven, Peeters, 1998, p. 1155-1167. Voir aussi F. DOYEN et R. PREYS, « La présence grecque à l'époque ptolémaïque », dans *L'Atelier de l'Orfèvre. Mélanges offerts à Ph. Derchain*, Leuven, Peeters, 1992, p. 69-70 et 73-77 ; W. HUSS, *Der makedonische König und die ägyptischen Priester* (Historia Einzelschriften, 85), Stuttgart, 1994 ; G. HÖLBL, « I sacerdoti egiziani e la dinastia tolemaica : cooperazione e opposizione », *Studi di Egittologia e di Antichità Puniche* 16 (1997), p. 47-60. Voir aussi la note 11, ci-après.

Il en devient donc difficile de parler du « prêtre » égyptien en général et chaque collège de *sacerdotes* mérite une étude spéciale [9], même si nombre de traits communs, tant dans la terminologie que dans les usages, se retrouvent d'un clergé à l'autre. Il faut, d'autre part, toujours tenir compte de la perspective diachronique ; l'image convenue de « l'Égypte éternelle » ne doit pas faire illusion. Les évolutions ont été nombreuses et sensibles dans la vie religieuse de l'Égypte ancienne, malgré d'incontestables forces de permanence. Nonobstant la continuité apparente des titres et, dans une moindre mesure, des cadres liturgiques, il y a un monde de différences, sur les plans sociologique et anthropologique, entre les prêtres de l'Ancien Empire [10] et ceux de l'époque gréco-romaine [11], qui avaient fini par former

9. Plusieurs clergés particuliers ont d'ailleurs fait l'objet d'études pointues : p. ex. G. LEFEBVRE, *Histoire des grands prêtres d'Amon de Karnak jusqu'à la* XXIe *dynastie*, Paris, Geuthner, 1929 ; H. GAUTHIER, *Le personnel du dieu Min*, Le Caire, IFAO, 1931 ; H. DE MEULENAERE, « Le clergé abydénien d'Osiris à la Basse Époque », dans *Miscellanea in honorem Josephi Vergote* (= *Orientalia Lovaniensia Periodica* 6/7), Louvain, Peeters, 1976, p. 133-151 ; C. MAYSTRE, *Les grands prêtres de Ptah de Memphis* (Orbis Biblicus et Orientalis, 113), Fribourg - Göttingen, Universitätsverlag / Vandenhoeck & Ruprecht, 1992 ; etc. Pour le cas très particulier du culte d'Isis, qui, à partir de la XIXe dynastie déjà (XIIIe s. av. J.-C.), tend à se dégager des contextes locaux jusqu'à devenir « national » et finalement « universel » à l'époque hellénistique, voir l'étude suggestive d'Annie FORGEAU, « Prêtres isiaques: essai d'anthropologie religieuse », *BIFAO* 84 (1984), p. 155-187.

10. Rappelons ici quelques notions de chronologie pharaonique qui seront utiles à l'intelligence du texte : Ancien Empire = 3000-2160 av. J.-C. ; Première Période Intermédiaire = 2160-2064 av. J.-C. av. J.-C. ; Moyen Empire = 2064-1797 av. J.-C. ; Deuxième Période Intermédiaire = 1797-1543 av. J.-C. ; Nouvel Empire = 1543-1078 av. J.-C. ; Troisième Période Intermédiaire = 1070-711 av. J.-C. ; Basse Époque = 712-332 av. J.-C. (dont : Époque éthiopienne = 712-664 av. J.-C. ; Époque saïte = 664-525 av. J.-C. ; Époque perse = 525-332 av. J.-C.) ; Époque ptolémaïque (grecque) = 304-30 av. J.-C. ; Époque romaine = à partir de 30 av. J.-C.).

11. Sur ceux-ci, une documentation particulièrement abondante a généré ces dernières années de nombreuses études de premier plan. On se reportera d'abord aux articles généraux d'H. DE MEULENAERE, « Priester(tum) (SpZt) », *LÄ*, IV, 1982, col. 1097-1098 (pour l'époque préptolémaïque) et de J. QUAEGEBEUR, « Priester(tum) (griech.-röm) », *ibid.*, col. 1098-1100 (pour l'époque gréco-romaine). Le travail de référence reste celui de W. OTTO, *Priester und Tempel im hellenistischen Ägypten : ein Beitrag zur Kulturgeschichte des Hellenismus*, Leipzig - Berlin, Teubner, 1905-1908, qu'on actualisera grâce à Janet H. JOHNSON, « The Role of the Egyptian Priesthood in Ptolemaic Egypt », dans L. H. LESKO (éd.), *Egyptological Studies in Honor of Richard A. Parker. Presented on the Occasion of his 78th Birthday December 10, 1983*, Hanovre - Londres, Brown University Press - University Press of New England, 1986, p. 70-84 ; Maria-Theresia DERCHAIN-URTEL, *Priester im Tempel. Die Rezeption der Tempel von Edfu und Dendera in den Privatdokumenten aus ptolemäischer Zeit* (Göttinger Orientforschungen IV. Reihe : Ägypten, 19), Wiesbaden, Harrassowitz, 1989 ; Sylvie CAUVILLE, « Dieux et prêtres à Dendera au

une véritable caste sacerdotale à l'identité bien ancrée et dont le *De abstinentia* de Porphyre nous transmet une image à ce point édifiante de piété et de sagesse qu'elle s'accorde presque à ce que nous définirions aujourd'hui, d'un point de vue chrétien, comme l'idéal du prêtre, homme de Dieu [12] :

> Par la contemplation, ils [les prêtres] arrivent au respect, à la sécurité de l'âme et à la piété ; par la réflexion, à la science ; et par les deux à la pratique des mœurs ésotériques et dignes du temps jadis. Car, d'être toujours en contact avec la science et l'inspiration divine exclut l'avarice, réprime les passions et stimule la vitalité de l'intelligence. Ils pratiquent la simplicité dans le vivre et l'habillement, la tempérance, l'austérité, la justice et le désintéressement... Leur démarche est mesurée, leurs regards modestes et fixes, sans qu'ils jettent les yeux de tous les côtés ; le rire est rare et ne dépasse pas le sourire, leurs mains sont toujours cachées sous leur habit... Quant au vin, les uns n'en prennent point, les autres fort peu, car, disent-ils, le vin nuit aux veines, et, en embarrassant la tête, il détourne de la spéculation (Porph., *De abst.*, IV, 6-8) [13].

À ce texte comme à d'autres d'une veine semblable [14], font écho les adresses au clergé qu'on trouve sur les montants des portes de certains temples ptolémaïques [15], par lesquelles les officiants passaient chaque jour ; certes, il s'agit d'interdictions et les travers contre lesquels elles mettent en garde devaient donc parfois être le triste lot des membres du clergé. Il n'empêche, ces textes proposent bien *a contrario* un idéal d'ethos sacerdotal très proche – même s'il est nettement moins sublimé – de celui décrit par Porphyre (234-v. 305), lequel prétend puiser son information dans un ouvrage perdu de Chérémon, un hiérogrammate égyptien du Ier siècle, directeur du Musée d'Alexandrie et précepteur de Néron [16] :

Ier siècle avant Jésus-Christ », *Bulletin de l'Institut Français d'Archéologie Orientale* 91 (1991), p. 69-97 ; W. CLARYSSE, « Ptolémées et temples », dans D. VALBELLE et J. LECLANT (dir.), *Le décret de Memphis*, Paris, De Boccard, 1999, p. 41-65, et, dans le même recueil, les articles de W. HUSS (« Le Basileus et les prêtres égyptiens », p. 117-126) et de J. OSING (« La science sacerdotale », p. 127-140).

12. Cf. C. CANNUYER, « Du désert des pharaons au désert des anachorètes », *Le Monde de la Bible* 116 (janvier-février 1999), p. 27-34, spéc. p. 28.

13. Cité par S. SAUNERON, *op. cit.*, p. 8.

14. On pense, par exemple, au portrait du prêtre Calasiris dans *Les Éthiopiques* d'Héliodore ou au portrait des prêtres et initiés isiaques donné par Plutarque, *De Iside et Osiride*, 2.

15. Cf. M. WEINFELD, « Instructions for Temple Visitors in the Bible and in Ancien Egypt », dans Sarah I. GROLL (éd.), *Egyptological Studies* (Scripta Hierosolymitana, XXVIII), Jerusalem, 1982, p. 224-250.

16. A. BARZANO, « Cheremone di Alessandria », dans *Aufstieg und Niedergang der römischen Welt*, II, *Principat*, 32/3 (1985), p. 1981-2000 ; P. W. VAN DER HORST, *Chaeremon* (ÉPRO, 101), Leyde, Brill, 1984.

> O vous prophètes, grands-prêtres purs, gardes du secret, prêtres purs du dieu, vous tous qui entrez en présence des dieux, cérémoniaires qui êtes au temple ! O vous tous, juges, administrateurs du domaine, intendants qui êtes en votre mois..., tournez vos regards vers cette demeure en laquelle Sa Majesté divine vous a placés ! Il navigue dans le ciel, mais voit ceux qui sont en elle, et il est content quand l'ordre le plus exact y règne... Ne pénétrez pas au temple en état d'impureté ; ne prononcez pas de mensonge en sa demeure ; ne soyez pas cupides... (*Edfou* III, 360^{12} et s.)
>
> Ne soutenez pas mensonge contre vérité en invoquant le Seigneur ! Vous qui êtes gens d'importance, ne passez point de long temps sans une invocation vers lui, quand vous êtes déchargés de lui présenter les offrandes et de le louer dans son temple... Ne fréquentez pas l'endroit des femmes, n'y faites pas ce qui ne s'y fait pas ; n'ouvrez pas de cruche à l'intérieur du domaine : c'est le Seigneur seul qui s'abreuve là ! Ne faites pas le service sacré à votre fantaisie ! À quoi bon alors regarderiez-vous les vieux écrits : le rituel du temple [17] est entre vos mains, c'est l'étude de vos enfants (*Edfou* III, 361-362).

Complétant heureusement ces injonctions négatives, un autre texte d'Edfou décrit plus positivement le service divin :

> Qu'il est heureux celui qui célèbre Ta Majesté, ô grand dieu, et qui ne cesse de servir ton temple ! Celui qui élève ta puissance, qui exalte ta grandeur, qui emplit son cœur de toi... Celui qui va sur ton chemin, vient sur ton eau et qui s'inquiète des desseins de Ta Majesté ! Celui qui adore ton âme avec les adorations destinées aux dieux, et qui dit ton office... Celui qui conduit le service régulier et le service des fêtes, sans ignorance... (*Edfou* V, 343^{13} et s.) [18]

On s'accorde généralement à penser que l'idéal sacerdotal ainsi exalté dans l'Égypte tardive [19] n'est pas authentiquement et en tout cas pas entièrement d'origine égyptienne mais qu'il s'inspire de valeurs véhiculées par

17. Probablement le « Manuel du Temple » dont J. F. Quack prépare la publication (voir *infra*, p. 54).

18. Textes traduits par Maurice Alliot et cités dans S. SAUNERON, *op. cit.*, p. 23-24. Pour des textes similaires dans le temple de Kom Ombo, voir, par exemple, R. GRIESHAMMER, « Zum Fortwirken ägyptischer und israelitisch-jüdischer Unschuldserklärungen in frühchristlichen Texten Ägyptens », dans Irene SHIRUN-GRUMACH (éd.), *Jerusalem Studies in Egyptology* (Ägypten und Altes Testament, 40), Wiesbaden, Harrassowitz, 1998, p. 260-261.

19. Il se trouve également exprimé sur les stèles funéraires des prêtres, notamment celles du clergé d'Edfou, de Dendera et d'Akhmim, analysées dans la belle et éclairante étude de Maria-Theresia DERCHAIN-URTEL, *Priester im Tempel. Die Rezeption der Tempel von Edfu und Dendera in den Privatdokumenten aus ptolemäischer Zeit* (Göttinger Orientforschungen. IV. Reihe : Ägypten, 19), Wiesbaden, Harrassowitz, 1989. Il me manque de place pour citer ici ces stèles, qui mériteraient de l'être amplement.

la culture hellénistique ambiante. Des principes pythagoriciens [20], platoniciens [21] ou stoïciens [22] auraient notamment influencé l'évolution du clergé égyptien dans le sens d'une plus grande « moralisation » [23]. La documentation d'époque pharaonique éclaire en effet d'un jour souvent beaucoup moins admirable la personnalité des prêtres. En fait, ceux-ci, apparaissent avant tout comme des « fonctionnaires du culte » aux préoccupations ordinairement très terre à terre, impliqués dans tous les aléas d'une vie professionnelle et mondaine en bien des points semblable à celle de n'importe quel autre serviteur de l'État pharaonique, et parfois mêlés à de sombres scandales judiciaires ou à des crimes sordides [24].

Cette dernière remarque engage à poser la question de la pertinence du vocabulaire que nous employons. Nous appelons « prêtres » diverses catégories d'individus qui, en Égypte, portaient des titres plus ou moins génériques (ainsi *hem-netjer*, « serviteur du dieu », *ouâb*, « pur ») et d'autres beaucoup plus spécifiques (*it-netjer*, « père divin », *hery-hebet*, « prêtre-lecteur, hiérogrammate », pour ne citer que les plus courants [25]).

---

20. B. H. STRICKER, « De Praehelleense ascese, 3-5 », *Oudheidkundige Mededelingen uit het Rijksmuseum van Oudheden* 49 (1968), p. 18-39, relève nombre de points communs entre l'idéal ascétique pythagoricien et les règles de pureté des prêtres égyptiens d'époque gréco-romaine.

21. Rappelons ici que Plotin, le grand maître du néo-platonisme, était vraisemblablement de souche égyptienne, selon Dana M. REEMES, « On the name 'Plotinus' », *Lingua Aegyptia* 5 (1997), p. 161-169. Voir aussi F. CUMONT, « Le culte égyptien et le mysticisme de Plotin », *Monuments et mémoires / Fondation Eugène Piot* 25 (1921-1922), p. 77-92.

22. Chérémon, l'informateur de Porphyre, avait fréquenté les milieux stoïciens. Sur une influence possible du stoïcisme sur le clergé égyptien d'époque hellénistique, voir P. DERCHAIN, « Le stoïcien de Kom Ombo », *Bulletin de la Société d'Égyptologie de Genève* 22 (1998), p. 17-20.

23. Des exemples concrets de ces influences grecques, qui sont incontestables, ont été donnés par P. DERCHAIN, *La vie des temples en Égypte romaine*, éd. limitée, Sorède, 1992, p. 31-32 et 46-53. Voir aussi : J. HANI, *La religion égyptienne dans la pensée de Plutarque*, Paris, « Les Belles Lettres », 1976, spéc. p. 17 et s. ; P. DERCHAIN, *Le dernier obélisque*, Bruxelles, F.E.R.E., 1987 ; ID., Les *impondérables de l'hellénisation. Littérature d'hiérogrammates* (Monographies Reine Élisabeth, 7), Bruxelles, Brepols, 2000.

24. Voir les cas célèbres du scandale des prêtres d'Éléphantine simoniaques et prévaricateurs (à l'époque de Ramsès IV et de Ramsès V) ou des prêtres de Teudjoï et de leurs pitoyables démêlés, aux VIIe-VIe s., avec la famille de Pétéisis : S. SAUNERON, *op. cit.*, p. 13-20. Sur le scandale d'Éléphantine, voir P. VERNUS, *Affaires et scandales sous les Ramsès. La Crise des valeurs dans l'Égypte du Nouvel Empire*, Paris, Pygmalion 1993, p. 123-140 ; l'histoire des prêtres de Teudjoï a fait l'objet d'une adaptation française légèrement romancée par J. CAPART, *Un roman vécu il y a vingt-cinq siècles*, Bruxelles, Vromant, 1941^{2}.

25. La multiplicité des titres cléricaux, dont certains correspondent à des fonctions mineures et auxiliaires, est extrême et n'a cessé d'aller se complexifiant. Pour la

Issu de la terminologie propre au judaïsme de l'époque hellénistique, le terme « prêtre », calque du grec πρεσβύτερος, « ancien », fut probablement adopté par les premières communautés chrétiennes parce que celles-ci refusaient le modèle sacerdotal du ἱερεύς païen ou du *kohen* biblique, acteurs de la communication liturgique et sacrificielle avec le divin. Mais l'évolution du christianisme a tôt conduit les πρεσβύτεροι chrétiens à réinvestir, du moins en partie, les fonctions des anciens ἱερεῖς : le ministère presbytéral est vite devenu un ministère sacerdotal, le prêtre chrétien se mua promptement en « homme du sacré », en liturge consacré [26]. En fonction de cet ancrage du terme dans la tradition chrétienne, sommes-nous vraiment autorisés à traduire par « prêtre » les titres égyptiens de *hem-netjer* (littéralement : « serviteur de dieu ») ou de *ouâb* (« pur »), comme nous le faisons communément ? Peut-être, puisque les héritiers coptes de ces deux termes, respectivement *hont* et *wè'b*, correspondent au grec ἱερεύς [27]. Certes, mais cette correspondance témoigne d'une réalité tardive et la question mérite en tout cas un examen approfondi. Car, à en croire la commune opinion, les prêtres de l'Ancienne Égypte n'étaient en rien des « hommes de Dieu », ils n'avaient aucune fonction « pastorale », n'étaient ni prédicateurs ni « éducateurs de la foi » [28] ; ils ne remplissaient aucun ministère auprès des « laïcs », mais ils étaient de simples « serviteurs du dieu », des techniciens liturgiques... et encore ne l'étaient-ils qu'à titre auxiliaire.

Basse Époque, il est courant, à l'occasion de la publication d'un document inédit, d'en relever de nouveaux jusqu'alors méconnus. Voyez par exemple : H. DE MEULENAERE, « Un titre memphite méconnu », dans *Mélanges Mariette* (Bibliothèque d'Études, 32), Le Caire, I.F.A.O., 1961, p. 285-290. Clément d'Alexandrie (*Stromates* VI, 4) a laissé une célèbre description d'une procession de prêtres égyptiens, qui rend compte de la diversité des ministères que requérait la liturgie : voir, e. a., P. DERCHAIN, « Harkhébis, le psylle-astrologue », *Chronique d'Égypte* LXIV (1989), spéc. p. 85.

26. Voir, sur cette question, dont la bibliographie est immense, les deux remarquables travaux d'A. LEMAIRE, *Les ministères aux origines de l'Église. Naissance de la triple hiérarchie : évêques, prêtres, diacres* (Lectio Divina, 68), Paris, Cerf, 1971 et d'A. DE HALLEUX, « Ministère et sacerdoce », *Revue théologique de Louvain* 18 (1987), p. 281-316 et 331-347 (repris dans ID., *Patrologie et œcuménisme. Recueil d'études* [Bibliotheca Ephemeridum Theologicarum Lovaniensium, 93], Leuven, Peeters, 1990, p. 710-765).

27. W. E. CRUM, *A Coptic Dictionary*, Oxford, Clarendon Press, 1939, p. 488a et 691b. Voir aussi, sur ces deux mots coptes : W. VYCICHL, *Dictionnaire étymologique de la langue copte*, Leuven, Peeters, 1983, p. 230 et 306.

28. J. RIES, *op. cit.*, p. 163 ; voir aussi S. SAUNERON, *op. cit.*, p. 13.

Le sacerdoce égyptien : un sacerdoce royal

Car en réalité, dans l'Égypte antique, le seul liturge - le seul « prêtre », si l'on veut - était le roi [29]. Garant de Maât - équilibre dynamique du cosmos et principe de la solidarité sociale [30] - et paradigme vivant de l'humanité promise à la divinité, Pharaon entretient un commerce privilégié avec le monde des dieux tout en n'échappant pas à la condition humaine [31]. Icône terrestre de la souveraineté du démiurge solaire, Horus des vivants, vengeur et héritier du dieu des morts Osiris, le roi est le seul habilité à assurer le contact avec les dieux par le truchement du rite et à contribuer par là à l'œuvre divine de l'entretien du cosmos [32]. C'est pourquoi tout acte liturgique, jusque dans le plus miteux des centaines de temples dont s'honorait l'Égypte, était présumé avoir pour auteur le roi en personne, même si, évidemment, Pharaon ne jouissait pas du don d'ubiquité et ne pouvait être présent partout en même temps. Cette exclusivité liturgique est néanmoins affirmée sur les parois des sanctuaires, du moins à partir du Moyen Empire, par les reliefs, où c'est constamment le monarque lui-même, non les prêtres - ses substituts au quotidien - qui est figuré officiant et accomplissant les rites.

À l'occasion des solennités majeures célébrées dans la capitale, le roi présidait sans doute lui-même aux offrandes ou aux sacrifices dont il était en principe la source unique. Mais dans la pratique, il était inévitable que le culte fût rendu en son nom par un *locum tenens*, le « prêtre ». C'est ainsi que s'est développé en Égypte pharaonique un clergé nombreux et spécialisé. Le prêtre n'exerçait pas la plénitude du « sacerdoce », laquelle n'appartenait en propre qu'au roi, mais il l'exerçait par « re-présentation ». On a là un cas de figure qui n'est pas sans faire penser au statut du mi-

---

29. Pour un bon aperçu de cet aspect de la fonction royale, voir : Marie-Ange BONHÊME et Annie FORGEAU, *Pharaon. Les secrets du pouvoir*, Paris, Armand Colin, 1988, p. 131-156 ; J. LECLANT, « Pharaon : prêtre et souverain », *Revue des Sciences Morales et Politiques* (1994/1), p. 2-11.

30. Sur le concept de Maât, qui est aussi une déesse, je me contente de renvoyer ici à la série de conférences lumineuses de J. ASSMANN, *Maât, l'Égypte pharaonique et l'idée de justice sociale* (Conférences, essais et leçons du Collège de France), Paris, 1989.

31. Les Égyptiens ne s'y méprenaient guère. Si la fonction royale était d'essence divine et si, en l'exerçant, le roi « faisait le dieu » (*iri netjer* : cf. A. THÉODORIDÈS, « Faire le Dieu », *Annuaire de l'Institut de Philologie et d'Histoire Orientale de l'Université Libre de Bruxelles*, XXVII [1985], p. 87-102), ses sujets savaient qu'il était aussi un homme, tributaire de toutes les limites de notre nature mortelle, ainsi que l'a bien montré G. POSENER, *De la divinité du Pharaon* (Cahiers de la Société Asiatique, XV), Paris, Imprimerie Nationale, 1960.

32. P. DERCHAIN, « Le rôle du roi d'Égypte dans le maintien de l'ordre cosmique », dans L. DE HEUSCH (éd.), *Le Pouvoir et le sacré*, Bruxelles, 1962, p. 61-73.

nistère presbytéral tel qu'il est conçu dans le christianisme, où le prêtre de paroisse n'est que le « lieu-tenant » de l'évêque, seul vrai « président » – au nom de l'unique grand-prêtre qu'est le Christ – de l'eucharistie exprimant l'unité et la catholicité de l'Église locale [33].

Bref portrait de la condition de prêtre aux temps pharaoniques

Pour ainsi dire « lieu-tenants » du sacerdoce royal, il était normal que les prêtres fussent désignés par le souverain. À l'origine d'ailleurs, et jusqu'à la Ve dynastie au moins (XXVe s. av. J.-C.), le statut de prêtre et celui de serviteur du roi semblent avoir été inextricablement imbriqués, de sorte que d'aucuns estiment que l'un a dû procéder de l'autre [34]. La nomination des prêtres était effectivement privilège régalien, et nous connaissons nombre de cas où des individus furent élevés à la prêtrise par faveur royale directe. Toutefois, la technicité requise pour l'accomplissement des rituels faisait de la prêtrise une véritable « profession » ; comme d'autres métiers de l'Égypte pharaonique, elle eut tôt tendance à se transmettre par la voie héréditaire, rien n'étant plus cher à l'Égyptien que de léguer sa fonction à son fils. Aussi l'hérédité des charges devint-elle, à tous les niveaux de la hiérarchie sacerdotale, la norme commune enregistrée comme telle par Hérodote au Ve s. av. J.-C. (*Histoires* II, 37) ; nous connaissons ainsi, surtout à la Basse Époque, des « dynasties » de prêtres [35], dont certaines se perpétuèrent pendant plusieurs siècles. Mais d'autres moyens d'accéder à la

---

33. Cette vision du sacerdoce très enracinée dans les origines du christianisme postapostolique est particulièrement en honneur chez les orthodoxes. Cf. le livre fameux du métropolite JEAN DE PERGAME (alias J. ZIZIOULAS), *L'Eucharistie, l'Évêque et l'Église durant les trois premiers siècles*, Paris, Desclée de Brouwer, 1994, p. 227 et s. En Occident, le ministère presbytéral a eu d'assez bonne heure tendance à revendiquer un véritable statut sacerdotal, sur le même pied que celui de l'évêque, comme cela ressort déjà, à la fin du IVe s., des écrits de saint Jérôme (p. ex., la *Lettre 52 à Népotien*) ou de l'ainsi nommé Ambrosiaster (cf. J. MARTIN, *Die Genese des Amtspriestertum in der frühen Kirche*, Fribourg-en-Br., 1972).

34. C'est l'hypothèse qui sous-tend l'étude de W. HELCK, art. cit., col. 1084-1087. Citons ici un avis particulièrement autorisé : « dans les plus anciennes conceptions, tous les soins prodigués à la personne physique du pharaon, depuis le service alimentaire et les ablutions, jusqu'à l'entretien de la perruque et de la barbe postiche, étaient considérés comme des sacerdoces ; de tels sacerdoces devinrent des charges honorifiques attribuées à l'entourage ou à l'élite des courtisans. Par ailleurs, de multiples sacerdoces étaient attachés, non seulement au culte funéraire du pharaon, mais aussi aux institutions dont il était l'éponyme » (article « Clergé » dans P. VERNUS et J. YOYOTTE, *Les Pharaons*, Paris, MA Éditions, 1988, p. 41).

35. Voir p. ex. : H. DE MEULENAERE, « Une famille de prêtres thinites », *Chronique d'Égypte* XIX/58 (1954), p. 221-236 ; C. TRAUNECKER, « Les graffiti des frères Horsaisis et Horemheb. Une famille de prêtres sous les derniers Ptolémées », dans *Egyptian Religion. The last thousand years*, II, p. 1191-1229.

prêtrise sont également bien attestés, comme la cooptation ou l'achat de la charge. De sorte que malgré le lien organique qui les rattachait à la royauté, les prêtres purent à certaines époques gagner en indépendance et former peu à peu des cénacles de plus en plus fermés sinon une caste cléricale dont la puissance était en mesure de faire contrepoids à celle de la Couronne. Ce fut le cas au Nouvel Empire quand, semble-t-il, les richesses considérables apportées aux temples par les succès militaires de la monarchie en Asie et en Nubie accrurent démesurément la puissance économique de certains clergés [36], tandis que la nouvelle « Théologie de la Volonté » recomposait les termes de la relation entre les hommes et le divin en atténuant progressivement le caractère nécessaire de la médiation royale. À cette époque, surtout à partir du règne de Hatshepsout – si novateur en tant de domaines ! –, le lien autrefois très étroit entre fonctionnariat royal et sacerdoce se relâche, et une organisation spécifique des temples se met en place, qui perdurera jusqu'à la fin de la civilisation pharaonique : à la tête de chaque clergé se trouve désormais un « premier prophète » [37], aidé d'un « deuxième » et d'un « troisième prophète », avec, en-dessous d'eux, les « pères divins » (*itou-netjer*) et les « purs » (*ouâbou* [38]) répartis en quatre phylès. Il est possible mais loin d'être certain que cette montée en puissance du clergé – celui d'Amon de Thèbes surtout – ait été l'un des motifs de la réforme religieuse brutalement mais brièvement mise en œuvre par Amenhotep IV/Akhénaton (1348-1331 av. J.-C.). Plus sûrement, ce processus aboutit, à la fin de l'époque ramesside, à une véritable usurpation du pouvoir royal par le clergé thébain en la personne du « premier prophète d'Amon » Hérihor, qui devint roi, au nom d'Amon [39], après la mort de

36. Les temples jouaient un rôle éminent dans le système d'économie de redistribution qui était celui de l'Égypte ancienne et les prêtres étaient aussi administrateurs des domaines divins, assurant la mise en valeur du patrimoine immobilier, le contrôle de la fiscalité y attachée, la gestion des offrandes en provenance régulière du trésor royal ou des dons émanant des particuliers, etc. Sur cet aspect, voir, p. ex. D. O'CONNOR, « The Social and Economic Organization of Ancient Egyptian Temples », dans J. M. SASSON (éd.), *Civilizations of the Ancient Near East*, I, New York, 1995, p. 319-329.

37. *hem-netjer tepy*, littéralement « premier serviteur du dieu ». Les Grecs ont rendu l'expression égyptienne *hem-netjer*, « serviteur du dieu », par προφήτης et nous avons conservé cette traduction, qui témoigne sans doute de l'importance à l'époque gréco-romaine des pratiques oraculaires où les prêtres intervenaient au titre de « porte-parole » de la divinité.

38. Le *-ou* final est en égyptien ancien la marque du pluriel.

39. R. GUNDLACH, « Das Königtum des Herihor. Zum Umbruch in der ägyptischen Königsideologie am Beginn der 3. Zwischenzeit », dans M. MINAS et J. ZIEDLER, *Aspekte spätägyptischer Kultur. Festschrift für Erich Winter zum 65. Geburtstag* (Aegyptiaca Treverensia. Trierer Studien zum griechisch-römischen Ägypten, 7), Mayence, Philipp von Zabern, 1994, p. 133-138.

Ramsès XI (*regn.* 1105-1078 av. J.-C.) ; ses successeurs firent de la Thébaïde une principauté théocratique autonome qui se maintint jusque dans la première moitié du VIIIe s. av. J.-C., dirigée à coups d'oracles et au gré des cabales de sacristie [40].

Substituts du roi, les prêtres se chargeaient de ses devoirs liturgiques et avaient, comme lui, le privilège exclusif de pénétrer dans l'espace le plus sacré du temple, le naos, où reposait la statue de culte, investie du *ba* [41] de la divinité. Le rôle fondamental des prêtres revenait en effet à assurer au service de cette statue un véritable cérémonial aulique d'entretien : il s'agissait de la protéger de toute offense, de toute impureté extérieure, mais aussi de la vêtir, de la nourrir, de la parfumer d'onguents, de l'encenser, de lui adresser des hymnes magnifiant la puissance du dieu. En entourant ainsi de soins et de dévotion la statue divine, les prêtres ou plutôt le roi qu'ils représentaient étaient censés collaborer à l'œuvre de conservation du créé, à l'harmonie cosmique dont la responsabilité faîtière revenait aux dieux. Si de cette extraordinaire collaboration entre le roi – paradigme de l'homme – et les dieux, les prêtres n'étaient que les tâcherons subalternes, célébrer le culte quotidien exigeait toutefois d'eux qu'ils se pliassent à de strictes exigences de pureté rituelle [42] : le nom le plus générique des « prêtres », *ouâb*, qui signifie « pur » et s'écrit avec l'hiéroglyphe d'un vase d'où s'écoule un filet d'eau, évoque explicitement ces contraintes qui se traduisaient par des ablutions abondantes, « à l'eau froide, deux fois le jour et deux fois la nuit » selon Hérodote, II, 37, à quoi s'ajoutaient le rasage intégral du corps tous les deux jours, le respect scrupuleux de tabous alimentaires, l'usage exclusif du lin pour le vêtement et de sandales en papyrus, et aussi l'abstinence sexuelle durant le temps d'activité dans le temple [43].

Ajoutons encore, pour compléter le tableau mais sans y insister ici, que les temples disposaient également d'un « clergé » féminin [44], attesté dès

---

40. Cf. H. KEES, *Die Hohenpriester des Amun von Karnak, von Herihor bis zum Ende der Äthiopenzeit*, Leyde, Brill, 1964 ; W. HELCK, « Gottesstaat », *LÄ*, II, 1977, col. 822-823.

41. C'est-à-dire la « puissance de manifestation », fonction d'« interface » entre le monde du divin et celui des humains.

42. Sur la notion de pureté rituelle en Égypte ancienne, la meilleure approche me semble celle de D. MEEKS, « Pureté et impureté. L'ancien Orient. [L'Égypte] », *Supplément au Dictionnaire de la Bible*, IX, fasc. 49-50, Paris, 1975, col. 430-452.

43. Les prêtres d'un temple étaient répartis en « phylès » ou « sections », qui devaient assurer le service cultuel à tour de rôle, quatre phylès qui furent augmentées d'une cinquiène en 238 av. J.-C., sous le règne de Ptolémée III Évergète. Pendant les trimestres d'interruption du service de sa phylè, le prêtre n'était évidemment plus soumis à toutes ces prescriptions de pureté.

44. Voir l'article de H. G. FISCHER, « Priesterin », *LÄ*, IV, 1982, col. 1100-1105.

l'Ancien Empire et surtout mais non exclusivement [45] affecté au culte de déesses. Si certaines de ces prêtresses ont, à l'Ancien et au Moyen Empire, parfois rempli des fonctions analogues à celles de leurs homologues masculins [46], elles furent de plus en plus, à partir du Nouvel Empire, confinées à des rôles liturgiques secondaires, comme chanteuses ou danseuses [47]. Un cas particulier est celui du titre sacerdotal d'« Épouse du dieu » (*hémet-netjer*), apparu dans certains cultes dès la fin de la Première Période Intermédiaire et au Moyen Empire, qui semble d'emblée avoir été lié à une symbolique cosmogonique et hiérogamique ; adopté, à partir du Nouvel Empire, par des reines ou des princesses royales, ce titre [48] et la fonction y attachée furent ensuite, du début de la Troisième Période Intermédiaire jusqu'à l'époque perse [49], relevés par des vierges de sang royal consacrées au dieu Amon de Thèbes, les « Divines Adoratrices », qui ont joué un rôle non négligeable dans la vie politique de l'Égypte méridionale [50].

Au principe général en vertu duquel les prêtres égyptiens étaient en fait des substituts du seul roi-prêtre échappait le culte funéraire, du moins partiellement. En Égypte, les défunts – en tout cas ceux auxquels une vie conforme à la Maât avait donné de passer victorieusement l'épreuve du jugement devant Osiris et qui avaient de ce fait accédé au statut de *maâ kherou*, « justifié » – étaient des dieux et, dans une certaine mesure, les dieux étaient assimilables à des défunts. On observe donc une réelle analogie entre le culte divin et le culte funéraire. Mais si, dans le culte divin, l'acte liturgique était réservé au roi, « fils des dieux » et surtout « fils de Rê », le démiurge solaire, dans le culte funéraire il revenait au fils aîné du défunt puis à ses descendants de perpétuer les offrandes nécessaires à la vie

45. Ainsi les stèles CG 20056 et 20240, du Moyen Empire, nous font connaître une prêtresse (*ouâbet*) du dieu Khonsou. H. G. FISCHER, art. cit., col. 1101 et n. 11.

46. Une prêtresse qui, à l'Ancien Empire, accomplit le service-*ouâb* pour Hathor de Tehna reçoit la même rémunération que ses confrères hommes (cf. FISCHER, art. cit., col. 1101 et n. 26).

47. C'est dans ce sens qu'il faut interpréter l'assertion excessive d'Hérodote II, 35 : « Aucune femme n'exerce la prêtrise d'un dieu ou d'une déesse ».

48. Associé à d'autres appellations suggestives, telles « main du dieu » (*djéret-netjer*) ou « adoratrice du dieu » (*douat-nétjer*).

49. L'institution a survécu, sous une forme affaiblie, jusqu'à l'époque grecque. Des vierges issues de familles locales continueront à épouser Amon ; les Grecs leur donneront le nom de « pallacides de Zeus ».

50. Sur la longue tradition des « Épouses royales » en Égypte et sur leur rôle « sacerdotal », voir : M. GITTON et J. LECLANT, « Gottesgemahlin », *LÄ*, II, 1977, col. 792-812 (avec bibliographie antérieure) ; M. GITTON, *Les divines épouses de la 18e dynastie*, Paris, « Les Belles Lettres », 1984. Voir aussi Saphinaz-Amal NAGUIB, *Le clergé féminin d'Amon thébain à la* XXIe *dynastie* (Orientalia Lovaniensia Analecta, 38), Leuven, Peeters, 1990.

d'outre-tombe de l'ancêtre, à l'entretien de sa mémoire parmi les vivants et à sa socialisation parmi les dieux. Déjà lors des funérailles, le fils aîné jouait un rôle sacerdotal, figurant le dieu Horus, fils d'Osiris, auquel était identifié le disparu [51]. Mais l'indifférence possible des générations ultérieures faisait craindre à l'Égyptien que son autel funéraire fût à la longue déserté. Aussi, dès la IVe dynastie, voit-on apparaître des fondations instituées par disposition testamentaire, dont les revenus permettaient à un ou plusieurs prêtres rémunérés – ils portaient le titre évocateur de « serviteurs du *ka* [52] » – de perpétuer un culte régulier dans la chapelle funéraire du testateur [53]. Néanmoins, même dans ce cadre du culte funéraire des simples particuliers [54], les offrandes consacrées au défunt l'étaient, par une fiction non plus iconique (comme dans les temples) mais phraséologique, au nom et sous l'autorité du roi : c'est ce qu'évoque la formule dite *hetep di nezou*, « offrande que donne le roi... », qu'on trouve en tête des inscriptions auxquelles, dans les chapelles cultuelles des tombeaux, était reconnu le pouvoir d'assurer magiquement, par la puissance de l'écrit et du dessin, la pérennité des offrandes alimentaires destinées à pourvoir l'autel du disparu [55]. Quelle que soit la traduction que l'on donne à cette formule [56], elle évoque le fait que la source éminente de l'offrande

51. En fait, Horus est aussi, selon la conception égyptienne, l'archétype commun au roi et au prêtre, ce qui explique que dans le cadre du culte funéraire, le fils du défunt devienne lui-même « prêtre », chargé d'assurer le lien avec le père disparu. Cf. J. ASSMANN, *Mort et au-delà dans l'Égypte ancienne*, Monaco, Éd. du Rocher, 2003, p. 47 et s.

52. Composante de l'individu selon l'anthropologie égyptienne, correspondant à son énergie vitale individuée mais aussi à une sorte de « surmoi » social, auquel le défunt n'est pleinement réuni qu'après sa mort (cf. en dernière analyse, J. ASSMANN, *Mort et au-delà*..., p. 157-165).

53. P. KAPLONY, « Totenpriester », *LÄ*, VI, 1986, col. 679-693.

54. Il va sans dire que le culte des rois défunts s'apparentait beaucoup plus encore à un véritable culte divin, avec un clergé abondant et spécifique qui pouvait se renouveler sur plusieurs générations. Voyez par exemple le cas du temple funéraire du pharaon de la VIe dynastie Pépi Ier et de son clergé sous la XIIe dynastie, étudié par P. VERNUS, « Deux inscriptions de la XIIe dynastie provenant de Saqqara », *Revue d'Égyptologie* 28 (1976), p. 119-138. Pour les temples « de millions d'années » des rois du Nouvel Empire et l'alchimie liturgique qui s'y opérait entre culte des dieux et culte du souverain défunt, voir G. HAENY, « New Kingdom "Mortuary Temples" and "Mansions of Millions of Years" », dans *Temples of Ancient Egypt*, Londres - New York, 1997, p. 86-126.

55. W. BARTA, *Bedeutung der altägyptischen Opferformel*, Glückstadt, Verlag J. J. Augustin, 1968 ; H. SATZINGER, « Beobachtungen zur Opferformel: Theorie und Praxis », *Lingua Aegyptiaca* 5 (1997), p. 177-188.

56. P. GRANDET et B. MATHIEU, *Cours d'égyptien hiéroglyphique*, Paris, Khéops, 1997, p. 388-390, proposent une traduction légèrement différente, qui ne semble pas devoir emporter l'unanime conviction : « fasse le roi que s'apaise(nt) [telle et/ou telle divinité(s)] pour qu'elle(s) donne(nt)... ».

funéraire est le roi lui-même, agissant en collaboration avec le cercle des dieux.

Quelques données nouvelles de la recherche

Ayant ainsi rappelé les principaux caractères du « sacerdoce » dans l'Égypte pharaonique, je souhaiterais maintenant montrer l'intérêt et la nouveauté que présentent pour son étude quelques travaux récents dont la lecture me fut particulièrement suggestive.

Pétosiris, témoin de l'émergence d'une nouvelle conscience sacerdotale

En 1993, dans les Actes de Conférences organisées en 1991-1992 par l'Institut de Recherche sur l'Orient Chrétien de l'Institut Catholique de Paris sur les *Sagesses de l'Orient ancien et chrétien*, Didier Devauchelle s'est de nouveau penché sur ce monument exceptionnel qu'est la tombe de Pétosiris à Touna el-Gebel [57]. Le propriétaire de ce tombeau célèbre fut grand-prêtre de Thot à Hermopolis la Grande, probablement à l'époque de la seconde domination perse, à la veille de la conquête de l'Égypte par Alexandre (331 av. J.-C.). Les inscriptions gravées sur les parois [58] de la chapelle funéraire proposent, sur un mode autobiographique, un idéal de sagesse qui reprend les thèmes de justice, de bonne conduite, de fidélité au dieu, tout à fait traditionnels dans les textes autobiographiques égyptiens antérieurs [59] ; mais en outre, ces textes - explicitement destinés par le défunt à ses collègues en sacerdoce - renvoient de Pétosiris et de sa famille une image assez proche de celle que les auteurs classiques nous ont transmise des prêtres égyptiens, hommes de dieu pétris de sagesse et de bonté. Qu'on en juge par ces brefs extraits :

> O tous serviteurs du dieu ou tous prêtres qui irez vers cette nécropole, venez, je ferai que vous soyez informés de la volonté de dieu et (je) vous guiderai sur le chemin de la vie... (Inscr. 59 [60].)

57. D. DEVAUCHELLE, « Le chemin de la vie dans l'Égypte ancienne » dans R. LEBRUN (dir.), *Sagesses de l'Orient ancien et chrétien* (Sciences Théologiques et Religieuses, 2), Paris, 1993, p. 91-122, spéc. p. 116-119.

58. Publication et traduction par G. LEFEBVRE, *Le tombeau de Pétosiris*, I-III, Le Caire, 1923-1924 ; une traduction partielle récente est donnée par P. VERNUS, *Sagesses...*, p. 365-371. Voir aussi É. SUYS, *La vie de Pétosiris, grand-prêtre de Thot à Hermopolis-la-Grande*, Bruxelles, F.E.R.E., 1927.

59. D. DEVAUCHELLE, art. cit., p. 116 a raison d'insister sur cette conformité avec des modèles antérieurs, contre d'aucuns qui avaient voulu reconnaître chez Pétosiris des idées traduisant une éthique nouvelle. Voir aussi : K. JANSEN-WINKELN, *Sentenzen und Maximen in den Privatinschriften der ägyptischen Spätzeit*, Berlin, Achet Verlag, 1999.

60. G. LEFEBVRE, *op. cit.*, I, 1924, p. 79, et II, 1923, p. 32, inscription citée par D. DEVAUCHELLE, art. cit., p. 113.

Le bon chemin est de suivre dieu. C'est un loué celui dont le cœur se guide sur lui... J'ai fait le bien sur la terre et j'ai rempli mon cœur sur le chemin de dieu, depuis mon enfance jusqu'à ce jour, car je passais la nuit, sa puissance étant dans mon cœur, et je passais le lendemain à faire ce que son *ka* aime, je faisais la justice et j'abhorrais le crime (Inscr. 116) [61].

Fait extrêmement étonnant et passé presque inaperçu jusqu'à ce que D. Devauchelle le fasse remarquer, Pétosiris usurpe dans sa tombe des actes liturgiques réservés au seul Pharaon : certains reliefs, sur les parois extérieurs de sa chapelle funéraire – qui ressemble à un temple divin en miniature ! –, le représentent en train d'effectuer des rites explicitement royaux et son nom est suivi de l'épithète « vie, prospérité, santé », qui relève du protocole phraraonique ; il affirme avoir lui-même « tendu le cordeau » lors de la cérémonie de fondation du temple hermopolitain de Rê [62] et on le voit çà et là présentant personnellement au dieu Thot les offrandes [63], comme s'il était investi d'une pleine et entière *potestas sacerdotalis* . Ce cas semble bien être un *unicum*, dont on n'a pas d'autre exemple et sur la portée duquel il convient donc de s'interroger avec circonspection. Didier Devauchelle suppose que Pétosiris, chef d'une grande famille sacerdotale régionale, a pu être acculé par l'occupation perse – évoquée allusivement dans les inscriptions – et/ou par des troubles locaux à endosser des prérogatives royales et à s'arroger la plénitude du sacerdoce pour pallier le vide laissé par l'absence d'un pharaon indigène, quitte à justifier son attitude par un discours autobiographique insistant sur sa loyauté envers son dieu et envers la couronne [64]. L'interprétation est séduisante et certainement pertinente. Mais la tombe de Pétosiris ne témoigne-t-elle pas en même temps de l'émergence d'un nouveau type de conscience sacerdotale, peut-être en partie généré par le contact avec d'autres cultures, la grecque en particulier [65], mais surtout par le déclin

61. G. LEFEBVRE, *op. cit.*, I, p. 158-159, et II, p. 83, inscription citée par D. DEVAUCHELLE, art. cit., p. 115. En fait, ce texte concerne le père de Pétosiris. Mais l'idéal du fils participe évidemment de celui du père.

62. Observations faites par D. DEVAUCHELLE, art. cit., p. 117-118.

63. Voir par exemple le cliché que j'ai fait reproduire sur la couverture du numéro spécial des *Mélanges de Science Religieuse*, t. 57/2 (avril-juin 2000) et ici-même, p. 49. J'en profite pour signaler qu'une couverture photographique moderne des reliefs souvent très atypiques de la tombe de Pétosiris, en vue d'une publication, va être assurée par l'Institut Français d'Archéologie Orientale du Caire.

64. *Ibid.*, p. 118.

65. L'influence de l'hellénisme sur Pétosiris ne peut être sous-estimée. Dans la décoration de sa chapelle funéraire, il introduit une scène de sacrifice hellénique (G. LEFEBVRE, *op. cit.*, pl. 19) et fait composer pour un enfant mort en bas âge un thrène dont le modèle est vraisemblablement grec. Cf. P. DERCHAIN, *La vie des temples en Égypte romaine*, p. 31 ; ID., *Les impondérables de l'hellénisation*, p. 32-33 et 54-57.

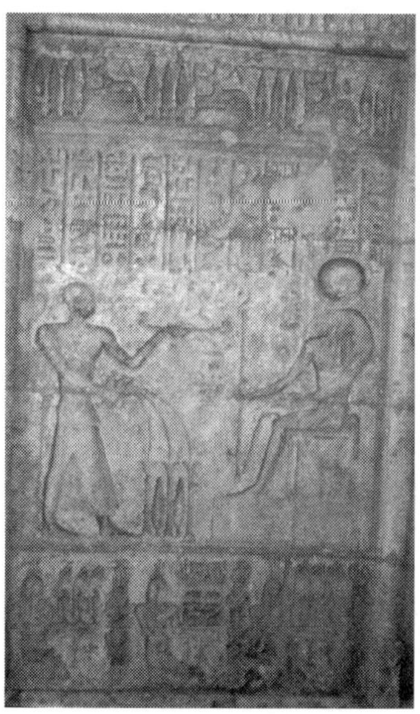

Pétosiris, grand-prêtre d'Hermopolis, faisant offrande à Thot à tête d'ibis. Mur d'entrecolonnement de la façade du vestibule de la chapelle funéraire de Pétosiris (Touna el-Gebel). *Cliché C. Cannuyer.*

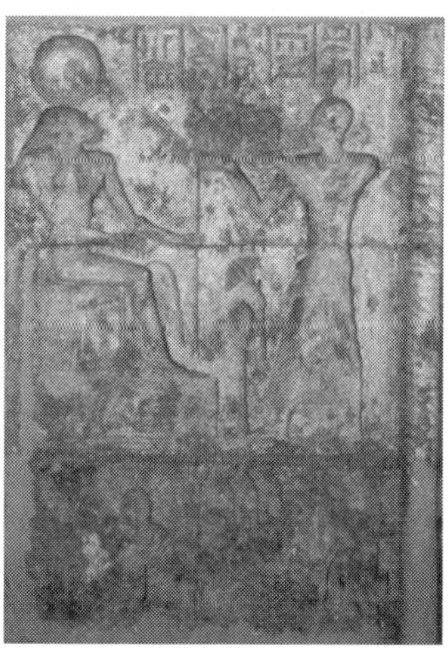

Pétosiris, grand-prêtre d'Hermopolis, faisant offrande à Thot à tête de babouin. Mur d'entrecolonnement de la façade du vestibule de la chapelle funéraire de Pétosiris (Touna el-Gebel). *Cliché C. Cannuyer.*

constant et irrémédiable du modèle traditionnel de la royauté pharaonique ? Une conscience dont Pétosiris avait sans doute une perception particulièrement affûtée, que les circonstances politiques tout à fait singulières et son aura personnelle lui ont permis d'exprimer – une audace inédite jusqu'à lui et qui ne sera plus réitérée [66]. En ce temps où les repères plus de deux fois millénaires de la société égyptienne s'évanouissaient, le clergé ne se sentait-il pas appelé à prendre la relève de la monarchie défaillante [67] ? Dans ce contexte, un prêtre comme Pétosiris se voyait probablement comme un véritable « homme de dieu », un spécialiste du sacré, un authentique « pontife » – c'est-à-dire un « faiseur de pont » entre les dieux et les humains –, non plus un simple pis-aller du sacerdoce royal.

Je voudrais ici faire observer que Pétosiris est presque contemporain ou un peu postérieur au premier « prêtre » auquel la littérature égyptienne – démotique, en l'occurrence – attribue nommément un Enseignement sapiential, à savoir *'Ankhsheshonqy*, un Père divin (*it-nétjer*) de Rê à Héliopolis que le récit-cadre introductif de sa Sagesse place clairement dans un contexte saïto-perse [68]. En effet, il me paraît significatif qu'aucune des « Sagesses » égyptiennes antérieures ne soit placée sous l'autorité d'un prêtre spécifiquement désigné comme tel ; le grand Ptahhotep [69] se présente comme un vizir, de nombreux Enseignements ont pour auteur un prince ou

66. Sur le maintien de la fiction de l'exclusivisme sacerdotal du pharaon sur les reliefs des temples de l'époque romaine, moyennant quelque adaptation à l'idéologie impériale, voir : J. C. GRENIER, « Le protocole pharaonique des empereurs romains », *Revue d'Égyptologie* 38 (1987), p. 81-104.

67. Se rapproche du cas de Pétosiris celui de Paennout, chef du clergé de Dendera probablement sous le dernier Ptolémée. Sur une statue conservée au musée du Caire (CGC 690), il se pare de l'honneur d'avoir fait édifier le temple d'Hathor et revendique pour son fils le mérite de la construction de celui d'Isis. Mais l'inscription dédicatoire du temple en attribue la fondation au roi qui a « lui-même bâti son sanctuaire... et a en personne saisi le cordeau avec Séchat ». Toutefois, dans cette inscription, le roi n'est pas nommé, il n'est qu'une fiction liturgique, ce qui laisse bien entendre que Paennout se considérait comme le véritable fondateur. Cf. Sylvie CAUVILLE, art. cit., p. 69-97 ; ID., « Les inscriptions dédicatoires du temple d'Hathor à Dendera », *Bulletin de l'Institut Français d'Archéologie Orientale* 90 (1990), p. 95. Je dois la connaissance de ce cas à P. DERCHAIN, *La vie des temples en Égypte romaine*, p. 47.

68. Voir, en dernier lieu, D. DEVAUCHELLE, « L'Instruction d'Ânkhchechanky », *Égypte, Afrique & Orient* 29 (juin 2003), p. 41-52.

69. La *Sagesse de Ptahhotep* est réputée avoir été rédigée par ce vizir du roi Asosi, sous la Ve dynastie (vers 2377-2350 av. J.-C.) et rien n'interdit de penser que le tréfonds de l'œuvre remonte à cette époque, même si la rédaction de la version reçue daterait plutôt d'entre la fin de l'Ancien Empire et le début de la XIIe dynastie, selon P. VERNUS, *Sagesses de l'Égypte pharaonique*, Paris, 2001, p. 70-71.

un roi [70], Ani (vers 1250 av. J.-C.) [71] est scribe... Seul Amenemopé, qui est nettement plus tardif [72], semble être proche du milieu sacerdotal, mais si son fils, auquel il adresse sa Sapience, appartient aux clergés de Min et d'Ounnéfer, lui-même ne se présente pas comme prêtre [73].

Toutefois, j'incline à penser qu'à l'époque de Pétosiris, il devait y avoir longtemps que, dans la pratique et dans les consciences, le sacerdoce des prêtres s'était petit à petit affranchi de l'exclusivisme sacerdotal revendiqué initialement par le roi. Nonobstant la sauvegarde des apparences – entendez : la seule omniprésence du roi comme officiant sur les reliefs des temples –, qu'imposait la force des traditions, les clergés d'Égypte avaient, dès la XVIIIe dynastie (1543-1292 av. J.-C.) et surtout à partir de l'époque ramesside, progressé vers toujours plus d'autonomie et d'appropriation du sacré. Au vrai, ce mouvement fut tributaire d'une évolution religieuse de plus grande ampleur [74] : à la *Weltanschauung* assez mécaniste de l'Ancien et du Moyen Empire, selon laquelle les hommes et les dieux participaient

---

70. *Enseignement de Hordjedef*, *Enseignement pour Mérikarê*, *Enseignement d'Amenemhat*, etc.

71. L'*Enseignement d'Ani* était généralement daté de la XVIIIe dynastie, mais J. F. QUACK, *Die Lehren des* Ani (Orbis Biblicus et Orientalis, 141), Fribourg - Göttingen, Vandenhoeck & Ruprecht, 1994, p. 67-68, a montré qu'il faut plutôt en placer la rédaction dans la première moitié de l'époque ramesside. Ani était scribe du temple funéraire d'une reine Néfertari, en laquelle il faut sans doute reconnaître la grande épouse royale de Ramsès II (1279-1212 av. J.-C.) décédée peu après l'an 21 du règne (cf. C. VANDERSLEYEN, *L'Égypte et la Vallée du Nil*, t. II, *De la fin de l'Ancien Empire à la fin du Nouvel Empire* (Nouvelle Clio), Paris, P.U.F., 1995, p. 517).

72. De bons arguments plaident pour une datation de l'*Enseignement d'Amenemopé* à l'époque ramesside finissante ou même à la XXIe dynastie, soit vers l'an 1000 av. J.-C. (P. VERNUS, *Sagesses...*, p. 299-300).

73. P. VERNUS, *Sagesses...*, p. 309

74. Que Pascal Vernus va jusqu'à désigner comme une *mutation idéologique*, expression selon moi un peu exagérée. P. VERNUS, « La grande mutation idéologique du Nouvel Empire : Une nouvelle théorie du pouvoir politique. Du démiurge face à sa création », *Bulletin de la Société d'Égyptologie de Genève* 19 (1995), p. 69-95. Le phénomène avait déjà été soupçonné par J.-H. BREASTED, *Development of Religion and Thought in Ancient Egypt*, New York, 1915. Mais elle a surtout été mise en lumière par les travaux de Jan ASSMANN, notamment *Re und Amun. Die Krise des polytheistischen Weltbilds im Ägypten der 18.-20. Dynastie* (Orbis Biblicus et Orientalis, 51), Fribourg - Göttingen, 1983 [trad. anglaise par A. ALCOCK, avec de nombreuses adaptations dues à l'auteur lui-même : *Egyptian Solar Religion in the New Kingdom. Re, Amun and the Crisis of Polytheism*, Londres - New York, Kegan Paul International, 1995] ; *Ägypten. Theologie und Frömmigkeit einer frühen Hochkultur*, Stuttgart et *al. loc.*, 1984 (1991²) ; « State and Religion in the New Kingdom », dans W. K. SIMPSON (éd.), *Religion and Philosophy in Ancient Egypt* (Yale Egyptological Studies, 3), New Haven, 1989, p. 55-88 ; *Ägypten. Eine Sinngeschichte*, Munich - Vienne, Carl Hanser Verlag, 1996.

du même équilibre cosmique régi par Maât, succède graduellement, à partir du XVIe s. av. J.-C., un univers beaucoup plus vertical, où les divinités imposent de plus en plus leur ascendant personnel à la marche du monde et du temps. Les dieux, surtout en la personne d'Amon, démiurge thébain et protecteur de l'Empire [75], dictent désormais leur volonté, régentent le cosmos, deviennent les maîtres absolus du temps et de la destinée humaine. Une véritable théologie de l'histoire se fait jour. Dans ce cadre, le rôle cardinal du roi a tendance à s'estomper – les réactions vigoureuses en sens contraire d'un Amenhotep IV / Akhénaton ou d'un Ramsès II ne parviendront pas à endiguer le mouvement –, son statut de médiateur exclusif et nécessaire s'affaiblit [76]. S'épanouit au contraire entre les dieux et les hommes une relation personnelle mais aussi inégalitaire plus prononcée, qui se traduit notamment par ce qu'on appelle la « piété personnelle » [77], c.-à-d.

75. Assimilé au démiurge solaire Rê et s'élevant sans cesse vers une quasi-transcendance qui n'est pas sans préfigurer celle du Dieu de la Bible – cf. l'ouvrage stimulant de J. C. DE MOOR, *The Rise of Yahvism. The Roots of Israelite Monotheism* (Bibliotheca Ephemeridum Theologicarum Lovaniensium, 91), Leuven, Peeters, 2e éd., 1997, et aussi J. ASSMANN, *The Search for God in Ancient Egypt*, trad. par David Lorton, Ithaca - Londres, Cornell University Press, 2001 –, Amon tend à assumer en sa divine royauté toute la tension entre pluralité et unité du divin, qui est à l'œuvre dans la religion égyptienne dès ses origines mais que ne parvenait plus à résoudre avec suffisamment d'efficacité l'ancienne profusion polythéiste. La religion égyptienne se mue en un cosmothéisme à tendance monothéiste. S. MORENZ, *Die Heraufkunft des transzendenten Gottes in Ägypten* (Sitzungsberichte der Sächsischen Akademie der Wissenschaften zu Leipzig, Phil.-Hist. Kl., 109/2), Berlin, 1964 ; J. ASSMANN, *Monotheismus und Kosmotheismus. Ägyptische Formen eines 'Denkens des Einen' und ihre europäische Rezeptionsgeschichte*, Heidelberg, C. Winter, 1993 ; H. WILLEMS, « The One and the Many in Stela Leiden VI », *Chronique d'Égypte* 73 (1998), p. 231-243.

76. J. BAINES, « Kingship, Definition of Culture and Legitimation », dans D. O'CONNOR, D. P. SILVERMAN (éd.), *Ancient Egyptian Kingship*, Leyde - New York - Cologne, 1995, p. 3-7 ; W. J. MURNANE, « The Kingship of the Nineteenth Dynasty : a Study in the Resilience of an Institution », *ibid.*, p. 185-215.

77. B. VAN DE WALLE, « La piété égyptienne », *Ephemerides Theologicae Lovanienses* 30 (1954), p. 440-456 ; G. FECHT, *Literarische Zeugnisse zur persönlichen Frömmigkeit in Ägypen*, Heidelberg, Carl Winter, 1965. Cette « piété personnelle » est toutefois bien plus ancienne que le Nouvel Empire, ce qui invite d'ailleurs à nuancer le caractère prétendument radical et inédit de l'évolution décrite ici. Elle trouve ses racines dans les époques antérieures ; peut-être la « mutation » idéologique du Nouvel Empire n'est-elle que l'apparition documentaire d'un courant qui existait bien avant mais restait implicite. Voir à ce sujet mes remarques : C. CANNUYER, « Questions sur la religion d'Akhénaton et son prétendu 'monothéisme' », *Mélanges de Science Religieuse* 59/2 (2002), p. 59-61. Cf. aussi P. VERNUS, « Littérature et autobiographie. Les inscriptions de Sa-mout surnommé Kyky », *Revue d'Égyptologie* 30 (1978), p. 115-146 ; Elke BLUMENTHAL, « Sinuhes persönliche Frömmigkeit », dans Irene SHIRUN-GRUMACH (éd.), *op. cit.*, p. 213-232, et D. FRANKE, « Middle Kingdom Hymns, Other Sundry Religious Texts — an

par une riche production de prières privées où transparaissent d'intenses sentiments d'amour et d'abandon envers le divin [78]. Cette évolution a notamment été à l'origine du rôle croissant de la pratique oraculaire à partir de la XXe dynastie (1188-1078 av. J.-C.), un succès des oracles [79] – c.-à-d. de l'intervention directe des dieux dans la vie des gens [80] – qui témoigne d'un navrant discrédit des institutions royales, motivé par une corruption généralisée [81]. Interlocuteurs quotidiens des dieux, médiateurs obligés et praticiens des oracles, les prêtres ont ainsi gagné une importance toujours plus sensible et cela a conduit à terme, au début du XIe s. avant notre ère, à l'avènement de la dictature sacerdotale thébaine que j'évoquais plus haut. Le profil du clergé égyptien en a été durablement modifié et l'affirmation, à la Basse Époque, d'un idéal sacerdotal qui considère le prêtre comme une instance éthique et liturgique autonome procède de cette évolution.

Cet idéal, puissamment énoncé par Pétosiris et dont on pensait volontiers qu'il en était le premier témoin, doit en effet avoir vu le jour au moins quelques siècles avant lui. Il est déjà manifestement à l'œuvre dans la stèle funéraire 2965 du musée de Manchester, découverte dans la nécropole d'Abydos, qu'on peut dater du VIIe s. av. J.-C. (XXVIe dynastie) et dont Olivier Perdu vient de révéler toute l'originalité [82]. Le propriétaire, un prêtre nommé Nespernoub, truffe certes son autobiographie de quantité de réminiscences littéraires anciennes, mais il fait également allusion à son rôle de prêtre dans des termes [83] qui annoncent les instructions au clergé connues par les inscriptions des temples ptolémaïques (voir *supra*),

---

Inventory », dans Sibylle MEYER (éd.), *Egypt — Temple of the Whole World. Studies in Honour of Jan Assmann* (Numen Book Series. Studies in the History of Religions, XCVII), Leyde, Brill, 2003, p. 95-136

78. Cf. C. CANNUYER, « Amour divin et Amour de Dieu en Égypte Ancienne » dans *Dieu Miséricorde, Dieu Amour. Actes du colloque* VIII, *Patrimoine Syriaque*, I, Antélias (Beyrouth), éd. du CERO, 2003, p. 35-55.

79. Sur les oracles dans l'Égypte ancienne, voir, par exemple, la solide synthèse de J. ČERNY, dans R. A. PARKER, *A Saite Oracle Papyrus from Thebes in the Brooklyn Museum*, Providence, 1962, p. 35-48.

80. On voit même les souverains soumettre leur programme politique aux décisions oraculaires et dès la XVIIIe dynastie celles-ci sont parfois intervenues dans la désignation de l'héritier du trône.

81. Tout cela a été remarquablement analysé par P. VERNUS, *Affaires et scandales sous les Ramsès. La Crise des Valeurs dans l'Égypte du Nouvel Empire*, Paris, 1993.

82. O. PERDU, « Exemple de stèle archaïsante pour un prêtre modèle », *Revue d'Égyptologie* 52 (2001), p. 183-217.

83. « Je ne me suis approché du dieu que comme un prêtre-ouâb en état de pureté ; je ne me suis pas rendu impur à son service, ni avide de biens/offrandes dans sa maison ; je n'ai pas lésé ses serviteurs, ni dénigré l'un après l'autre ; je sais en effet que c'est son abomination » (l. 6-7). Trad. O. Perdu.

lesquelles sont généralement tenues pour des innovations dues au nouveau climat culturel engendré par l'hellénisme.

Un document exceptionnel dont on attend beaucoup : le Manuel du Temple

Plusieurs indices incitent donc à présumer que l'idéal sacerdotal égyptien qui a suscité l'admiration d'un Plutarque ou d'un Porphyre, trouve ses origines avant l'époque hellénistique. On attend avec impatience la publication par Joachim Friedrich Quack du « Manuel du Temple » – il est évoqué dans les temples ptolémaïques et on en connaissait une version grecque d'époque romaine [84] – qu'il est en train de reconstituer à partir de fragments épars d'au moins quarante manuscrits hiératiques ou démotiques et dont la composition se situe certainement à une date bien plus ancienne que l'époque gréco-romaine : en effet, n'y sont systématiquement mentionnées que quatre phylès de prêtres par temple, alors que ce nombre fut porté à cinq en 238 av. J.-C. à la suite du synode de Canope. Le nombre de quatre phylès était de règle depuis le Moyen Empire et selon J.-F. Quack rien n'interdit de faire remonter haut dans le temps une part substantielle du texte qu'il étudie. La deuxième section de ce manuel concerne précisément « les prêtres et leurs devoirs » et, de toute évidence, entretient des liens étroits avec la confession négative du chapitre 125 du *Livre des Morts* (Nouvel Empire), notamment en ce qui concerne les règles de pureté sacerdotale. Les fragments conservés, malheureusement lacunaires, confirment ce que nous savions par la version grecque [85], dont on contestait jusqu'ici qu'elle pût être d'une réelle utilité pour l'interprétation de réalités égyptiennes plus anciennes [86].

---

84. Éditée en deux morceaux, dont on n'avait d'ailleurs pas reconnu l'unité : S. EITREM, *Papyri Osloenses. Fasc.* I. *Magical Papyri*, Oslo, 1925, p. 18 et V. B. SCHUMAN, « A Second-Century Treatise on Egyptian Priests and Temples », *Harvard Theological Review* 53 (1960), p. 159-170.

85. Cf. R. MERKELBACH, « Ein griechisch-ägyptischer Priestereid und das Totenbuch », dans *Religions en Égypte hellénistique et romaine. Colloque de Strasbourg 16-18 mai 1967*, Paris, 1969, p. 69-73 ; ID., *Die Unschuldserklärungen und Beichten im ägyptischen Totenbuch, in der römischen Elegie und im antiken Roman* (Kurzberichte aus den Giessener Papyrus-Sammlungen, 43), 1986.

86. Sur tout ceci, voyez, à titre provisoire J.-F. QUACK, « Das Buch vom Tempel und verwandte Texte – ein Vorbericht », *Archiv für Religionsgeschichte* 2 (2000), p. 1-20 ; « Le Manuel du Temple. Une nouvelle source sur la vie des prêtres égyptiens », *Égypte, Afrique & Orient* 29 (juin 2003), p. 11-18 (avec d'autres références bibliographiques).

Les prêtres à l'époque pharaonique : un profil plus sacerdotal qu'on ne le pensait ?

La recherche actuelle nous invite donc à atténuer l'opposition entre les prêtres égyptiens de l'époque pharaonique, qui n'auraient été que des fonctionnaires spécialistes du rite, dépourvus d'une profonde formation théologique et éloignés des exigences éthiques que nous associons naturellement à l'idée du sacerdoce, et les prêtres égyptiens de l'époque gréco-romaine qui auraient été parés de ces qualités à la suite d'une évolution tardive motivée par des influences extérieures, grecques, juive [87] voire, à partir des IIe-IIIe s., chrétiennes.

On a ainsi souvent affirmé que les prêtres de l'Égypte pharaonique n'avaient, pour accéder à leur charge, à subir aucune initiation de type « sacramentel » au terme d'un éventuel cursus théologique. Un érudit aussi averti que Serge Sauneron a pu écrire que les conditions de pureté rituelle (contraintes vestimentaires et alimentaires, ablutions, etc.) « semblent avoir été suffisantes pour qu'un homme puisse, au moins en théorie, exercer dans un temple une fonction sacerdotale » [88]. L'idée d'une initiation « sacramentelle » ou « mystagogique » – bien attestée à l'époque hellénistique pour les prêtres du clergé isiaque, par exemple [89] – semblait sans doute trop liée aux spéculations des milieux égyptomaniaques et ésotéristes qui

87. La fondation, vers 152 av. J.-C., sous le règne de Ptolémée VI Philométor, d'un temple juif à Léontopolis (Tell el-Yahoudia, dans le Delta oriental), par le grand-prêtre Onias, héritier de la lignée légitime des hiérarques du temple de Jérusalem évincé par un rival, a pu avoir quelque influence sur les prêtres égyptiens, en leur faisant mieux connaître le modèle sacerdotal juif. Voir, sur cet épisode, : A.-P. ZIVIE, « De Jérusalem à Léontopolis. Brève histoire du temple et du pays d'Onias », *Égypte, Afrique & Orient* 27 (2002), p. 15-26. P. DERCHAIN, *La vie des temples en Égypte romaine*, p. 53, relève qu'en tout cas, une influence juive se décèle dans certains tabous alimentaires du prêtre dont Porphyre tient la connaissance de Chérémon : ainsi l'interdiction de consommer la chair de quadrupèdes au sabot unique ou fendu, signalée aussi par des papyrus grecs et démotiques prétendument « magiques ».

88. S. SAUNERON, « Clergé », dans G. POSENER (dir.), *Dictionnaire de la civilisation égyptienne*, Paris, Hazan, 1970, p. 57. Même son de cloche, plus radical encore, chez P. VERNUS et J. YOYOTTE, art. cit., dans *Les Pharaons*, p. 43 : « pendant une bonne partie de l'histoire de l'Égypte pharaonique, l'accès aux charges sacerdotales n'exigeaient [*sic*] guère de conditions très restrictives : sans doute la maîtrise de l'écrit, et, quand il fallait officier, un état de pureté rituelle (crâne rasé, abstinence sexuelle, vêtements de lin, pas de consommation de poisson) ; mais, en aucune manière, un acte de foi ou un engagement spirituel. » Je crois l'affirmation excessive et en partie gratuite.

89. M. MALAISE, « Les caractéristiques et la question des antécédents de l'initiation isiaque », dans J. RIES et H. LIMET (éd.), *Les Rites d'Initiation. Actes du Colloque de Liège et de Louvain-la-Neuve, 20-21 novembre 1984* (Homo Religiosus, 13), Louvain-la-Neuve, 1986, p. 357-358.

voient volontiers dans les prêtres de l'Égypte ancienne des « Grands Initiés » dotés de savoirs supérieurs et inaccessibles au tout-venant [90]. Les égyptologues se détournaient généralement comme de la peste de ces élucubrations jugées à juste titre fumeuses [91]. Or on peut maintenant affirmer avec certitude qu'une initiation de type mystagogique était requise des prêtres de rang supérieur dans l'Égypte ancienne, sans qu'on puisse hélas préciser par le menu en quoi elle consistait. C'est l'une des conclusions qui se dégage d'un livre majeur paru il y a quinze ans déjà : Jean-Marie KRUCHTEN, *Les Annales des prêtres de Karnak* (XXI-XXIIIe *dynasties) et autres textes contemporains relatifs à l'initiation des prêtres d'Amon* (Orientalia Lovaniensia Analecta, 32), Leuven, Peeters, 1989. Une conclusion qui, malheureusement, n'est pas encore vraiment enregistrée dans la littérature égyptologique spécialisée ni dans les ouvrages de vulgarisation. Les biographies des prêtres du Nouvel Empire à la Basse Époque, gravées sur des statues découvertes dans la *Cour de la Cachette* (Karnak), et les ainsi nommées *Annales des prêtres de Karnak* minutieusement réétudiées par Kruchten montrent sans contredit possible que l'accès à la fonction sacerdotale supposait une expérience mystique et une « introduction », une « initiation » qui seule autorisait le prêtre à pénétrer dans l'espace réservé du temple, dans le « saint des saints » où résidait l'image de culte chargée du *ba* divin, ce qui équivalait à quitter le monde des hommes pour passer dans celui des dieux, dans l'univers supérieur des réalités essentielles et sacrées. Cette initiation impliquait une « révélation » des « mystères » de l'Au-delà, vraisemblablement suggérée par l'agencement intérieur des salles du temple où elle avait lieu et par le mobilier liturgique. Un terme technique très précis correspond à cette initiation : *béset*, issu du verbe *bésy*, « jaillir, émerger », écrit avec l'hiéroglyphe du poisson émergeant hors de l'eau. Le mot évoque bien le caractère liminal de pareille initiation, qui était en Égypte réservée au Pharaon lui-même, au vizir, aux prêtres de rang supérieur, c.-à-d. aux *hémou-netjer* (« prophètes ») et aux *itou-nétjer* (« pères divins ») et, enfin, – par l'effet d'une logique évidente – aux sculpteurs des images divines. Les

90. C'était, par exemple, une idée presque obsessionnelle défendue par ce curieux personnage qu'était Max Guilmot, mi-égyptologue, mi-cabbaliste, grand pontife de l'égyptomanie cultivée par les milieux rosicruciens en Belgique (cf. M. GUILMOT, *Les initiés et les rites initiatiques en Égypte ancienne*, Paris, Robert Laffont, 1977 ; éd. anglaise : *The Initiatory Process in Ancient Egypt* [Rosicrucian Library, 35], San Jose, Rosicrucian Egyptian Museum [1978]).

91. Quelques égyptologues se sont cependant penchés sur cette question et ont reconnu la possibilité de l'existence de rites d'initiation en Égypte ancienne : notamment C. J. Bleeker, W. Federn, F. Daumas et E. Wente (on trouvera les références précises dans l'article de Michel Malaise cité à la note 84).

simples « prêtres-purs » (*ouâbou*) en étaient exclus, car ils ne participaient point au maintien de l'ordre cosmique actualisé par l'entretien de la statue divine de culte et n'entraient guère en contact avec cette dernière. Les « purs » étaient des ministres subalternes, pour l'essentiel affectés au culte journalier et au portage des images processionnelles du dieu [92], lesquelles, depuis le Moyen Empire au moins, sont à distinguer soigneusement des statues de culte consacrées et ne participent pas vraiment du monde divin. Kruchten a, par cette étude, permis une avancée considérable de notre connaissance du clergé de l'époque pharaonique, en mettant le doigt sur la différence essentielle qui séparaient les « prophètes » et les « pères divins » des simples « purs » : l'initiation [93].

*

* *

Dès au moins le Nouvel Empire finissant donc, la documentation laisse peu à peu affleurer l'image de prêtres égyptiens qui gagnent en autonomie par rapport au sacerdoce royal, qui sont soumis à une formation initiatique soulignant l'importance de leur commerce avec le divin et qui, par là-même, sont certainement déjà tenus de respecter dans leur vie des principes de pureté et d'éthique dont les sources plus tardives, ptolémaïques et romaines, nous livrent un tableau édifiant. Cette implication éthique de l'initiation sacerdotale est en tout cas clairement quoiqu'encore discrètement attestée à la période saïte. À dire vrai, rien n'empêche de penser qu'elle s'enracine dans un passé plus lointain, même si les textes ne nous en disent mot, soit en raison des pertes subies par la documentation – qu'il ne faut jamais sous-estimer –, soit en raison d'une sorte de « pudeur » ou de « loi du secret» qui frappait ces matières « réservées ». Quelques rares indices permettent peut-être de faire remonter l'origine de certains de ces aspects de l'éthique sacerdotale jusqu'au Moyen Empire, voire au-delà [94]. Je pense

---

92. Voir déjà : H. KEES, « Wêbpriester der 18. Dynastie im Trägerdienst bei Prozesssionen », *Zeitschrift für Ägyptische Sprache und Altertumskunde* 85 (1960), p. 45-56.

93. Voir J.-M. KRUCHTEN, *op. cit.*, spéc. p. 269-275, où toutes ces idées sont ramassées en une conclusion qui est un modèle de clarté et d'efficacité. Voir aussi, sur l'initiation sacerdotale, les p. 175-185.

94. C'est ce qu'a suggéré J.-M. KRUCHTEN, « Profane et sacré dans le temple égyptien », *Bulletin de la Société d'Égyptologie de Genève* 21 (1997), p. 35-36. Il fait très justement observer que le titre *hem-netjer*, « serviteur du dieu », que portent les prêtres attachés au culte de la statue divine depuis les époques les plus anciennes (il est attesté dès la IIIe dynastie), implique déjà en lui-même une relation personnelle

notamment à un passage bien connu de l'*Enseignement à Mérikarê* (remontant probablement au XXIe s. av. J.-C [95]), par lequel je conclurai et qui paraît bien décrire le service sacerdotal en des termes qui recoupent déjà ce qu'au Ve s. Hérodote dira des prêtres égyptiens de son temps :

> Un homme doit faire ce qui est utile à son *ba* :
> Le service rituel du mois, mettre les deux sandales blanches,
> Fréquenter le téménos, dévoiler ce qui est tenu celé,
> Accéder au sanctuaire, manger le pain dans le temple.
> Revivifie la table d'offrandes, multiplie la nourriture.
> Ajoute à l'offrande régulière.
> C'est chose utile à qui le fait. [96]

---

entre l'officiant et la divinité qu'il sert. Le fait qu'il s'est maintenu tout au long de la civilisation égyptienne laisse supposer que la réalité qu'il traduit a perpétué au moins quelques constantes et qu'il y a donc peut-être entre les « prêtres » de l'Ancien Empire et ceux de l'Époque ptolémaïque plus de traits communs qu'on ne l'affirme fréquemment.

95. D'aucuns veulent cependant en retarder la composition et la situer sous la XIIe voire sous la XVIIIe dynastie. Voir la discussion chez P. VERNUS, *Sagesses...*, p. 136, qui penche pour la datation traditionnelle, c.-à-d. la seconde moitié de la Xe dynastie (époque héracléopolitaine, fin de la Première Période Intermédiaire).

96. Trad. de P. VERNUS, *Sagesses...*, p. 144.

ZOROASTRE, PRÊTRE ET PROPHÈTE DANS LA DOCTRINE DES MANICHÉENS *

Werner SUNDERMANN

Que parmi les grands fondateurs de religions Zoroastre fut à la fois prophète et prêtre, donc propagateur d'une nouvelle doctrine et conservateur d'un culte ancien, cela est connu et reconnu, pourvu que Zoroastre soit reconnu comme une figure qui a marqué l'histoire. Ainsi, c'est sous le titre « Zarathuštra – Priester und Prophet » que Kurt Rudolph a présenté son rapport de recherche, paru pour la première fois en 1961, sur l'état des connaissances qu'on avait alors sur Zoroastre [1]. Celui-ci, semble-t-il, ne cadre pas avec la caractérisation, proposée dans la sociologie de la religion de Weber : l'autorité religieuse y est légitimée par le charisme personnel du prophète ou par la dignité institutionnelle du clergé ; le détenteur en est donc soit un innovateur prophétique soit un prêtre conservateur [2]. Rappelons-nous quelle était la signification de Zoroastre pour Mani qui avait reconnu en lui l'un de ses prédécesseurs prophétiques ; à côté de Jésus et du Bouddha, Zoroastre était même le plus important de ces précurseurs. Tous ces prophètes, affirmait Mani, avaient reçu et enseigné le message de la gnose salvatrice, mais ils avaient négligé de le consigner par écrit, si bien qu'il incombait à leurs disciples de le diffuser. Cependant, ces derniers auraient mal interprété et défiguré ce message. Épris d'écriture, Mani fut le premier qui réussit à propager jusqu'aux bouts du monde et jusqu'à la fin

---

* Texte allemand paru dans Michael STAUSBERG (éd.), "Zoroastrian Rituals in Context", Leyde - Boston, 2004, p. 517-530. Je remercie vivement Herman Seldeslachts pour la traduction française.

1. Kurt RUDOLPH, „Zarathuštra – Priester und Prophet. Neue Aspekte der Zarathuštra- bzw. Gāthā-Forschung", *Numen* 8 (1961), p. 81-116. Réimpression dans : Bernfried SCHLERATH (éd.), *Zarathustra*, Darmstadt, 1970, p. 270-313.

2. Max WEBER, *Wirtschaft und Gesellschaft. Grundriß der verstehenden Soziologie* I, Tübingen, 1956, p. 140-148.

des temps la vérité unique de la connaissance, qui fut également la vérité de Jésus, de Zoroastre et du Bouddha.

On a souvent dit que parmi ces prédécesseurs, seul Jésus était bien connu de Mani. Cela est correct dans la mesure où il possédait sur Jésus des informations plus nombreuses et plus précises que sur les deux autres prophètes. Il suffit de se rappeler que dans les écrits de Mani lui-même l'ordre chronologique des deux prédécesseurs est indiqué d'une manière contradictoire : dans le *Šābuhragān*, le Bouddha précède Zoroastre, mais dans le « Livre des Géants », Zoroastre occupe la première place et le Bouddha vient après lui, comme cela a dû être le cas dans la réalité [3]. Toutefois, le déchiffrement des textes découverts à Turfan a montré que la tradition manichéenne connaissait toute une légende sur Zoroastre [4]. Elle adaptait des motifs empruntés à la légende des Zoroastriens sur Zoroastre et à des traditions apocryphes ; elle représentait Zoroastre comme un élu de la divinité, protégé de toutes les embûches de ses ennemis.

Avant de me tourner vers les témoignages manichéens sur Zoroastre, je dois relever une difficulté qui s'oppose à toutes les études qui s'appuient sur le matériel écrit en langues iraniennes : la délimitation entre les traditions authentiquement manichéennes et les traditions zoroastriennes. Cette délimitation est chose facile lorsque les textes sont notés en écriture manichéenne, car les Zoroastriens ne s'en sont jamais servis. Mais elle ne va pas de soi pour les textes en écriture sogdienne, puisque celle-ci était en usage dans toutes les communautés religieuses de l'Asie Centrale pour la notation de leurs textes et était utilisée aussi à des fins profanes.

Cependant, le problème ne se poserait pas si les Manichéens orientaux n'avaient pas adapté leur langue à la terminologie zoroastrienne à tel point qu'après la découverte des textes de Turfan on a pu les prendre pour une communauté d'origine zoroastrienne. Il ne s'agit pas seulement de nombreux noms propres appartenant à la sphère religieuse, mais aussi de l'autodénomination de leur Église comme (sogd.) *δēn mazdēzn* [5]. Un

---

3. Werner SUNDERMANN, "Manichaean Traditions on the Date of the Historical Buddha", dans Heinz BECHERT (éd.), *The Dating of the Historical Buddha* 1, Göttingen, 1991, p. 429-433.

4. Werner SUNDERMANN, „Bruchstücke einer manichäischen Zarathustralegende“, dans *Studia Grammatica Iranica. Festschrift für Helmut Humbach* (Münchener Studien zur Sprachwissenschaft, Beiheft 13, Neue Folge), Munich, 1986, p. 461-482 ; Prods Oktor SKJÆRVØ, "Zarathustra in the Avesta and in Manicheism. Irano-Manichaica" IV, dans *La Persia e l'Asia Centrale da Alessandro al X secolo*, Rome, 1996, p. 597-628.

5. Werner SUNDERMANN, "A Manichaean View on the Resurrection of the Body", *Bulletin of the Asia Institute*, 10 (Ames, Iowa, 1996 [1998]), p. 190, 192b = Werner SUNDERMANN, *Manichaica Iranica*, *Ausgewählte Schriften* (éd. par Christiane

exemple typique est l'hymne panégyrique en moyen-perse de M 543, publié déjà par F. W. K. Müller, qui glorifie un membre du haut clergé de l'Église manichéenne [6]. Le texte désigne le membre du clergé comme pyšw(b)'y 'y dyn m'zdys 'dirigeant de l'Église mazdéenne' et r'yn'g 'y whydyn'n 'chef des orthodoxes' (M 543 /R/ 2-5/). De même, au neuvième siècle, le prêtre zoroastrien Ādurfarnbāg ī Farruxzādān était *hudēnān pēšōbāy* [7] ; le *wehdēn* moyen-perse a aussi son modèle dans la littérature pahlavi et subsiste dans le persan moderne *behdin* comme autodénomination des Zoroastriens. La nomenclature complète pourrait être comprise comme le titre d'un membre du clergé zoroastrien si l'on n'était pas obligé de rétablir le premier mot comme [s]nngbyd 'seigneur du saṁgha' : il s'agit d'une curieuse formation hybride mi-moyen-perse, mi-indienne et provenant d'un milieu bouddhique.

En ce qui concerne l'activité de Zoroastre **prophète et dépositaire d'une révélation**, nous connaissons trois témoignages sogdiens, les deux premiers réédités par Nicholas Sims-Williams [8], le troisième publié par Yutaka Yoshida [9]. Le deuxième est certainement d'origine manichéenne, puisqu'il a pour sujet les commandements manichéens des élus. Le premier texte de l'édition de N. Sims-Williams présente certes de remarquables détails zoroastriens, voire avestiques, parmi lesquels une version de la prière *Aṣ̌əm vohu-* ; N. Sims-Williams n'exclut toutefois pas une origine manichéenne.

Reproduisons ici le texte publié par Y. Yoshida :

> 'XRZY 'ps-' xw 'rt'w zr'wšc ZKw 'BY-' xwp' 'δδγ prm'y 'P-ZY my 'wn'kw wy-δβ'γ 'krty 'cw 'P-ZY 'sty w'nkw βγtkw ZY 'yδ 'rw'ntw 'cw ZY prm z'yh myrty rty pts'r w'nkw βγtkw 'sty 'PZY kw xypδ δm'nh ''γ-tw 'wβ'y 'WZY L' rtms wyn'y cnn mwrtw k'r'y 'pštrw ZKw 'BYw z'tkw 'PZY xw ZK z'tkw ZKw 'BYw ZY ZKh m'th ZKw δγwth 'PZY-n ZKh δγwth ZKwh m'tyh 'PZY ZKh xw'rh ZKw xw'rh 'PZY xw 'βr't ZKw 'βr'tw ZY tm txmy ZKw txmw 'PZY ZK γwtm ZKw γ-wtm 'PZY ZK xwt'y xwštk ZKw xwt'y xwy-stk 'WZY L' rtkδ xw z'tk šyr wβ''y rtšy 'sty ZKn 'BY' 'rw'ny xws'nty-'kh

---

RECK - Dieter WEBER - Claudia LEURINI - Antonio PANAINO), Rome, 2001, p. 755, 757 (noté δyn mzṯ'yzn).

6. F. W. K. Müller, „Handschriften-Reste in Estrangelo-Schrift aus Turfan, Chinesisch-Turkistan. II", dans *Abhandlungen der Königlich-Preussischen Akademie der Wissenschaften*, 1904, Anhang, Nr. 2, p. 79.

7. *Škand-gumānīk vičār. La solution décisive des doutes*, ed. P. J. DE MENASCE O.P., Fribourg en Suisse, 1945, chap. 4, 107 ; 10, 56, p. 58, 116.

8. "The Sogdian Fragments of the British Library", *Indo-Iranian Journal* 18 (1976), p. 46-48 (Fragment 4) et p. 48-51 (Fragments 5 and 6).

9. "On the Sogdian Infinitives", *Journal of Asian and African Studies* 18 (1979), p. 187.

Voici ma traduction, qui suit en grande partie celle de Y. Yoshida :

> Puis, le juste Zoroastre demanda au père, le bon *Āδvaγ* : « Veuille m'expliquer ce qui est préétabli [10], et (de) ces âmes - (celle) qui meurt sur la terre, est-il alors préétabli pour elle qu'elle retrouvera sa maison ou non ? Et qu'après la mort le père verra le fils et le fils le père et la mère la fille et la fille la mère et la sœur la sœur et le frère le frère et [11] le descendant le descendant et les parents [12] l'un l'autre [13] et l'ami l'ami, ou non ? Et si le fils est bon, l'âme du père se réjouira-t-elle alors ? »

Le sujet de ce texte, la question de savoir si les parents et les amis se reverront après la mort, n'est pas une préoccupation exclusivement manichéenne. Cela fait surtout penser au rôle important que joue la famille dans l'éthique zoroastrienne, et, en ce qui concerne les devoirs du bon fils, aux rituels *Frawardīgān* qu'il doit accomplir [14]. Y. Yoshida estime dès lors possible, ainsi qu'il me l'a personnellement communiqué, que ce fragment provienne d'un texte apocryphe d'origine zoroastrienne. Que les membres d'une famille se retrouvent après la résurrection des morts, cela se trouve expressément confirmé dans la littérature pahlavi. Voici ce que dit le *Bundahišn* à ce sujet :

> *har kas zan ud frazand dahēnd abāg zan māyišn owōn kunēnd čiyōn kū nūn andar gētīg bē frazand zāyišn nē bawēd*
>
> À chacun ils (*Sōšyans* et ses aides) donnent femme et enfant. Avec la femme ils s'accouplent de la même façon que maintenant sur terre, mais il ne naît pas d'enfants [15].

10. Ici et plus loin, je me range à la traduction, publiée en annexe à l'article de Yutaka Yoshida, de βγtkw par 'fated' (*litt.* 'donné, attribué') proposée par N. Sims-Williams. Y. Yoshida lui-même a abandonné sa traduction 'separation' (en renvoyant à m.-p. 'bybxtgyḥ 'sans discorde').

11. Dans le texte ZY tm. Selon toute vraisemblance, il s'agit d'une faute non raturée pour le txmy qui suit. Ou est-ce pour tym 'alors' ?

12. Dans le texte, on lit γwtm ZKw γ-wtm. La première lettre du troisième mot est clairement séparée de la suivante, ce qui milite en faveur d'une interprétation comme γ, et non x, ce qui était généralement admis jusqu'ici. (Badri GHARIB a, en notation traditionnelle, γwtm, qu'elle lit toutefois *xwatam*, *Sogdian Dictionary*, Tehran, 1995, p. 178 ; une autre étymologie, qui présuppose toutefois aussi x, se trouve, comme N. Sims-Williams me rappelle, chez Helmut HUMBACH dans *Münchener Studien zur Sprachwissenschaft* 30 [1972], p. 45.)

13. On s'attend plutôt à : les descendants les parents et les parents les descendants.

14. Cf. Jivanji J. MODI, *The Religious Ceremonies and Customs of the Parsees*, Bombay, 1922, p. 465-470.

15. Tahmuras D. ANKLESARIA (éd.), *The Bûndahišn*, Bombay, 1908, p. 226, ll. 9-11.

Behramgore T. Anklesaria, dont je n'ai pu reprendre la traduction qu'en partie, pense également qu'il est ici question du rétablissement de la famille terrestre à la fin des temps [16].

Le *Sad-dar Bondeheš* persan décrit le même événement d'une façon qui semble pratiquement une réponse aux questions posées dans le texte sogdien :

> *The father recognizes the son: the brother recognizes the sister; the sister recognizes the brother; the husband recognizes the wife; and all the relatives recognize one another and in this way, the relatives, the near ones, companions, co-workers and acquaintances, all should have recognized and they (thus) recognize one another* [17].

Est-il donc possible d'enrichir la littérature zoroastrienne d'un texte en langue sogdienne dont le caractère zoroastrien est hors de doute ? La formule introductrice invite à première vue à le penser : « Et le juste Zoroastre demanda au père, le bon *Āδvaγ* ». Elle rappelle les paroles introductrices, qui se répètent sans cesse, des révélations d'Ahura Mazdā dans le *Vidēwdād* : *pərəsat̰ Zaraθuštrō Ahurəm Mazdąm* 'Zoroastre demanda à Ahura Mazdā' (*Vid.* 2,1 ; 7,1 ; 9,1 ; 10,1 ; 11,1 ; 14,1 ; 17,1 ; 18,14 ; 20,1). « Le juste Zoroastre » imite le *aṣ̌auua Zaraθuštrō* de l'Avesta. Il est certain qu'Ahura Mazdā peut être désigné comme *Āδvaγ* en sogdien [18]. Que ce terme n'était pas une appellation exclusivement manichéenne est indiqué par son occurrence dans le texte sogdien P 3 [19]. N. Sims-Williams a montré que la désignation du dieu comme « le bon (ou : l'habile) *Āδvaγ* » possède aussi un modèle dans l'avestique *ahurō mazdå huuapō* [20]. Toutefois, l'appellation « père » pour Ahura Mazdā ne concorde pas avec l'usage linguistique zoroastrien où, à ma connaissance, ce terme n'est employé que pour indiquer son rapport avec les Aməṣ̌a Spəṇtas [21]. Dans la liste des noms d'Ahura Mazdā cités dans le *Yašt* 1, 12-15, celui de

16. *Zand-Ākāsīh, Iranian or Greater Bundahišn*, transl. Behramgore T. ANKLESARIA, Bombay, 1956, p. 290-291.

17. *The Persian Rivayats of Hormazyar Framarz and Others*, transl. B. N. DHABHAR, Bombay, 1932, p. 576.

18. Werner SUNDERMANN, *Altorientalische Forschungen* 6 (1979), p. 102, 129-130, n. 217.

19. P 3 /207/ dans Émile BENVENISTE, *Textes sogdiens*, Paris, 1940, p. 68.

20. *Indo-Iranian Journal* 18 (1976), p. 47-48.

21. Chr. BARTHOLOMAE, 1904, col. 905-906.

« père » ne figure pas [22]. Cependant, dans un sens général « père » est usuel comme attribut de l'Ohrmazd manichéen [23].

Cette observation plaide contre une origine zoroastrienne de ce texte. S'il pose la question de la persistance des liens familiaux au-delà de la mort, il s'agit d'une préoccupation compréhensible, propre à l'humanité entière, y compris, donc, les Manichéens. Malheureusement, le texte ne livre pas de réponse à la question qu'il pose sur la persistance des liens familiaux après la mort. Comme toutefois le Manichéen croyant doit se détacher de sa famille terrestre et se diriger vers les êtres du monde lumineux qui constituent sa famille réelle et originelle, il faut admettre que la seule réponse possible du dieu manichéen aurait été que Zoroastre, en posant sa question, n'a pas pensé à la famille terrestre [24] mais à la famille céleste des hommes.

Dans les fragments discutés ici, Zoroastre apparaît dans le rôle qui pour les Manichéens était le plus facile à accepter. Il est dépositaire d'une révélation et prophète. Mais quelle idée les Manichéens se faisaient-ils de Zoroastre le prêtre, qui accomplissait les sacrifices rituels ?

Que Zoroastre fut un **prêtre**, cela ressort des Gathas de l'Avesta, qu'on lui attribue et tels que la plupart des spécialistes les interprètent. C'est également l'opinion exprimée dans la littérature moyen-perse des Zoroastriens et adoptée par Mani et les Manichéens. Mais comment ont-ils traité ce sujet ? Non seulement les Manichéens ne partageaient rien de la pratique rituelle des Zoroastriens, mais ils exécraient les prêtres zoroastriens : ceux-ci, appelés « Mages », étaient considérés comme des ennemis acharnés de Mani et de ses disciples. Néanmoins l'Avesta, le corpus de textes sacrés des Zoroastriens, contribua à l'image que les

---

22. Cf. aussi Louis Herbert GRAY, *The Foundations of the Iranian Religions*, Bombay, s.d., p. 21, et A. PANAINO, *The Lists of Names of Ahura Mazdā* (*Yašt* I) *and Vayu* (*Yašt* XV), Serie Orientale Roma, Roma, 2002.

23. Cf. Werner SUNDERMANN, *Mitteliranische manichäische Texte kirchengeschichtlichen Inhalts* (Berliner Turfantexte, 11), Berlin, 1981, p. 74, l. 157. Mani exhorte ses compagnons : « Levez-vous devant le père, priez ... ». Un fragment d'une version copte de la même histoire (Hans Jakob POLOTSKY, *Manichäische Homilien*, Stuttgart, 1934, p. 52, l. 2) montre qu'on entend par là le premier homme, donc le dieu Ohrmazd. Un texte sogdien appelle ''δβγ un dieu 'BY'Wn'kw, ce que j'avais traduit comme 'paternel' (*pitarane*) (*Tafazzoli Memorial Volume*, éd. Ali Ashraf SADEGHI, Tehran, 2001, p. 74). Y. Yoshida m'a fait justement remarquer que j'avais écrit à tort 'BYW'n'kw. Je maintiens toutefois ma traduction.

24. Cf. par exemple dans le livre de psaumes copte : "I became a stranger to the parents of the flesh, my brothers, my kinsmen; for I found thee father and mother and brother, a God (?) unperishing, with whom I dwelt in the Light before I was joined with the Darkness". (*A Manichaean Psalm-Book* II, ed. Charles Robert C. ALLBERRY, Stuttgart, 1938, p. 86, ll. 6-9. Cf. aussi p. 87, ll. 29-32 ; p. 169, l. 23-27.)

Manichéens se faisaient de Zoroastre : celui-ci demeura le prêtre parmi les prédécesseurs de Mani, et même sa pratique rituelle ne fut pas complètement négligée. Voilà le second thème de ma contribution. Je me propose d'examiner à l'aide de deux exemples dans quelle mesure la tradition manichéenne a conservé une trace de l'activité sacerdotale de Zoroastre, ou du moins de la manière dont cette activité est représentée dans l'Avesta.

Un témoignage important, avec un résultat, il est vrai, presque entièrement négatif, est le fragment sur Zoroastre en langue parthe, publié pour la première fois en 1909 par Richard Reitzenstein [25]. L'édition définitive parut en 1934 ; c'est elle qui sera citée ici, en partie d'après la traduction de F. C. Andreas et de W. Henning [26] :

'g k'myd 'wt'n 'bdys''n 'c wyg'hyf̱ ṯšyy pydr'n hsyng'n *
bwj'gr 'rd'w zrhwšt kdyš wy'wrd 'd gryw wxybyy *
gr'n mstyf̱ kw xwft 'štyy wygr's' 'wd 'w mn wyn'ẖ *
drwd 'br tw 'c šhr r'myšn cy 'z wsn'd ṯw fršwd hym *
hwyc wy'wrd srwš'w 'n'z'r kw 'z 'z hym n'zwg z'dg *
wmyxt 'št'm 'wd z'r wyn'm 'zw'ywm 'c mrn 'gwz *
zrhwšt 'w hw pṯ drwd pwrs'd wcn hsyng mn'n hnd'm *
jywndg'n z'wr 'wd msyšt gyh'n drwd 'br tw 'c pdyšṯ wxybyy *
hxs'ẖ 'w mn nmryf̱ z'dg pwsg rwšn pd sr 'wysṯ' *
ṯ'wg'n z'dg ky kyrd 'yy 'skwẖ kw cyd byxšyẖ pd hrw wy'g'n **

Si vous le souhaitez, je vous enseignerai par le témoignage des pères des premiers âges. Le juste Zoroastre, le sauveur, quand il parlait avec son âme, (dit :) « Lourde est l'ivresse dans laquelle tu dors, réveille-toi et regarde-moi ! Salut à toi du Monde de la Paix, car j'ai été envoyé à cause de toi ». Et elle répondit: « Moi, je suis le tendre, innocent fils de Srōšâw [27], je suis en pleine confusion et j'éprouve de la douleur. Délivre-

25. Richard REITZENSTEIN, *Die hellenistischen Mysterienreligionen*, Leipzig, 1920 (version imprimée d'une conférence donnée en 1909), p. 125 et s.

26. F. C. ANDREAS - W. HENNING, 1934, p. 872 ; représentation dans Werner SUNDERMANN, *Iranian Manichaean Turfan Texts in Early Publications* (1904-1934), Londres, 1996, pl. 16.

27. Voici le texte parthe : srwš'w 'n'z'r kw 'z 'z hym n'zwg z'dg. W. Henning a souligné avec raison qu'il est incompréhensible sous cette forme [F. C . ANDREAS - W. HENNING, 1934, p. 872 ; note aux (97-99)]. Sa proposition de corriger le texte en 'z 'z hym srwš'w 'n'z'r n'zwg z'dg m'a convaincu. Mais sa traduction „Ich, ich bin der zarte, leidlose Sohn des Srôschâv" (« Moi, moi je suis le tendre fils sans souffrance de Srôchâv ») prête à confusion, car elle semble signifier que l'âme du monde ne subit pas de douleur, alors qu'elle est, on le sait, la partie souffrante de la divinité. Cependant, W. Henning explique à la p. 894 qu'il comprenait 'n'z'r 'leidlos' au sens de 'qui ne fait souffrir personne'. C'est pourquoi J. P. ASMUSSEN (1975, p. 48) et H .-J. KLIMKEIT (1993, p. 48) ont traduit par 'innocent'. Grammaticalement, il serait pourtant possible aussi de rattacher 'n'z'r à srwš'w. Sur srwš'w pour désigner le dieu originel des Manichéens, cf. W. HENNING dans F. C. ANDREAS - W. HENNING,

moi de l'emprise de la mort ». Zoroastre lui demanda congé [28], (lui,) la voix originelle (et) mon membre, (en disant) [29] : « Que la force des vivants et le salut des mondes les plus élevés (*litt.* les plus grands) (viennent) sur toi à partir de ta patrie. Suis-moi, fils de la mansuétude, pose-toi la couronne de lumière sur la tête. Toi, fils de puissants, qui fus rendu si pauvre que tu dois même mendier en tous lieux ... »

Une certaine proximité de cet hymne avec des représentations zoroastriennes est indéniable. Il suffit de comparer le 'rd'w zrhwšt 'le juste Zoroastre' du texte parthe [30] au *aṣ̌auua Zaraθuštrō*, etc. de l'Avesta [31]. Cette proximité parut si importante à Richard Reitzenstein, qu'il prit le texte pour une réfection manichéenne d'une œuvre zoroastrienne authentique dont l'absence dans l'Avesta serait uniquement due au hasard [32]. Sur cela, Reitzenstein fonda l'hypothèse de l'existence d'une ancienne « religion populaire » iranienne, qui aurait anticipé beaucoup d'éléments de la doctrine manichéenne, comme par exemple la doctrine du « Sauveur sauvé ». Mais cette supposition ne fut jamais prouvée, et la recherche ultérieure a mis en évidence le contexte manichéen de l'hymne.

L'image de Zoroastre, si proche de représentations manichéennes, qu'on trouve dans ce texte, s'explique en réalité du fait que, de façon typiquement manichéenne, Zoroastre est représenté ici comme un Mani avant Mani ou comme un Jésus la Splendeur après Jésus la Splendeur. Il apparaît comme un illuminateur et sauveur de l'âme cosmique, emprisonnée dans ce monde. Aussi bien, le texte que je viens de traduire ici est un épisode des hymnes *grīwzīwandagīg* parthes, c'est-à-dire les hymnes à l'Âme vivante. Ainsi la thèse de R. Reitzenstein fut-elle tout de suite

---

1934, p. 866, n. 3 et 911, ainsi que *Handbuch der Orientalistik*, 1. Abt., 4. Bd., 1. Abschn., Leyde - Cologne, 1959, p. 100, n. 1.

28. Quand il eut accompli sa mission et quitta ce monde, ainsi montrant en même temps à l'âme la voie de la rédemption.

29. Voici le texte parthe : zrhwšt 'w hw pṯ drwd pwrs'd wcn hsyng mn'n hnd'm, que W. Henning a traduit ainsi : „Mit 'Heil' sprach Zarathustra fragend zu ihr das uralte Wort: „(Bist Du) mein Glied?"" (« Avec 'Salut' Zoroastre lui dit, en demandant, la parole très ancienne : "(Es-tu) mon membre ?" ») Je comprends pṯ drwd, *litt.* 'avec salut' au sens du persan *padrūd*, *bedrūd* 'congé, adieu' et pṯ drwd pwrs'dn comme 'demander (la permission de prendre) congé'. Quant à wcn hsyng 'voix originelle', je pense qu'il doit porter sur Zoroastre lui-même, parce qu'il fut le premier des quatre grands prophètes de l'humanité, suivi de Bouddha, Jésus et Mani. Si mon explication est correcte, il est, en tant que mn'n hnd'm 'mon membre', partie de celui qui raconte toute l'histoire (le *Nous* lumineux ?). Asmussen traduit : "With 'grace' Zarathustra asked of it: '(Are you) the Word of Old, my member?" (1975, p. 48).

30. M 7 /86-87/, F. C. ANDREAS - W. HENNING, 1934, p. 872.

31. Chr. BARTHOLOMAE, 1904, col. 249-250.

32. Richard REITZENSTEIN, *Das iranische Erlösungsmysterium*, Bonn, 1921, p. 4.

réfutée par H. H. Schaeder [33] et W. Henning [34]. W. Henning allait jusqu'à affirmer que le nom de Zarahušt est le seul élément zoroastrien de cet hymne, et qu'il pourrait être remplacé par Seth, Bouddha, Jésus, Mani ou n'importe quel autre nom, sans que cela change en rien le contenu de l'hymne.

Tout cela est vrai, à l'exception de l'affirmation que le nom de Zarahušt est le seul élément zoroastrien de cet hymne. Ce texte manichéen, tel qu'il est conservé et tel que je l'interprète, consiste en deux parties :

1. Les mots d'adresse de Zoroastre et la réponse de l'Âme vivante (M 7 /86-102/, lettres ' jusque w dans le texte)
2. les paroles d'adieu de Zoroastre avec son exhortation à l'Âme de le suivre au Royaume de la lumière (M 7 /103-118/, lettres z jusque t dans le texte).

La première partie est construite selon le schéma classique d'un dialogue de salut manichéen, avec le rappel à la vie du premier homme par l'Esprit vivant, et la naissance du couple divin « Appel » et « Réponse » qui en résulta. On en trouve une imitation dans le rappel à la vie d'Adam par Jésus « l'Ami », suivant la description que Théodore bar Kōnai a faite de ces deux événements de l'Histoire du salut. Il est alors frappant de constater que les réponses des sauvés en particulier sont tout à fait différentes dans leur formulation et dans leur contenu. Le premier homme dit : « Viens en paix, toi qui apportes la charge de la paix et du salut ! Comment vont nos pères, les fils de la lumière, dans leur cité ? » Adam se plaint de son sort terrestre : « Malheur, malheur à celui qui a créé mon corps terrestre, et à celui qui a lié mon âme [au corps], et aux rebelles qui m'ont subjugué ». Une autre formulation encore se trouve dans la réponse de l'Âme vivante, si nous admettons que sa conversation avec Zoroastre fait partie de cette série de dialogues de salut [35] : « Moi, je suis le tendre, innocent fils de Srōšāw [36], je suis en pleine confusion et j'éprouve de la douleur. Délivre-moi de l'emprise de la mort ». Elle est certes proche de la réponse d'Adam, dans la mesure où l'âme se présente comme un être souffrant. La particularité de la réponse de l'âme réside toutefois en partie dans la présentation non motivée qu'elle donne d'elle-même - car Zoroastre savait bien vers qui il avait été envoyé - et dans l'insistance sur son identité par l'emploi, voire la répétition, du pronom personnel 'z 'moi'. La réponse commence par les

33. H. H. SCHAEDER, *Urform und Fortbildungen des manichäischen Systems*, Leipzig - Berlin, 1927, p. 105, n. 3.

34. F. C. ANDREAS - W. HENNING, 1934, p. 872, n. 1.

35. A. BÖHLIG - J. P. ASMUSSEN, 1980, p. 104-105, 107-108.

36. Cf. aussi n. 27.

mots ’z ’z hym ‘moi, moi je suis’. Ces propriétés, la présentation formelle que l’âme donne d’elle-même et l’insistance sur son identité, peuvent être comparées à la présentation que donne de lui-même le dieu *Haoma* dans l’hymne avestique *Yasna* 9, dit le *Hōm-yašt*, qui constitue une partie centrale de la liturgie sacrificielle zoroastrienne. Là, *Haoma* répond à la question de Zoroastre sur son identité par les paroles : « Moi, Zoroastre, je suis Haoma, sacré par *aša*, celui qui écarte la mort ! » [37] (*azəm ahmi zaraθuštra haomō aṣ̌auua dūraoṣ̌ō*). Il emploie tant la première personne du pronom tonique que du verbe copule « être » [38]. Alors que le texte avestique consiste en une question et en une réponse entre lesquelles il y a un rapport logique, un tel lien est absent du texte parthe. Je soupçonne que l’auteur de ce texte connaissait le *Hōm-yašt* dont l’influence stylistique est perceptible.

Le texte manichéen ne comporte aucune référence aux actes rituels, qui ne sont d’ailleurs mentionnés qu’en marge dans l’hymne zoroastrien. Il ne fait pas de doute que Zoroastre est devenu ici le maître manichéen de la Gnose, et le rapport aux pratiques zoroastriennes se réduit à un nom (zrhwšt), à une épithète honorifique (’rd’w) et à quelques ressemblances stylistiques.

Cependant, il ne faut pas se contenter du constat que les Manichéens ont connu des textes de la tradition avestique, les ont utilisés à leurs fins et les ont déritualisés. Zoroastre apparaît en fonction sacerdotale dans un fragment moyen-perse (M 95), publié également par F. C. Andreas et W. Henning, du cycle d’hymnes *Gōwišn ī grīw zīndag*, le « discours de l’Âme vivante » [39], F. C. Andreas et W. Henning l’ont d’emblée reconnu, et Mary Boyce a fait un état des lieux complet dans son article « *Ātaš-zōhr* and *Āb-zōhr* » [40]. Je donne le texte dans ma transcription et ne suis qu’en partie la traduction de F. C. Andreas et W. Henning, parce qu’il m’a été possible de compléter et de corriger le texte par endroits [41].

’n hym ’dwr ‘y cyyd zrdrwšṯ
’wš prm’d(wm) ’w ’hlw’n cyydn

37. *Avesta. Die heiligen Bücher der Parsen*, übers. von F. WOLFF, Strasbourg, 1910, p. 31.

38. Sur l’emploi insistant de *azəm* en avestique, cf. Hans REICHELT, *Awestisches Elementarbuch*, Heidelberg, 1909, §§ 593 et 714.

39. F. C. ANDREAS - W. HENNING, 1933, p. 319-320.

40. Mary BOYCE, 1966, p. 100-101.

41. Je me propose de donner une nouvelle présentation du document dans mon édition complète du *Gōwišn ī grīw zīndag*. Les indications de critique textuelle qui suivent se rapportent au manuscrit de mon édition. Reproduction du fragment SUNDERMANN, 1996, p. 62 (voir n. 26).

cynydwm (')wd (gšn)[g] (m)' qwnyd
'wd m' '(.)r(3-5 [42]c)['w](n) mr''n

'c hft̲ 'dwr yštg ʽy hwbyd'(g) [43]
'wm bryd 'w 'dwr wxšn ywj(dhr)

ʽymg 'yg p'q ''(wryd) [44]
'wd bwy 'yg nrm 'wd bwyy('g)

'brwcydwm pd d'nyšn [45]
'wm dyyd zwhr ʽy p'q

'n hym 'b 'yg pscq
kwm 'bzwhr [46] dyy(')d [47] kw zwrmnd bw'n

(kw) ny whwr'n '(c)[2-3](g) nyrwg
c'šnyg 'wd (xw)šyh̲

'(n)y hym wrg ʽy(g)[3-7]š
('w) zr(d)rwšt xwnd '[2-3]('w)[.]

Je suis le feu que Zoroastre a dressé, et il a ordonné aux gens véridiques de me dresser. Dressez-moi et ne m'affamez pas [48] et ne me *pillez pas [49] comme les *voyous [50]. (Rassemblez-moi) à partir de sept feux consacrés, odorants, et portez-moi au *foyer [51] purifié. Apportez du bois de feu pur et

---

42. 'zr.byd ??
43. Probablement une faute pour hwbwd'g.
44. Var. ''rʽyd.
45. Var. d'nʽyšn.
46. Var. 'b zwhr.
47. Var. dy̆'d.
48. Pour gšng, cf. persan *gušna* 'hungry' (F. STEINGASS, 1963, p. 1091), *litt.* 'et ne rendez pas affamés'.
49. Si l'on peut lire 'zrwbyd, on pourrait admettre un **uzrōbēd* 'piller', non attesté jusqu'ici, qui se rattacherait à m.-p. *rōb* 'vol, rapine' (D. N. MACKENZIE, 1971, p. 72), persan mod. *robudan* 'voler', chorasm. *rwby* 'voler, enlever' (Mahlagha SAMADI, *Das chwaresmische Verbum*, Wiesbaden, 1986, p. 173-174), peut-être av. *urūpaya-* et skr. *rōp* 'avoir mal au ventre' (Manfred MAYRHOFER, *Etymologisches Wörterbuch des Altindoarischen* II, Heidelberg, 1994, p. 469), et serait composé avec le préfixe *uz-* (cf. par ex. m.-p. 'wzyh- 'sortir').
50. Jusqu'ici, *mar* 'voyou' n'est attesté qu'en pahlavi, cf. Robert Charles ZAEHNER, *Zurvan: a Zoroastrian Dilemma*, Oxford, 1955, p. 470 ; D. N. MACKENZIE, 1971, p. 54.
51. W. Henning traduisait wxšn par « *Zutaten » (« *accessoires ») et la ligne entière par : « Bringet zu mir, zum Feuer, die reinigenden Zutaten » (« Apportez vers moi, vers le feu, les *accessoires purifiantes ») ; Mary Boyce donnait pour wxšn les significations 'kindling, firewood' (Mary BOYCE, 1977, p. 94). Je vois dans *waxšan* un *nomen loci* dérivé de *waxšīdan* 'burn, blaze, kindle' et comprends dès lors 'dwr wxšn comme 'endroit où brûle le feu'. Le mot ne peut sans doute être séparé de la

du parfum fin, odorant. Allumez-moi habilement et donnez-moi de la libation pure. Je suis l'eau qui se prête à ce que vous me donniez la libation d'eau, pour que je devienne vigoureux, que je ne *m'écarte pas de [ ] la force, du goût et de la saveur [52]. Je suis l'agneau qui [ ] cria vers Zoroastre [

Mary Boyce renvoie dans son article à différentes pratiques rituelles observées par les Zoroastriens, certaines jusqu'à nos jours : l'*ātaš Bahrām* qu'on obtient par une suite purifiante de sept feux [53], l'oblation au feu de bois de feu, d'encens et d'*(ātaš-)zōhr* [54], et l'offrande à l'eau du *āb-zōhr* [55].

La troisième image évoquée, comme il ressort maintenant de mon texte complété, est celle de l'« agneau ». Malheureusement, le caractère incomplet du fragment ne permet pas de se prononcer sur son contenu. L'agneau, prend-il la place du bœuf, dont l'âme, d'après le *Yasna* 29, se plaignait devant Ahura Mazdā et reçut Zoroastre comme protecteur ? Dans le culte sacrificiel zoroastrien l'agneau moins coûteux prit effectivement la place du bœuf plus cher et fut alors appelé *gōspand*, littéralement 'bœuf bienfaisant'.

Pour l'auteur de l'hymne manichéen, le feu, l'eau, l'agneau aussi assurément, sont des images de l'Âme vivante. C'est d'autant plus compréhensible que l'Âme vivante, dans sa forme matérielle, était constituée des éléments lumineux que sont l'éther, le vent, la lumière, l'eau et le feu [56]. L'effet de tous les actes rituels nommés dans le texte est un accroissement, un rassemblement et un renforcement de feu et d'eau [57]. Dans ce contexte, on parle de 'dresser' (cydn) le feu. C'est là certes une expression caractéristique du zoroastrisme, ainsi que le notent F. C. Andreas et W. Henning [58], mais c'est également un mot-clef de la mythologie ma-

---

fonction sacerdotale *ātrə-uuaxš* ou *ātra-uuaxš-* de l'Avesta (Chr. BARTHOLOMAE, 1904, col. 318-319).

52. xwšyẖ 'bonté, beauté' est certainement à rapprocher de parthe wxšyft, qu'on ne traduit pas seulement par 'pleasantness' mais aussi par 'sweetness' (Mary BOYCE, 1977, p. 94), et qu'il faut prendre au sens de 'saveur' dans le « Sermon de l'âme » (W. SUNDERMANN, 1997, p. 72-73, § 6).

53. Mary BOYCE, 1966, p. 101.

54. Mary BOYCE, 1966, p. 104.

55. Mary BOYCE, 1966, p. 112.

56. W. SUNDERMANN, 1997, p. 11-14.

57. S'y oppose toutefois la traduction des dernières lignes du texte par W. Henning : « Je suis l'eau qui se prête à ce que mon eau devienne (?) de l'eau bénite (*zōhr*), pour que je devienne vigoureux (*zōr-mand*) » (F. C. ANDREAS - W. HENNING, 1933, p. 320). Cette traduction repose sur une mauvaise lecture de dyy'd (var. dy'd) 'que vous donniez' comme bw'd 'qu'il devienne'. La traduction correcte se trouve chez Mary BOYCE, 1966, p. 112 : "I am the water which (is) fit that you should give me 'the offering of water', that I may be strong".

58. F. C. ANDREAS - W. HENNING, 1933, p. 320, n. 1.

nichéenne. De čīdan 'rassembler, entasser, dresser' sont dérivés les termes (m.-p.) rw'ncyn 'soul-gathering; charitable' et rw'ncynyh 'gathering of souls, redemption' [59]. Il faut prendre cette expression au pied de la lettre : dans le processus de la libération, les parties de l'âme du monde, dispersées dans le monde et donc aussi dans le corps humain, sont extraites de leurs corps, rassemblées dans la colonne de la gloire et reconduites vers le royaume de la lumière. Du reste, cette idée de l'âme du monde qui se rassemble elle-même n'est pas limitée au manichéisme. Elle se retrouve aussi dans la littérature gnostique [60].

Ainsi, le fait de dresser le feu sacré et de nourrir le feu et l'eau sont pour le Manichéen une image claire du rassemblement de l'âme du monde au cours de sa libération progressive.

La personne qui dressa le feu est nommée dans l'hymne manichéen. C'est Zoroastre. Il est représenté pendant qu'il exerce sa fonction sacerdotale. Toutefois, pour les Manichéens, les actes sacrés du prêtre zoroastrien, minutieusement décrits et à accomplir soigneusement, ne sont pas significatifs en tant que tels ; ils sont importants à cause de leur possible interprétation symbolique en vue de la libération, du « rassemblement » de l'âme du monde. Ainsi réinterprété, Zoroastre le prêtre a pris sa place dans la doctrine de Mani aussi.

Littérature citée plusieurs fois dans le texte

Friedrich Carl ANDREAS - Walter HENNING (1933) : *Mitteliranische Manichaica aus Chinesisch-Turkestan* II, *SPAW*, Phil.-hist. Kl., Berlin, p. 294-363.

Friedrich Carl ANDREAS - Walter HENNING (1934) : *Mitteliranische Manichaica aus Chinesisch-Turkestan* III, *SPAW*, Phil.-hist. Kl., Berlin, p. 848-912.

Jes Peter ASMUSSEN (1975) : *Manichaean Literature*, Delmar - New York.

Christian BARTHOLOMAE (1904) : *Altiranisches Wörterbuch*, Strasbourg.

Alexander BÖHLIG - Jes Peter ASMUSSEN (1980) : *Die Gnosis III, Der Manichäismus*, Zürich - Munich.

59. Mary BOYCE, 1977, p. 79.
60. Hans JONAS, *Gnosis und spätantiker Geist* I, Göttingen, 1964, p. 139-140.

Mary BOYCE (1966) : "*Ātaš-zōhr* and *Āb-zōhr*", *Journal of the Royal Asiatic Society*, 1966, p. 100-118.

Hans-Joachim KLIMKEIT (1993) : *Gnosis on the Silk Road*, San Francisco.

David Neil MACKENZIE (1971) : *A Concise Pahlavi Dictionary*, Londres e.a.

Francis Joseph STEINGASS (1963) : *A Comprehensive Persian-English Dictionary*, Londres. [= 1892.]

Werner SUNDERMANN (1997) : *Der Sermon von der Seele. Eine Lehrschrift des östlichen Manichäismus*, Berliner Turfantexte XIX, Turnhout.

IMAGES ET FONCTIONS DU « CLERGÉ » MITHRIAQUE

Robert TURCAN

Voilà maintenant plus d'un siècle, F. Cumont écrivait dans son grand ouvrage sur les mystères de Mithra : « Le rôle du clergé était certainement plus considérable que dans les anciens cultes grecs et romains [1]. » Il ajoutait : « Le prêtre était l'intermédiaire obligé entre les hommes et la divinité », ce qui n'est pas à proprement parler une novation par rapport à d'autres sacerdoces païens. Déjà G. Boissier [2] avait souligné à propos des cultes orientaux « le rôle considérable qu'ils assignent tous à leurs prêtres », ce que marque également E. Renan quelques années plus tard dans son *Marc-Aurèle* [3], qui conclut l'*Histoire des origines du christianisme* : « Les prêtres y avaient plus d'importance que dans le culte latin », avec une référence à l'initiation isiaque de Lucius dans les *Métamorphoses* d'Apulée.

F. Cumont y est revenu dans ses *Religions orientales* :

> Le sacerdoce prend ici un tout autre caractère qu'à Rome. Le prêtre n'est plus seulement le gardien des traditions sacrées, l'intermédiaire entre l'homme ou l'État et les dieux, mais un directeur de conscience [...] qui possède le pouvoir de réconcilier avec les dieux [4].

Ce dernier point ne le distingue pas des autres ministres du polythéisme latin notamment, car en appliquant un rituel approprié ils contribuent à la *pax deorum*, notion capitale de la piété romaine. Il reste vrai pourtant qu'en

1. *Textes et monuments figurés relatifs aux mystères de Mithra* (abrégé *MMM*), I, Bruxelles, 1899, p. 324. Cf. *Les mystères de Mithra* (3e éd.), Bruxelles, 1913, p. 171.

2. *La religion romaine d'Auguste aux Antonins* (7e éd.), Paris, 1909, I, p. 356.

3. Paris, 1882, p. 581.

4. *Les religions orientales dans le paganisme romain* (4e éd.), Paris, 1929, p. 37 ; cf. p. 192 : « Le paganisme était devenu une école de moralité, le prêtre un docteur et un directeur de conscience. »

parlant d'un « directeur de conscience », F. Cumont songe à un aspect purement moral qu'on dénie volontiers au paganisme.

Dans le cas précis du mithriacisme, nous ignorons tout du prêtre comme « directeur de conscience », et F. Cumont pense avant tout (semble-t-il) au Lucius d'Apulée [5], même si ce que nous dit Tertullien [6] du *pater sacrorum* pourrait concerner aussi un « Père » mithriaque. Quant à un clergé « absorbé tout entier par son ministère » (et donc bien différent des sacerdoces publics romains, par exemple), l'affirmation ne vaut guère pour le « clergé » mithriaque, généralement composé de laïcs exerçant parallèlement à leur service cultuel certaines activités professionnelles et profanes : commerciales, administratives ou militaires. D'ailleurs, le terme même de « clergé » peut en l'occurrence paraître discutable, car il s'applique beaucoup mieux à l'isiasme ou au phrygianisme qu'au mithriacisme. Rien ne m'apparaît plus trompeur qu'une typologie des « religions orientales » ou d'origine orientale en général [7].

Pour désigner ses ministres, l'épigraphie mithriaque nous atteste, outre les titres – ou du moins certains titres – de la hiérarchie initiatique, les termes suivants : *sacerdos, antistes (antistans), praesidens (praesedens)* ou *prosidens (prosedens)* [8].

Le *sacerdos*, selon l'étymologie admise, « pose le sacré » [9] par l'accomplissement d'un rituel : gestes et paroles sacralisant un acte qui relie les hommes aux dieux, en premier lieu par le sacrifice, offrande sanglante ou non, dont le fidèle se nourrit au moins partiellement dans la plupart des cas. Dans celui des mithriastes, le *sacerdos* consacre le pain et l'eau, d'après Justin le Martyr [10] ; il procède à l'*oblatio panis*, d'après Tertullien [11]. D'autres témoignages impliquent la consommation du vin [12] et

---

5. *Met.,* XI, 21, 2-9. Cf. J. G. GRIFFITHS, *Apuleius of Madauros, The Isis-Book* (EPRO, 39), Leyde, 1975, p. 277-281.

6. *Apol.,* 8, 7. Cf. le commentaire de J.-P. WALTZING (2e éd.), Paris 1984, p. 67-68.

7. Je m'en suis expliqué ailleurs. Cf. mes *Cultes orientaux dans le monde romain* (3e éd.), Paris, 2004, p. 13-15.

8. Voir en général F. MITTHOF, « Der Vorstand der Kultgemeinden des Mithras. Eine Sammlung und Untersuchung der inschriftlichen Zeugnisse », *Klio* 74 (1992), p. 275-290.

9. H. FUGIER, *Recherches sur l'expression du sacré dans la langue latine* (Publ . de la Fac. des Lettres de l'Univ. de Strasbourg, 146), Paris, 1963, p. 22-23. L'explication qu'Isidore de Séville (*Etym.,* VII, 12, 17) donne du nom comme « donneur de sacré » (*quasi sacrum dans*) reposait sur l'hypothèse erronée d'un hybride gréco-latin.

10. I *Apol.,* 66, 4.

11. *Praescr.,* 40, 4.

donc sa consécration préalable. Les résidus animaux, ossements divers de volailles, ovidés, caprinés notamment entassés dans les fosses [13], supposent aussi qu'on mangeait communautairement dans les « antres » diverses viandes. Il ne s'agit pas nécessairement des chairs de bêtes immolées dans le *Mithraeum* même, mais souvent des victimes de sacrifices publics, dont les morceaux étaient d'ordinaire commercialisés sur les marchés [14].

L'épigraphie [15] fait état d'un « président » au sens propre du terme (*praesidente* ou *praesedente, prosidente* ou *prosedente*), qui siège à une place éminente, en vue et au-dessus de tous : le « président » du repas sacramentel.

Cette prééminence s'exprime aussi dans le titre d'*antistes*, qu'on trouve également sous la forme participiale *antistante* ou *antistente* [16], et cette forme verbale (comme *praesidente* ou *prosedente*) veut sans doute marquer la présence, la « préséance » actives, effectives du prêtre qui se tient « en avant », en première ligne (pour ainsi dire) du service liturgique. *Antistes* a gardé tout son prestige dans la langue des chrétiens, où le mot désigne quelquefois l'évêque [17], lequel préside de fait en sa noble cathèdre au rituel eucharistique. *Sacerdos* conserve pareillement tout son poids de dignité religieuse dans le latin patristique [18].

Ces vocables concernent ponctuellement des dédicaces, des hommages, des offrandes ou autres actes cultuels qui requièrent l'intervention d'un homme investi rituellement. Beaucoup d'inscriptions mithriaques ne mentionnent qu'un *sacerdos* [19], sans citer ni *pater* ni *leo*. Quelques épigraphes font état d'un personnage qui est à la fois « prêtre » (ἱερεύς, *sacerdos*)

---

12. Inscriptions de Doura, iconographie du cratère et de la grappe. Cf. J. P. KANE, « The Mithraic Cult Meal in the Greek and Roman Environment », dans J. R. HINNELLS (éd.), *Mithraic Studies*, Manchester, 1975, II, p. 315-316, 320-321, 349-350.

13. *MMM*, I, p. 68-69. Voir aussi M. J. VERMASEREN, *Corpus inscriptionum et monumentorum religionis Mithriacae* (abrégé *CIMRM*), I, La Haye 1956, p. 334, *s. u.* « bones » ; II, La Haye, 1960, p. 404.

14. R. TURCAN, « Les autels du culte mithriaque », dans R. ÉTIENNE et M.-Th. LE DINAHET (éd.), *L'espace sacrificiel dans les civilisations méditerranéennes de l'Antiquité* (Publ. de la Bibl. S. Reinach, V), Paris, 1991, p. 217-225 ; ID., *Mithra et le mithriacisme* (4e éd.), Paris, 2004, p. 144.

15. F. MITTHOF, *loc. cit.* (n. 8), p. 278-279.

16. *Ibid.*, p. 279-281.

17. Chr. MOHRMANN, *Études sur le latin des chrétiens*, IV, Rome, 1977, p. 231.

18. *Ibid.*, p. 251.

19. F. MITTHOF, *loc. cit.* (n. 8), p. 282.

et *pater*[20], voire *pater patrum*[21]. On connaît un « Père » fonctionnant comme *sacerdos*[22], un autre comme *antistes*[23].

Au vrai, qui « préside » au service du banquet communautaire comme à toute consécration, sinon celui qui, au sommet de la hiérarchie, porte le titre de « Père » ? Plusieurs inscriptions nous le précisent[24]. Mais, par exemple, on voit qu'à Rome l'érection d'un autel s'est faite sous la double présidence d'un « Père » et d'un Januarius qui ne porte aucun titre[25].

En réalité, toutes les communautés ne fonctionnaient pas rigoureusement (peut-on croire) selon un modèle uniforme. Il devait arriver qu'un *pater* mourût sans qu'on lui eût trouvé un successeur immédiat pour répondre aux impératifs d'une liturgie au moins hebdomadaire, sinon quotidienne. Ici un « Lion » peut être *antistes*[26]. Ailleurs on consacre un autel sous la présidence d'un « Père Patrat » qui est « Lion »[27]. F. Cumont[28] avoue ne pas s'expliquer l'inscription, abstraction faite de la syntaxe, puisque l'ablatif absolu *presedente* y est suivi des accusatifs *patrem patratum leonem* (mais l'accusatif absolu nous étant bien attesté dans le latin tardif ou parlé[29], cette juxtaposition des deux cas n'a vraiment pas de quoi surprendre). L'intérêt de ces témoignages est d'impliquer au moins qu'un « Lion » pouvait à l'occasion assumer les fonctions du prêtre principal ou d'un *pater patratus*, expression empruntée à l'ordre officiel romain

---

20. *CIMRM,* I, p. 124, n° 249 ; 192, n° 475 ; 204, n° 511 ; 235, n°s 622 et 626 ; II, p. 13, n° 27 bis ; 163, n° 1438.

21. *Ibid.,* I, p. 121, n° 235.

22. *Ibid.,* II, p. 163, n° 1438.

23. *Ibid.,* I, p. 144, n° 315. Cf. M. FLORIANI SQUARCIAPINO, *I culti orientali ad Ostia* (EPRO, 3), Leyde, 1962, p. 56.

24. *CIMRM,* I, p. 175, n°s 409-410 ; S. PANCIERA, « Il materiale epigrafico dallo scavo di S. Stefano Rotondo », dans U. BIANCHI (éd.), *Mysteria Mithrae* (EPRO, 80), Leyde, 1979, p. 88, 1, et p. 90 ; E. LISSI CARONNA, *Il mitreo dei Castra Peregrinorum* (EPRO, 104), Leyde, 1986, p. 31.

25. *CIMRM,* I, p. 209, n° 527.

26. *Ibid.,* p. 163, n° 367.

27. *Ibid.,* p. 278, n° 803. Cf. A. GARCÍA Y BELLIDO, *Les religions orientales dans l'Espagne romaine* (EPRO, 5), Leyde, 1967, p. 38-39, n° 26 ; C. ALOE SPADA, « Il Leo nella gerarchia dei gradi mitriaci », dans *Mysteria Mithrae* (n. 24), p. 645-646.

28. *MMM,* I, p. 318, n. 2.

29. Sur lequel anticipe l'épigraphie qui transcrit souvent le latin vulgaire. L'inscription de San Juan de Isla combine l'ablatif et l'accusatif, comme plus tard Grégoire de Tours (M. BONNET, *Le latin de Grégoire de Tours*, Paris, 1890, p. 558-560). Sur l'accusatif absolu, cf. J. B. HOFMANN, *Lateinische Syntax und Stilistik*, neubearb. von A. SZANTYR, Munich, 1965, p. 143.

des féciaux, mais qui doit signifier que le « Père » en question a bien été « confirmé », légitimé comme tel [30], après avoir été « Lion ».

On peut se demander, en outre, si l'appellation *pater nomimus*, qu'on relève à Aquilée [31] comme à Sidon [32], ne tend pas à souligner le fait qu'il s'agit d'un « Père » en titre et dûment consacré comme tel, par opposition à ceux qui en font l'office en cas de besoin ou à l'ἀντίπατρος de Doura Europos [33], sans doute appelé à remplacer le « Père » *in absentia*, tout comme un « vice-président ». Je ne suis pas sûr que F. Cumont [34] ait eu raison de voir dans *pater nomimus* « le simple Père », pour le différencier du *pater patrum*. Au sens propre, c'est le « Père légitime » ou « ordinaire » (*nach dem Brauch*, traduit R. Merkelbach) [35].

Plus curieusement, on lit aussi à Histria [36], en Dacie, une dédicace faite sous la responsabilité d'un « prêtre » (ἱερεύς), mais avec le ministère d'un « Père » : ὑπη[ρ]ετοῦντος πατρός. Un texte bien connu de Porphyre [37] distingue les « servants » (ὑπηρετοῦντας), que sont les Corbeaux, des « participants » (μετέχοντας), que sont les Lions. F. Cumont [38] a induit de ce témoignage que « la collation des trois premiers grades n'autorisait pas la participation aux mystères », et de les comparer aux « catéchumènes chrétiens » ... En fait, les Corbeaux, assurant le service des boissons dans les banquets, avaient une part notable dans cette liturgie symposiaque, ce que nous confirme l'iconographie [39]. On ne saurait donc affirmer qu'ils étaient exclus des mystères. Au demeurant, dans la phrase même du *De*

30. D'après F. CUMONT (*MMM,* I, p. 318 ; *Les mystères de Mithra*, p. 159), le titre de *pater patratus* équivaudrait à celui de *pater patrum*, sans doute par analogie avec le « père patrat » de la tradition romaine que Servius (*Ad Aen.*, IX, 52 = II, p. 313, 24-25 THILO) définit comme *princeps fetialium*. Mais *patratus* peut signifier « accompli, consommé ».

31. *CIMRM*, I, p. 263, n° 739.

32. *Ibid.*, p. 74-76, n°s 76, 79, 85.

33. *Ibid.*, p. 70, n° 57 (ἀντιπάτρῳ). Sur ce titre, cf. C. ALOE SPADA, *loc. cit.* (n. 27), p. 641 : grade intermédiaire entre ceux de « Père » et de *pater patrum* (?). Voir aussi E. D. FRANCIS, « Mithraic graffiti from Dura Europos », dans *Mithraic Studies* 12, p. 439-441.

34. *MMM*, I, p. 318, n. 1.

35. *Mithras,* Königstein /Ts., 1984, p. 129.

36. *CIMRM*, II, p. 362, n° 2296.

37. *De abst.*, IV, 16, 3 (III, p. 26 de l'éd.-trad. commentée de M. PATILLON et A. Ph. SEGONDS, dans la CUF, Paris, 1995).

38. *MMM*, I, p. 317 ; *Les mystères de Mithra*, p. 158. Sur ce texte et l'interprétation de F. CUMONT, cf. C. ALOE SPADA, *loc. cit.* (n. 27), p. 641-642.

39. J. P. KANE, *loc. cit.* (n. 12), p. 344-348. Voir aussi C. ALOE SPADA, *loc. cit.* (n. 27), p. 642, qui oppose l'iconographie à cette dichotomie, mais en identifiant à tort un « Perse » sur le relief de Konjić : cf. R. TURCAN, « Hiérarchie sacerdotale et astrologie dans les mystères de Mithra », *Res Orientales* XII (1999), p. 255-257.

abstinentia, μύστας porte sur ὑπηρετοῦντας autant que sur μετέχοντας. Porphyre veut tout simplement dire que la hiérarchie subordonne les Corbeaux aux Lions et que leurs fonctions diffèrent. Les Lions sont plus directement liés au Père que les Corbeaux. Dans un antre de *Sentinum* [40], on constate qu'à côté du « président » officie un *pater leonum*, ce qui n'est pas de nature à nous élucider le dossier...

Toute cette épigraphie mithriaque a de quoi déconcerter. Mais l'éminence du *pater* en matière liturgique n'en reste pas moins le fait saillant, même si tous les *Mithraea* n'avaient pas une hiérarchie à sept grades, comme ceux de S. Silvestro et de S. Prisca (à Rome), voire davantage, comme celui de Doura. Il porte d'ailleurs souvent le titre de *pater sacrorum*.

Dans l'épigraphie tardive de Rome, au temps de la « réaction païenne » et piétiste de certains milieux sénatoriaux, on trouve annexé au titre de *pater* celui de *hierocryx* [41], ce qui fait songer à Éleusis [42], car cette aristocratie polythéiste est, nous le savons, très attachée aux mystères des Deux Déesses [43]. Mais la fonction du *hierocryx* est plus généralement de prononcer les prières ou les formules sacramentelles [44]. Dans les *Mithraea* justement, c'est le Père qui pouvait entonner des chants, comme ceux dont les inscriptions peintes dans la crypte de S. Prisca nous conservent quelques vers [45], ou dire les mots de consécration accompagnant la présentation du pain et de l'eau : μετ' ἐπιλόγων τινῶν, d'après Justin [46]. C'est le Père qui, en tant que « héraut sacré » (*hierocryx*), devait commenter les images de la geste mithriaque et proclamer le salut de la création assuré par un sacrifice dont la liturgie était censée continuer ou renouveler les effets.

Mais, en dehors même de l'épigraphie ou de la tradition littéraire (qui, dans le cas de Porphyre, nous livre une relation indirecte et en partie déformée des réalités rituelles) [47], nous avons le secours de l'iconographie. Celle-ci a d'autant plus de valeur que, durant les cérémonies auxquelles ils

40. *CIMRM*, I, p. 251, n° 688. Cf. C. ALOE SPADA, *loc. cit.* (n. 27), p. 645.

41. *CIMRM*, I, p. 204-205, n°s 513-515.

42. P. FOUCART, *Les mystères d'Éleusis* (2e éd.), Paris, 1992, p. 159, 202-204.

43. R. TURCAN, « Corè-Libèra ? Éleusis et les derniers païens », *CRAI*, 1996, p. 745-764.

44. Cf., par exemple, Athen., *Deipnos.*, IV, 149 e.

45. M. J. VERMASEREN et C. C. VAN ESSEN, *The Excavations in the Mithraeum of the Church of Santa Prisca in Rome*, Leyde, 1965, p. 187-240.

46. I *Apol.*, 66, 4. Cf. A. LOISY, *Les mystères païens et le mystère chrétien* (2e éd.), Paris, 1930, p. 195.

47. En particulier par Numénius : R. TURCAN, *Mithras Platonicus. Recherches sur l'hellénisation philosophique de Mithra* (EPRO, 47), Leyde, 1975, p. 67-89.

assistaient, les fidèles avaient constamment sous les yeux le spectacle édifiant d'une « bible » en images.

Le dénominateur commun à cette iconographie est la mise à mort du taureau censée sauvegarder la vie animale et végétale dans le monde créé par Zeus Oromasdès, que menacent certaines forces maléfiques. Solidaire de la tauroctonie, figure en marge, sur les stèles sculptées ou les panneaux peints à compartiments multiples, le banquet associant le Soleil à Mithra sur la dépouille de la victime. Mais certaines plaques bifaces pouvaient pivoter sur place pour montrer aux fidèles, après l'histoire sacrée aboutissant à la tauroctonie, cette scène du repas d'alliance. J'ai tenté de montrer, voilà un quart de siècle, que ces deux faces des reliefs en question correspondaient aux deux phases de la liturgie : un rappel de la « bible » mithriaque (peut-être avec des lectures ou des chants) et le dîner réactualisant avec les dieux, sous le regard des dieux, celui que *Sol* et Mithra partageaient sur la peau du taureau sacrifié [48].

Dans les *Mithraea*, c'est le Père et son « Héliodrome » qui représentaient, réincarnaient pour ainsi dire les deux divinités [49]. Les peintures de l'antre fouillé sous S. Prisca nous montrent des mystes bien réels, coiffés à la mode des années 230-240 apr. J.-C., et qui font penser à des portraits [50]. Ces mystes participent à la procession des offrandes à consacrer pour le banquet auquel président les deux dignitaires majeurs de la hiérarchie. Ceux-ci portent les attributs (bonnet phrygien et couronne radiée) propres tout ensemble aux dieux et à leur grade respectif, tels qu'on les reconnaît sur la mosaïque du *Mithraeum* ostien de Felicissimus [51].

Ainsi, le Père mithriaque n'est pas seulement un technicien du rituel, un expert du sacré, comme tout autre prêtre d'un ministère officiel romain. Il revêt les insignes du dieu dont il réédite la présence au repas sacralisant son union avec *Sol*. D'après une série d'inscriptions datant du IVe siècle et provenant du *Mithraeum* découvert sous le Palazzo Marignoli, près de S. Silvestro in Capite [52], ce sont les Pères également qui consacrent les mystes aux grades de l'Héliodrome, du Perse, du Lion, du Corbeau, voire et surtout à celui du Père : en l'occurrence, un *pater patrum* préside à la cérémonie [53], comme un évêque intronisant un nouveau confrère. Il s'agit

48. R. TURCAN, « Note sur la liturgie mithriaque », *RHR* 194 (1978), p. 147-157.
49. J. P. KANE, *loc. cit.* (n. 12), p. 319, 345-346.
50. M. J. VERMASEREN et C. C. VAN ESSEN, *op. cit.* (n. 45), p. 165-178, pl. LXI, LXIII(1), LXIV.
51. G. BECATTI, *Scavi di Ostia, I mitrei*, Rome, 1954, p. 111 et pl. XXV, 1-2.
52. *CIMRM*, I, p. 171-173, n°s 400-405.
53. *Ibid.,* n° 402. Mais le « Père des Pères » veille naturellement aussi à l'accomplissement des autres initiations.

presque toujours d'une *traditio* des rites propres à chacun des grades : *tradidit* ou *tradiderunt patrica, heliaca, persica, leontica, hierocoracica* [54]. Ce sont les Pères aussi qui « révèlent les occultes » (*ostenderunt cryfios*) [55] ou qui les font connaître (*tradiderunt chryfios*) [56]. Justin [57] emploie l'équivalent grec (παραδιδόναι) de *tradere* à propos des « méchants démons » qui ont inspiré le rituel mithriaque, notamment pour la consécration du pain et de l'eau qui « singe » frauduleusement l'eucharistie chrétienne.

Les Pères doivent représenter Mithra lorsqu'ils ordonnent, entre autres, les « Soldats ». Car, aussi bien en peinture qu'en relief sur le marbre, on connaît l'image du dieu adoubant le Soleil en lui jetant sur l'épaule, non pas une cuisse du taureau (comme on l'a indûment conjecturé) [58], mais le sac du légionnaire, tel qu'on le déchiffre sans peine sur la mosaïque précitée d'Ostie, à côté du casque et du javelot, ou tel que le porte un *Miles* dans la procession peinte de S. Prisca [59]. Un autre monument illustre le rôle de Mithra que devait assumer le Père dans les communautés du culte persique. Mithra y donne l'exemple à suivre en inaugurant cette *traditio* qu'assure dans toute religion à mystères le responsable majeur de la liturgie. Il s'agit d'une plaque gravée et dédiée à Cautopatès par un Père nommé Primus [60]. Elle provient d'un *Mithraeum* découvert sur l'Esquilin dans le secteur des Jardins de Lamia, annexés depuis Caligula au domaine impérial. Sous la tauroctonie figurent : à droite, le serment d'un myste (*Sol* ?) posant sa dextre sur l'autel face à Mithra qui tient un couteau ; à gauche (ici fig. 1), le même Mithra devant qui un personnage nu fléchit son genou droit. C'est cette dernière scène qui retient l'attention, car le dieu pose la main gauche sur le front du patient et tient dans sa main droite deux tiges pointues, plus exactement qu'un « couteau », comme l'écrivait dubitativement

54. *Supra*, n. 52.

55. *CIMRM,* I, p. 172, n° 402.

56. *Ibid.,* p. 173-174, n° 405. Cf. F. CUMONT, « Rapport sur une mission à Rome », *CRAI,* 1945, p. 403, n. 3 ; ID., « The Dura Mithraeum », dans *Mithraic Studies* (n. 12), I, p. 200. Les *Cryphii* restent mystérieux. On y a vu de jeunes aspirants à l'initiation : W. VOLLGRAFF, « Les *cryfii* des inscriptions mithraïques », dans *Hommages à W. Déonna* (Coll. Latomus, 28), Bruxelles, 1957, p. 517-530 ; A. BLOMART, « Les *Cryphii*, les *Nymphi* et l'initiation mithriaque », *Latomus* 51 (1992), p. 624-632. La question ne me paraît pas tranchée.

57. *Apol.,* 66, 4 ; cf. *Tryph.,* 70, 1 ; 78, 6.

58. R. TURCAN, *Mithra et le mithriacisme* (4e éd.), p. 56-57. E. WILL demeurait perplexe : « Mithra et les astres », *Syria* 67 (1990), p. 432, n. 14.

59. G. BECATTI, *op. cit.* (n. 51), p. 109 (« *una bisaccia* ») et pl. XXV, 4 ; M. J. VERMASEREN et C. C. VAN ESSEN, *op. cit.* (n. 45), p. 157 et pl. LX (2).

60. *CIMRM*, I, p. 159, n° 350.

F. Cumont [61]. Non moins erronément, me semble-t-il, R. Merkelbach [62] y a vu un « foudre » (*Donnerkeil*). Le foudre, que Mithra n'a pas lieu de brandir ou d'usurper (c'est l'attribut de Jupiter ou Zeus Oromasdès), n'a pas, que je sache, un pareil aspect. Le geste que Mithra fait de sa main gauche indique assez clairement, je crois, que le front du personnage est visé par l'opération que postulent les ustensiles tenus par le dieu. À mon sens, Mithra s'apprête à piquer le personnage qui lui fait face avec ces longues aiguilles, *acus* ou περόναι dont nous parlent les textes à propos du tatouage [63]. Le patient a l'attitude qu'on voit ailleurs au Soleil et la nudité requise du candidat à l'initiation. Là encore, Mithra le consacrerait dans le grade du Soldat.

Cette plaque du Museo Capitolino pourrait alors illustrer ce que Tertullien écrit dans son *De praescriptione haereticorum* (40, 4) : *si adhuc memini Mithrae, signat illic in frontibus milites suos*. L'*Agobardinus*, suivi par N. Rigault, F. Oehler et F. Cumont [64], porte même : *Mithra signat*. De toute façon, le sujet de *signat* est implicite, si l'on retient *Mithrae* comme complément de *memini*. Tertullien dénonce, comme Justin, l'une de ces contrefaçons du Diable qui se sert des dieux païens pour abuser les hommes : c'est lui qui agit sous le couvert de Mithra. Or, dans ce rite de la *signatio* qui confirme l'appartenance du myste au dieu comme « Soldat » (*milites suos*), le Père de la communauté a les attributs et les attributions de Mithra. Il réédite à l'endroit des néophytes l'acte inauguré jadis à l'endroit du Soleil.

Sur une fresque du *Mithraeum* de Capoue [65], le myste est nu, comme sur le monument précité (fig. 1). Mais il a les yeux bandés et les mains liées derrière le dos. Quant à l'officiant, coiffé d'un casque à cimier (et non pas, semble-t-il, d'un bonnet phrygien), il brandit une torche face au candidat. Le casque fait penser qu'il s'agit d'un *Miles*.

---

61. *MMM*, II, Bruxelles, 1896, p. 201, n° 16. Cf. C. PIETRANGELI, *Musei Capitolini, I monumenti dei culti orientali*, Rome, 1951, p. 18, n° 23 : « Mitra con coltello (?) ».

62. *Mithras* (n. 35), p. 303 (fig. 47).

63. Athen., *Deipnos.*, XII, 524 d ; Prud., *Perist.*, X, 1076-1080.

64. *MMM*, II, p. 51. Cf. J. P. KANE, *loc. cit.* (n. 12), p. 316-317 et n. 8 ; P. BESKOW, « Branding in the mysteries of Mithras », dans *Mysteria Mithrae* (n. 24), p. 489. Les aiguilles servant à la marque frontale pouvaient être rougies au feu. Voir en général C. P. JONES, « *Stigma* : tattooing and branding in Graeco-Roman antiquity », *JRS* 77 (1987), p. 139-155.

65. M. J. VERMASEREN, *Mithriaca* I. *The Mithraeum at S. Maria Capua Vetere* (EPRO, 16), Leyde, 1971, p. 28-29 et pl. XXII.

Quoi qu'il en soit, le Père supervisait tous les rites comme représentant de Mithra, lequel porte d'ailleurs aussi le titre de « père » chez Porphyre (d'après Eubule) [66] et chez l'empereur Julien [67].

Parallèlement, l'Héliodrome occupe dans le banquet la place du Soleil, dont il revêt le costume. Le nom même du grade est significatif. Littéralement, il « suit la route d'Hélios », comme chez Ignace d'Antioche [68] sont « théodromes » ceux qui marchent dans la voie de Dieu : κατὰ θεὸν πορευόμενος, écrit la Souda [69] du participe θεοδρομῶν. On savait bien depuis Platon [70] qu'il n'y avait pas de vraie piété sans « imitation de Dieu ». À plus forte raison ses prêtres, ses ministres sont-ils tenus de demeurer fidèles à son empreinte en marchant dans ses voies, comme l'Héliodrome marche dans celles de *Sol*. On songe évidemment aussi aux peintures et aux bas-reliefs qui nous montrent Mithra montant sur le char du Soleil. A. Loisy [71] n'avait pas tort de l'écrire : « Comme Mithra et avec lui, le myste est assimilé au Soleil, il monte avec lui sur son char… Mithra a donc été le premier Héliodrome, comme il a été le premier Perse ». On pourrait ajouter surtout : « comme il a été le premier Père ».

Sur la mosaïque du *Mithraeum* ostien de Felicissimus [72], le Perse a comme attributs la faucille et la faux, qui l'assimilent à ce moissonneur qu'est Mithra sur le relief de Dieburg [73]. « Gardien des fruits » [74], le Perse

66. *De antro Nymph.*, 6 (p. 60, 7 NAUCK, 2e éd.). Cf. l'éd.-trad. commentée de L. SIMONINI, Milan, 1986, p. 103. Mais l'idée d'un Mithra « démiurge » est étrangère au dieu des mystères.

67. *Caes.*, 38, 336 c (II, 2, p. 71 de l'éd.-trad. Chr. LACOMBRADE, dans la CUF, Paris, 1964). En l'occurrence, il ne s'agit pas du Mithra des mystères, mais d'Hélios, « noble père » de l'empereur (*Or.*, VII, 232 d ; cf. 228 d et 229 c).

68. *Philad.*, 2, 2 (p. 142 de l'éd.-trad. P. Th. CAMELOT, dans la Coll. « Sources Chrétiennes », n° 10, Paris, 1958) ; cf. *Polyc.*, 7, 2 (p. 178 CAMELOT) et R. GORDON, « Mystery, Metaphor and Doctrine in the Mysteries of Mithras », dans J. R. HINNELLS (éd.), *Studies in Mithraism*, Rome, 1994, p. 111.

69. *S. u.* (II, p. 696, 25 Adler). Cf. Clem. Alex., *Paed.*, III, 11, 52, 2 (οὐρανοδρομοῦσα *F*). Apollon-Hélios est οὐρανοδρόμος : A. AUDOLLENT, *Defixionum tabellae*, Paris, 1904, p. 76, n° 41 b 5 ; K. PREISENDANZ & A. HENRICHS (éd.), *Papyri Graecae Magicae. Die griechischen Zauberpapyri* (2e éd.), Stuttgart, 1973-1974, III, 255. Cf. R. GORDON, *loc. cit.* (n. 68), p. 110.

70. *Theaet.*, 176 b ; *Leg.*, IV, 716 c-d.

71. *Op. cit.* (n. 46), p. 179. Cf. aussi E. WILL, *loc. cit.* (n. 58), p. 432 : Mithra apparaît comme garant du mouvement des astres et en premier lieu du Soleil, auquel il participe en tant qu'« Héliodrome » et par là même comme « garant de la vie sur terre ».

72. G. BECATTI, *op. cit.* (n. 51), p. 110-111 et pl. XXV, 2.

73. *CIMRM*, II, p. 105, n° 1247 ; R. MERKELBACH, *Mithras*, p. 358 (fig. 122) : « Ein Perser schneidet Ähren ». Cf. la stèle de Mauls : *CIMRM*, II, p. 148, n° 1400(4) et fig. 360 ; R. TURCAN, « The Date of the Mauls Relief », *Journal of Mithraic Studies* I, 1 (1977), p. 70.

représente Mithra [75] en tant que dieu veillant sur la végétation et sa fécondité frugifère que favorise la Lune. L'humidité de l'astre nocturne, censé produire le miel, qui sert à purifier les mains du Perse, est tout autant utile à la vie animale et végétale que la chaleur solaire. Aussi la tauroctonie est-elle constamment dominée par *Sol* et *Luna* dans l'iconographie cultuelle [76].

Corrélativement, tout aussi indispensable au monde est le feu, dont les Lions ont la charge rituelle, que l'eau, dont les Corbeaux ont la responsabilité [77]. C'est pourquoi dans beaucoup de communautés on ne trouve attestés que les noms du *Leo* et du *Corax* à côté du *Pater*. Il n'est pas impossible qu'à l'origine le sacerdoce mithriaque n'ait pas compté d'autres catégories, outre celle du *Miles*. La hiérarchie planétaire procéderait alors d'un réajustement secondaire, approprié au succès de la mystique astrale [78].

Sur une stèle de Sétif [79], le Tauroctone est revêtu d'une cuirasse militaire à lambrequins qui fait de Mithra un Soldat. Le *Miles* réincarnait donc aussi l'énergie du dieu sauveur. Quant au *Nymphus*, si un texte malheureusement incertain de Firmicus Maternus [80] concerne bien le myste qui portait ce titre, on l'aurait acclamé comme « jeune lumière ». Il aurait ainsi représenté le dieu du jour naissant, de même que Mithra émergeant du rocher : *oriens*, épiclèse dont le gratifie au moins une dédicace [81]. Sur la mosaïque de Felicissimus, une lampe correspond à ce grade du *Nymphus* [82].

On le voit : en passant par les sept degrés de l'initiation, le myste assumait les fonctions qui l'assimilaient graduellement à son dieu.

Ce n'est pas vraiment exceptionnel et nouveau dans le paganisme gréco-romain. En sortant d'eux-mêmes par l'*ekstasis* et en devenant *Bakkhoi*, les fidèles actifs de Dionysos s'intègrent par l'orgie rituelle à la vie divine. Les galles de Cybèle sont de nouveaux Attis. Ils n'en portent pas seulement le nom ou l'allure : par l'éviration, le « sacrement de

74. Porph., *De antro Nymph.*, 16 (p. 67, 14 NAUCK). Cf. le commentaire de L. SIMONINI (n. 66), p. 159-160.
75. A. LOISY, *op. cit.* (n. 46), p. 178.
76. J'y ai insisté dans un colloque international sur *L'eau et le feu dans les religions antiques*, tenu à l'Université de Paris-Sorbonne, 18-20 mai 1995 (à paraître).
77. R. TURCAN, « Hiérarchie sacerdotale... » (n. 39), p. 257.
78. *Ibid.*, p. 257-258.
79. *CIMRM*, I, p. 95, n° 148, et fig. 43.
80. *De err. prof. rel.*, XIX, 1 (p. 119 de mon éd.-trad. dans la CUF, Paris, 1982, et commentaire p. 296-297). Cf. R. GORDON, « Reality, Evocation and Boundary in the Mysteries of Mithras », *Journal of Mithraic Studies*, III, 1980, p. 49-53.
81. *CIMRM*, I, p. 206, n° 518. « *Oriens* est probablement Mithra naissant du rocher » (F. CUMONT, *MMM*, II, p. 102, n° 48 bis).
82. G. BECATTI, *op. cit.*, p. 109 et pl. XXV, 3.

l'ordre » leur a fait souffrir personnellement dans leur chair la consécration de leur dieu à la Grande Mère. L'habillement et les atours des prêtresses isiaques ne les différencient guère de leur déesse, au point qu'on a pu hésiter quelquefois sur l'identité de certaines statues [83]. Les Mégabyzes de l'Artémis éphésienne ont sans doute aussi un costume liturgique rappelant celui de la déesse. Ch. Picard [84] a noté sur ce point que l'*ependytès*, cette espèce de gaine compartimentée qui enserre l'Artémis polymaste, devait être revêtu à l'occasion de solennités où le prêtre s'identifiait rituellement avec sa divinité. H. Thiersch [85] a rapproché l'éphode chargé de pierreries que portait le grand-prêtre d'Israël, en citant les mots de J. Braun dans son *Vestitus sacerdotum Hebraeorum* (2e éd., Amsterdam, 1698) : *lapides illos nihil aliud fuisse quam symbolum praesentiae Dei* [...].

C'est bien, en effet, une présence divine que le prêtre est censé devoir représenter, au moins symboliquement. D'où l'importance des ornements sacerdotaux, qui jouaient un grand rôle dans le cérémonial des antres mithriaques. Même si l'apparat ressortit pour une part à ce que Pascal appelait les « puissances trompeuses », le problème reste actuel, si déniaisé que puisse se croire l'individu moderne. Certes, comme on dit, « l'habit ne fait pas le moine ». Mais un vêtement profane ou ordinaire cadre mal avec la vocation qui met le prêtre, tout vrai prêtre, en dehors de l'humanité commune, au moins le temps de son service cultuel. Voilà, en somme, ce que l'empereur Julien écrit à Théodore [86], dans une sorte d'encyclique fixant sa conception du sacerdoce :

> Aussi longtemps qu'un prêtre sacrifie pour nous, qu'il officie, qu'il s'approche des dieux, il faut le regarder avec crainte et révérence comme la plus précieuse propriété des dieux.

Dans un oracle de Didymes cité deux fois par Julien, Apollon condamne quiconque fait injure à leurs ministres :

---

83. J. EINGARTNER, *Isis und ihre Dienerinnen in der Kunst der römischen Kaiserzeit* (Mnemos., Suppl. 115), Leyde - New York, 1991.

84. *Ephèse et Claros* (BEFAR, 123), Paris, 1922, p. 181 ; cf. J. GRODECKI, dans *RA*, 1937, II, p. 150.

85. *Ependytes und Ephod. Gottesbild und Priesterkleid im alten Vorderasien*, Stuttgart, 1936. Voir les observations de J. GRODECKI (*RA*, 1937, II, p. 152), de R. DUSSAUD (*Syria,* 19, 1938, p. 294) et surtout de R. DE VAUX (*RBi*, 47, 1938, p. 110-111).

86. *Ep.,* 89 b, 297 a (p. 137, 5-7 BIDEZ - CUMONT, Paris, 1922 ; p. 164, 21-23 de l'éd.-trad. J. BIDEZ, rééd., dans la CUF, Paris, 1960). L'oracle de Didymes est cité dans *Ep.,* 89 b (297 c) après l'avoir été dans *Ep.,* 88 (451 b), p. 122, 7-12 de l'éd. BIDEZ - CUMONT. J. Bidez le rappelait (éd.-trad. des *Lettres*, p. 164, n. 3) : « Dans les cultes orientaux, le prêtre est l'esclave de son dieu, et par conséquent sa propriété. »

Car il outrage en fait les dieux bienheureux
que ces hommes ont l'honneur de servir pieusement.

C'est ce qu'un Battakès, prêtre de Cybèle venu à Rome en -103 et insulté par la populace à l'instigation du tribun Pompéius, déclara solennellement : on avait outragé en lui la Grande Mère elle-même [87]. Il s'agissait alors d'un acte d'impiété. Aussi ce Pompéius atteint de fièvre ardente perdit-il en deux jours et la voix et la vie ! Or nous savons aussi que ce Battakès avait frappé la foule par son costume, sa couronne d'or et sa robe brodée « comme celle d'un roi » [88]. Il aurait inspiré aux Romains une « crainte superstitieuse » (δεισιδαιμονία). De fait, ce prêtre étant comme un Attis [89] ne pouvait être outragé sans que le fût aussi la déesse à laquelle il était consacré.

Nous n'avons pas de témoignage directement comparable concernant le *Pater* mithriaque [90], lequel n'exerçait pas son service à plein temps, comme les membres du clergé métroaque et ne se recrutait pas dans les mêmes conditions. Mais, au sommet d'un parcours qui lui avait fait endosser successivement les insignes et les charismes afférents de l'action divine, le Père récapitulait dans sa personne, comme dans son ministère, la vocation salvatrice du Tauroctone.

Si le prêtre accomplit *hic et nunc* la fonction de son dieu, le dieu même a fait jadis office de prêtre en sacrifiant le taureau ou en consacrant le Soleil, avant de l'associer à son banquet d'alliance. Prêtre-dieu ou dieu-prêtre, cette corrélation fondamentale est une constante dans l'histoire des religions dites « de salut », et quel que soit le sens qu'on donne à ce dernier vocable. Pour devenir prêtre, il faut être investi d'une mission divine. Mais le dieu doit aussi se faire prêtre pour fonder et légitimer l'exemple liturgique. On songe évidemment à l'*Épître aux Hébreux* (7-8) qui fait du Christ le grand-prêtre par excellence, puisqu'il est sacrifié pour le salut de tous. « On devient semblable à Dieu, je veux dire au Dieu Sauveur, écrit

87. Diod. Sic., 36, 13, 2-3. Sur cet incident, cf. H. GRAILLOT, *Le culte de Cybèle, Mère des dieux, à Rome et dans l'Empire romain* (BEFAR, 107), Paris, 1912, p. 95 ; M. J. VERMASEREN, *Cybele and Attis. The Myth and the Cult*, Londres, 1977, p. 99.

88. Diod. Sic., 36, 13, 1.

89. Cf. J. CARCOPINO, *Aspects mystiques de la Rome païenne* (6e éd.), Paris, 1942, p. 107, n. 2 ; M. J. VERMASEREN, *Cybele and Attis* (n. 87), p. 98.

90. F. CUMONT (*MMM*, I, p. 324) avait d'abord rapporté au clergé mithriaque ce que Tertullien écrit (*Praescr.*, 40, 5) du grand pontife, par confusion avec le *flamen Dialis*. À la suite d'A. d'Alès, il a reconnu (*Les mystères de Mithra,* 3e éd., Bruxelles, 1913, p. 170, n. 4) que le texte ne visait en fait que les sacerdoces romains.

Clément d'Alexandrie [91], en rendant un culte au Dieu de l'univers par l'intermédiaire du Logos grand-prêtre (διὰ τοῦ ἀρχιερέως Λόγου). »

Mais si les « dieux sacrifiants », chers à E. Simon [92], donnent certains exemples de piété rituelle, les dieux sacrifiés enseignent à mourir pour renaître à la vie divine par la consécration de soi, sinon par le sacerdoce. Dans l'initiation mithriaque au grade du Soldat, l'épreuve du glaive [93] implique une mort rituelle ou fictive, comme celle dont fait état l'*Histoire Auguste* [94] (*cum illic aliquid* [...] *uel fingi soleat*), et une fresque du *Mithraeum* de Capoue pourrait bien illustrer ce rite symbolique [95]. Mais il faut reconnaître qu'à l'inverse d'Osiris, de Dionysos ou d'Attis, Mithra est un dieu sacrifiant, et non pas sacrifié.

En tout état de cause, aux charismes du prêtre qui renouvelle liturgiquement l'action du dieu sur la vie des hommes est inhérente la connaissance que ce prêtre a de son dieu. Cette « science sacerdotale » [96], dont nous mesurons l'importance dans le cas des cultes égyptiens, devait également donner un poids moral aux responsables des antres mithriaques. Ayant tout perdu des livres sacrés qui en garantissaient l'authenticité au regard des néophytes, nous en sommes réduits aux hypothèses. L'imagerie sacrée des *Mithraea* impliquait, on l'a vu, une exégèse commentée du mythe au triple point de vue cosmologique, théologique et sotériologique. Dans un volume édité en hommage à notre éminent et cher collègue le Professeur Julien Ries, je me suis efforcé naguère d'élucider une phrase de Tertullien sur le rôle des Lions, qui auraient expliqué allégoriquement (*philosophantur*) les sacrements du feu aux mystes qu'ils initiaient [97]. Au vrai, toute initiation postule une révélation et donc impose une instruction qui relève de la science sacerdotale. Ce lien privilégié qui unit et apparente même le prêtre à son dieu suppose évidemment « con-naissance » au sens fort et prégnant du terme, c'est-à-dire « naissance » en communion

91. *Strom.*, II, 9, 45, 7 (p. 70 de l'éd.-trad. C. MONDÉSERT, dans la Coll. « Sources Chrétiennes », n° 38, Paris, 1954). Cf. Cypr., *Ep.*, 63, 4, 1 : *Nam qui magis sacerdos Dei summi quam Dominus noster Iesus Christus* [...] *?*

92. *Opfernde Götter*, Berlin, 1953. Cf. R. TURCAN, « *Priapea* », *MEFR* 72 (1960), p. 173-174.

93. Tert., *Cor.*, 15, 3 ; *Praescr.*, 40, 4.

94. *SHA, C*, 9, 6. Cf. R. TURCAN, « Les dieux de l'Orient dans l'*Histoire Auguste* », *Journal des Savants*, 1993, p. 53-55.

95. M. J. VERMASEREN, *Mithriaca* I (n. 65), p. 37, 40-41 et pl. XXV.

96. J. OSING, « La science sacerdotale », dans *Le décret de Memphis, Colloque de la Fondation Singer - Polignac à l'occasion de la célébration du bicentenaire de la découverte de la Pierre de Rosette, Paris, le 1er juin 1999*, p. 127-140.

97. *Marc.*, I, 13, 5. Cf. R. TURCAN, « La *physica ratio* des 'Lions' mithriaques », dans « Foi-Raison-Verbe », *Mélanges in honorem J. Ries*, Luxembourg, 1993, p. 239-250 ; ID., *Mithra et le mithriacisme* (4e éd.), p. 135-138.

d'essence avec l'être divin, toute initiation étant aussi naissance à une vie nouvelle.

Il va de soi que cette dimension échappe à nos enquêtes. Mais il n'y a pas de science sacerdotale sans tradition. C'est là encore un aspect fondamental du sacerdoce, lequel apparaît toujours comme détenteur ou comme héritier doctrinal et rituel d'une *paradosis*. Rompre avec cette tradition, qui est consubstantielle à toute initiation, c'est rompre un engagement, un lien sacré, se nier en tant que prêtre, et celui qui aurait l'audace de le faire ne devrait pas s'étonner de perdre les égards du fidèle ordinaire. Divine d'origine et d'inspiration pour les Anciens, la tradition dépasse l'homme. C'est ce qui la transfigure et la justifie au regard des croyants. Car, si Eubule imputait à Zoroastre la consécration d'une première grotte au culte de Mithra « créateur et père de toutes choses » [98], l'iconographie rapporte expressément au Tauroctone la primeur du cérémonial accompli dans les antres. En définitive, c'est au dieu, à lui seul qu'appartient l'institution de sa liturgie et du sacerdoce chargé de l'administrer, même si à Doura Europos on rend hommage aux mages Zoroastre et Ostanès (?) en les représentant de chaque côté du « chœur », comme s'ils présidaient à la célébration [99].

Mais ce n'est pas, en l'espèce, une singularité du mithriacisme. On connaît même à Dionysopolis une liste de prêtres éponymes parmi lesquels Dionysos apparaît pour un an comme son propre prêtre [100]... Il reste que F. Cumont et avant lui G. Boissier avaient bien lieu de discerner dans les cultes d'origine orientale certains accents particuliers qui en différencient l'image sacerdotale. Ces religions liaient plus étroitement, sinon plus intimement leurs prêtres à la divinité que les cultes publics de Rome en général. E. Renan est allé jusqu'à dire, non sans raison peut-être, du monde grec et romain qu'il « ne savait pas ce que c'est qu'un prêtre »[101] .

---

98. Porph., *De antro Nymph.,* 6 (p. 60, 7 NAUCK) ; cf. l'éd.-trad. commentée de L. SIMONINI, p. 102-103.

99. J. BIDEZ et F. CUMONT, *Les mages hellénisés*, Paris, 1938 (réédité), I, p. 39 et pl. I ; F. CUMONT, « The Dura Mithraeum » (n. 56), p. 182-184 ; II, pl. 25.

100. G. MIHAILOV, *Inscriptiones Graecae in Bulgaria repertae,* I (2e éd.), Sofia, 1970, p. 68, n° 22, ligne 5.

101. *Les apôtres*, Paris, 1866, p. 364.

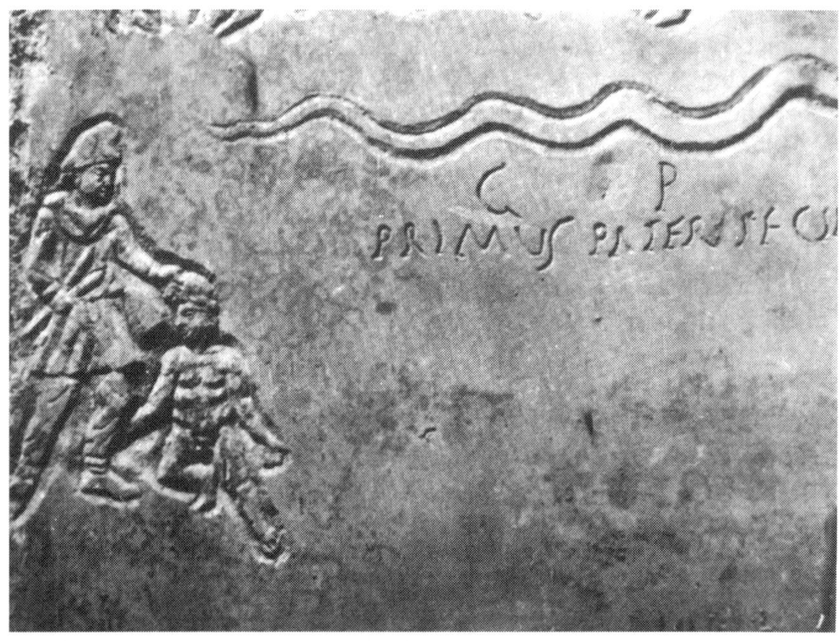

Fig. 1. Détail d'une stèle mithriaque (Rome, Museo Capitolino).

DER MANDÄISCHE PRIESTER ALS JÜNGER UND KÖNIG

Kurt RUDOLPH

Die heute weit über ihre angestammten Wohnsitze im Irak und Iran verbreiteten sog. Mandäer, sei es in Europa, USA oder Australien, bilden eine religiöse Gemeinschaft mit einer eigenen Priesterschaft, die nach wie vor das Rückgrat der Gemeinde bilden, auch wenn die Laien besonders in den Überseegebieten die Leitung und Verantwortung für das Leben der Mitglieder als eigenständige Religion übernommen haben. Die traditionellen Zeremonien, wie die regelmäßige Taufe, das Hochzeits- und das Sterberitual, können nur von den dazu zuständigen und ausgebildeten Priester veranstaltet werden, weshalb sich die neuen Gemeinden darum bemühen, wenigstens einen zeitweisen Aufenthalt von mandäischen Priestern zu erreichen. Daraus ist schon ersichtlich, dass der für eine Religion wichtige Bereich des Kultes ohne die dafür verantwortlichen Funktionäre auch im Mandäischen nicht existieren kann. Wir wissen leider nicht viel über Entstehung und Geschichte der mandäischen Priesterschaft. Weder die vorhandenen schriftlichen Rituale der Priesterweihe, der sog. „Krönung", noch die bekannten klassischen Texte (Ginza und Johannesbuch) vermerken dazu Näheres, außer das sie eben die Priester voraussetzen, ganz besonders natürlich in den liturgischen Texten und den langen Abschreiberlisten, den Kolophonen, wo wir am ehesten etwas über die Geschichte der Gemeinde und ihrer Leiter erfahren[1]. Ich möchte mich damit aber auch nicht weiter aufhalten. Meiner Meinung nach bedarf dieses Problem noch näherer

1. Cf. Jorunn J. BUCKLEY, "A Study of the Two Liturgical Collections in J. de Morgan's *Textes mandaites*", *Le Muséon* 104 (1991), p. 191-203; "The Colophons of the Canonical Prayerbook of the Mandaeans", *INES* 51 (1992), p. 33-50; "The Colophon in H. Petermann's Sidra Rabba", *JRAS* 3rd ser. Vol. 5 (1995), p. 21-38; "Glimpses of a Life: Yahyia Bihram, a Mandaean Priest", *History of Religions* (1999), p. 32-49.

Untersuchung. Sowohl der große Zeremonialbereich (Kult) als auch die umfangreiche Literatur, die in eigener Schrift überliefert wird - neuerdings sogar mit Hilfe eines Computerfonts in Australien - setzen eine recht alte vorislamische Gruppe von Spezialisten voraus, die man am ehesten in einem Priesterstand verankert sehen muss, wie es im Orient seit alters üblich gewesen ist.

Einen Einblick gibt uns am ehesten die Terminologie[2]. Der offenbar älteste Name für unsere Wiedergabe mit dem aus dem Kirchenlatein stammenden Wort „Priester", das ja auf das griechische πρεσβύτερος zurückgeht, ist das mandäische *tarmida,* das dem aramäischen *talmida* und hebräischen *talmid* entspricht und „Schüler, Jünger" bedeutet. Dementsprechend ist *tarmiduta* „Priesterschaft", „Priestertum" im Unterschied zu *mandaiuta* „Laienschaft", denn „Mandäer" (*mandaia*) ist ursprünglich eine Bezeichnung für den Laien. Wahrscheinlich ist *tarmida* von Haus aus ein Name für die Anhänger der Lehre vom „großen Leben" und seiner Botschaft, der mandäischen Gnosis, der bald auch für den Spezialisten der Rituale verwendet wurde. Daneben finden sich weitere Namen, wie das häufige *r(ab)ba* „Meister, Lehrer", oder *r(ab)bana* und *malpana,* die bis heute auch Titel für den Priester sind. Weitere Begriffe, wie „Wissende" (*sabria, sabra*), „Weise" (*hakimia*), „Wahrhaftige" (*ksitia*), sind zwar auch für die Priester verwendbar, benennen aber auch Kenner der Lehre und Schrift unter den Laien, die es natürlich bis heute gibt (*yalufia* „Lernende", „Belehrte" genannt). Eine offenbar sehr alte Selbstbezeichnung ist *Naṣoräer* (*naṣuraia*), „Observant von Lehre und Ritus", oder „Auserwählte der Gerechtigkeit" (*bhiria zidqa*), Namen, die den ursprünglichen Zustand der Gemeinschaft vor der Ausbildung einer eigenen Priesterschaft und Hierarchie bezeugen. Es gibt nun im Mandäischen noch zwei weitere Begriffe, die die Priester für sich in Anspruch nehmen, vor allem im Rahmen von Zeremonien, die mit ihrer Einsetzung veranstaltet werden. Dazu gehört einmal das Wort für „König" (*malka,* plur. *malkia*), zum anderen der Name für die überirdischen Lichtwesen, die *Uthri* (*'utria,* sg. *'utra*), was soviel wie „Reichtum" heißt, die übrigens auch als „Könige" (*malkia*) bezeichnet werden, im Unterschied zu den bösen Geistern oder Dämonen, für die das aus dem Hebräischen bekannte Wort für Engel *malakia,* „Bote" verwendet wird. Mit „König" (*malka*) wird die dominante Stellung des mandäischen Priesters zum Ausdruck gebracht: er ist nicht nur Herr und Führer der Gemeinde, sondern auch Repräsentant der himmlischen Mächte, der Lichtwesen. Selbst einen Titel des „Lichtkönigs" (*malka*

2. Cf. K. RUDOLPH, *Die Mandäer.* II. *Der Kult,* Göttingen, 1961, p. 22 und f.; E. S. DROWER & R. MACUCH, *A Mandaic Dictionary,* Oxford, 1963, *s.v.*

d-nuhra), wie „Herr der Größe" (*mara d-rabuta*), kann ein Priester in Anspruch nehmen, z.B. wenn er bei Zeremonien oder bei der Belehrung von Priesteranwärtern eine leitende Stellung einnimmt[3]. In welcher Weise dies zu einem Austausch von Funktionen führt, zeigen die Zeichnungen in den bebilderten Schriftrollen, den Diwanen, in denen die himmlischen Geister als Priester mit deren Insignien dargestellt werden. Die Lichtwesen sind eine Art Urbild der irdischen Priester und führen wie diese gleiche Zeremonien durch, z.B. Taufen im himmlischen Jordan, dem „weißen Jordan" (*yardna hiwara*) bzw. „Jordan der weißen Wasser" (*iardna d-miia hiwaria*) oder dem „großen Jordan des Lebens" (*yardna rba d-hiia*). Es ist daher nicht immer gleich zu entscheiden, ob in manchen mandäischen Texten, bes. in den liturgischen, von den diesseitigen oder jenseitigen Gestalten die Rede ist. So wird z.B. das Verhalten des „Zweiten Lebens", genannt *Jošamin*, das Ursache für den Zerfall der Ur-Einheit ist und zur Entstehung von Lichtwelten und schließlich der Erde (*tibil*) führte, als das Fehlverhalten eines Priesters dargestellt[4]. Es ist auf dieser Ebene eine seltsame, in der Religionsgeschichte aber nicht unbekannte, Verbindung bzw. Vermischung von Himmel und Erde, jenseitigen Wesen und diesseitigen religiösen Vertretern eingetreten, die sicherlich nicht zuletzt dazu dient, die Herrschaft und Macht einer Elite zu festigen, die im Besitz nicht nur des religiösen Wissens ist, sondern ohne die keine Rituale durchgeführt werden können. Letztlich sind diese auch die Verfasser und Tradierer der heiligen Schriften, in denen sie sich widerspiegeln können.

Es gibt übrigens eigens eine Gestalt, die als Urbild eines „vollendeten" Priesters dargestellt wird, das ist *Šišlam R*(*ab*)*ba*, etwa mit „großer Vollendeter" wiederzugeben, wobei zu beachten ist, dass „vollendet" bzw. „vollkommen" (*šalmana*) auch als Titel für besonders Fromme und Wissende verwendet wird, wie auch für „Vollendete" i.S. von Verstorbenen, die das Lichtreich erlangt haben. Das Ritual für die Priesterweihe wird daher auf *Šišlam R*(*ab*)*ba* zurückgeführt; er ist der erste, an dem es vollzogen worden ist; genannt: *Šarḥ d-traṣa d-taga d-Šišlam Rba*, d.h. „Erklärung des Aufsetzens der Krone des *Šišlam Rabba*"[5]. Ob mit *Šišlam Rabba* nur eine Version des „Verborgenen (d.i. himmlischen) Adam" (*adam kasia*) als idealer Mensch gemeint ist, wie seinerzeit Lady Drower

---

3. Cf. E. S. DROWER (ed.), *The Thousand and Twelve Questions* (*Alf Trisar Šuialia*) (Deutsche Akademie der Wissenschaften zu Berlin, Inst. für Orientforschung. Veröff. 32), Berlin, 1960, pass.

4. Cf. K. RUDOLPH, *Theogonie, Kosmogonie und Anthropogonie in den mandäischen Schriften*, Göttingen, 1965, p. 108, 115, 119.

5. E. S. DROWER, *The Coronation of the Great Šišlam, Being a Description of the Rite of the Coronation of a Mandaean Priest According to the Ancient Canon*, Leiden, 1962.

annahm, bleibt m.E. unsicher[6]. Auffallig ist allerdings, dass auch das Hochzeitsritual auf *Šišlam Rabba* zurückgeführt wird bzw. an ihm symbolisch vollzogen wird: er ist der erste Bräutigam, der dementsprechend auch die priesterliche Titulatur als *malka* erhält[7].

Die königgleiche Stellung des mandäischen Priesters drückt sich nicht nur durch die Verwendung des Begriffs „König" (*malka*) aus, sondern auch durch einige symbolträchtige Insignien, die nur er besitzt bzw. erhält im Unterschied zu den einfachen Gläubigen (*anašia mhaimnia*)[8]. Das weiße mandäische Sakralgewand (genannt *rasta,* älter: *lbuša*) als Abbild der himmlischen „weißen" Welt (*arqa hiwarta*), das jeder Mandäer bei den Zeremonien trägt, wird beim Priester ergänzt durch die „Krone" (*taga*), einem schmalen weißen Stoffstreifen aus Seide, den er unterhalb der Kopfbinde (*burzinqa,* auch *ṭarṭbuna* „Turban") trägt. Es ist der Gegenstand, den er bei der „Krönung" oder Priesterweihe erhält (s.u.). Ferner verwendet er den unteren Teil der Stola (*nasifa*) während der Zeremonien als *pandama* (mpers. *padam*), d.h. als eine Art Mundtuch zum Schutz gegen Verunreinigung (z.B. des Taufwassers) durch seinen Atem und sicherlich eine Übernahme aus der Praxis des zoroastrischen Priesters bei der Feuerzeremonie ist. Drei weitere Gegenstände sind deutlich alte Königsinsignien: die Fahne oder das Banner (*drabša, drafša*), der Stab (*margna,* auch *gawaza* oder *huṭra*) und der Siegelring (*isqta, 'zqta*). Das Banner ist ein Symbol der Lichtwelt und wird heute von den Mandäern oft als Kennzeichen oder Wappen ihrer Gemeinschaft verwendet. Es ist ein kreuzartiges Gestell, um das ein mehrere Meter langes weißes Seidentuch gewunden ist, das bei allen Zeremonien, die einen Priester benötigen, aufgestellt wird. In den Diwanen sind die jenseitigen Lichtschiffe damit als Mast und Segel dargestellt. Eigene Hymnen und Gebete werden bei seiner Aufstellung rezitiert[9]. Der Stab hat ebenfalls sein Vorbild in der Lichtwelt und symbolisiert Licht, Glanz und Macht gegen die bösen Kräfte (daher auch als Waffe vorgestellt). Das „Festhalten am Stab" ist Ausdruck für die

---

6. Vgl. *ibid.* p. IX und f.; ID., *The Secret Adam. A Study of Nasoraean Gnosis*, Oxford, 1960, p. 18 und f., 62 und f.

7. Vgl. E. S. DROWER (ed.), *Šarḥ d-Qabin d-Šišlam Rba* (D.C. 38). *Explanatory Commentary on the Marriage-Ceremony of the Great Šišlam* (Biblica et Orientalia, 12), Roma, 1950.

8. Vgl. K. RUDOLPH, *Mandäer* II, p. 31 und ff., 48 und ff. Abbildungen in: K. RUDOLPH, *Mandaeism* (Iconography of Religions, XXI), Leiden, 1978, Plates XIII-XV.

9. Vgl. Mark LIDZBARSKI, *Mandäische Liturgien*, Berlin, 1920, Reprint: Hildesheim, 1962, p. 264-277 (Oxforder Sammlung, Teil 4); E. S. DROWER, *The Canonical Prayerbook of the Mandaeans*, Leiden, 1959, p. 233-240; K. RUDOLPH, *Mandäer* II, p. 31 und ff. Abb. bei, ID., *Mandaeism*, Plates VI, XII und f.

Treue zur Gemeinde. Diese Priesterstäbe sind meist aus Olivenholz oder von der Weide und vom Maulbeerbaum hergestellt; ob einst auch vom Weinstock, bleibt unsicher[10]. Diese Insignie, die dem Priester mit ins Grab gelegt wird, kann als eine Art Zepter verstanden werden und hat seine Vorbilder in den altorientalischen Götterstäben. Der Siegelring, der nur in den liturgischen Texten auftaucht und den Namen *Šum Yawar* trägt, dient bei der Seelenmesse der Versiegelung des „Briefes“ (einem Ölfläschchen), das der Verstorbene als Zeichen seines Glaubens bei sich trägt, um die Reise durch die himmlischen Purgatorien oder „Wachthäuser“ (*maṭarata*) erfolgreich zu bestehen. Der Priester besitzt außerdem noch einen Ring (gen. *Skandola*), der als Talisman gegen böse Geister verwendet wird[11].

Einen Eindruck von der Stellung des mand. Priesters vermittelt am besten ein Blick in die Rituale der Priesterweihe oder, wie sie genannt wird, die „Krönung“ (*traṣa d-taga*). Wie erwähnt gibt es zwei Texte, genauer Schriftrollen, die sich darauf beziehen und die 68 Tage dauernde Zeremonie in ihrer Abfolge beschreiben. Der „Diwan des hohen Königtums“ (*diwan malkuta 'elaita*), 1993 von J. Jacobsen Buckley aus der Oxforder Sammlung Lady Drowers übersetzt und kommentiert, ist eine längere Version der bereits 1962 von Lady Drower edierten „Erklärung der Krönung des *Šišlam Ra*(*ab*)*a*“[12]. Eine Version des zuerst genannten Diwans findet sich auch in dem Priesterhandbuch ,,1012 Fragen“ (*Alf Trisar Šuialia*)[13]. Mehrere der zu rezitierenden Hymnen und Gebete stehen auch im „Canonical Prayerbook“ (ed. Drower) bzw. den „Liturgien“ (ed. Lidzbarski). Gründliche Untersuchungen dazu fehlen noch, doch haben, neben Lady Drower, die ja die erste Beschreibung der Zeremonie in ihrem “The Mandaeans of Iraq and Iran” publizierte[14], auch Eric Segelberg und Jorunn Jacobsen-Buckley dazu Studien vorgelegt[15]. Ich selbst habe noch

---

10. Vgl. *Mandäer* II, p. 35.

11. *Ibid.* p. 37 und f.; E. S. DROWER & R. MACUCH, *Dictionary*, p. 99, s.v. *daula* 2.

12. Jorunn J. BUCKLEY, *The Scroll of the Exalted Kingship* (American Oriental Society, Translation Series, Vol. 3), New Haven, CN, 1993; E. S. DROWER, *Coronation* (s. Anm. 5).

13. E. S. DROWER, *op. cit.* (Anm. 3), Buch II, Kap. 6 und 7: § 378-409 (p. 101 und ff., 279 und ff.); § 410-433 (erste Taufe des Novizen, p. 104 und ff., 284 und ff.).

14. Oxford, 1937, Reprint: Leiden, 1962, New York, 2002, p. 148-156, mit Abb.

15. E. SEGELBERG, “*Traṣa d-taga d-Šišlam rabba.* Studies in the Rite Called the Coronation of Šišlam Rabba”, in: Rudolf MACUCH (Hg.), *Zur Sprache und Literatur der Mandäer* (Studia Mandaica, I), Berlin, 1976, p. 171-244; eine Kurzfassung (“The Ordination of the Mandaean *tarmida* and its Relation to Jewish and Early Christian Ordination Rites”) erschien bereits in: *Studia Patristica* X, *Papers Presented to the 5th International Conference on Patristic Studies Held in Oxford 1967* (TU 107), ed.

ohne Kenntnis der genannten Ritualtexte in meinem 2. Mandäerband über den Kult dazu einiges bemerkt[16]. Leider habe ich bei meinen Forschungsreisen im Irak keine derartige Zeremonie miterleben können, nur die eines Diakons (*šganda*). Hier soll nur die Abfolge wiedergegeben werden, wie sie die genannten Rollen beschreiben, wobei ich mich an die Gliederung halte, die E. Segelberg vorgenommen hat:

I. Vorbereitungen und Reinigungen:

1. Taufe mit einem neuen Sakralgewand
2. Fußwaschung (des Novizen durch 2 Frauen)

II. Hauptriten:

3. Gang zur bzw. in die Kulthütte (*škinta*)
4. Thronsetzung
5. Handauflegung
6. Kuss

III. Krönung:

7. Handwaschung (ev. neuen Abschnitt)
8. Krönung mit Handauflegung
9. Weintrunk (*hamra*), 7mal
10. Rezitation von 7 Hymnen mit siebenfacher Handauflegung
11. Segnung des Rings und Handauflegung auf das Haupt des Novizen
12. Ablegung der Krone
13. Beginn der Totengedenkfeier (sog. *Zidqa brika* „Gesegnetes Almosen") und der „Seelenaufstiegszeremonie" (*masiqta*) durch den neuen Priester.

Auf die Versuche, die einzelnen Teile des Rituals auf verschiedene Einflüsse aus anderen Religionsbereichen zurückzufuhren, wie sie Segelberg vorgenommen hat, möchte ich hier nicht eingehen. Sicherlich ist der Umfang der Zeremonie im Laufe der Zeit gewachsen und hat aus der jüdischen, iranischen und christlichen Umwelt (Fußwaschung?) liturgische

---

F. L. CROSS, Vol. I, Berlin, 1970, p. 419-425, abgedruckt in: E. SEGELBERG, *Gnostica - Mandaica - Liturgica* (Acta Universitatis Upsaliensis. Historia Religionum, 11), Uppsala, 1990, p. 127-133. J. J. BUCKLEY, "The Making of a Mandaean Priest: The Tarmida Initiation", *NUMEN* 32 (1985), p. 195-217 (ohne Bezugnahme auf die Arbeiten von Segelberg!).

16. *Mandäer* II, p. 300-306.

Teile übernommen, wie auch in anderen Ritualen (z.B. der Taufe) geschehen. Es bleibt allerdings ein relativ originäres Gewächs, das die Rolle des Priesters bei den Mandäern zu unterstreichen bemüht ist. Charakteristisch dafür ist die Verbindung mit der „Totenzeremonie", die ja dem Aufstieg der Seele in das Lichtreich dient und damit einem zentralen Glaubenselement der Mandäer zum Ausdruck bringt. Der frischgebackene Priester ist unmittelbar damit betraut, dem Rechnung zu tragen. Sein Wirken hat nach mandäischer Vorstellung hierbei eine wichtige Aufgabe, durch korrekte Ausfuhrung der Zeremonie fur das Heil des Gläubigen zu sorgen.

Es bleibt noch nachzutragen, dass sich auch bei den Mandäem eine Hierarchie herausgebildet hat, die heutzutage allerdings nicht mehr in der alten Form existiert. Über den einfachen Priestern (*tarmidi*) stehen die „Schatzmeister" oder *Ganzibri(a)*, eine Art Bischöfe, die früher für bestimmte Bezirke bzw. Städte der Gemeinde zuständig waren und heute die Gemeindeleitung, auch gegenüber dem (muslimischen) Staat, innehaben (daher auch den arabischen Titel *Šaiḫ* führen). Meines Wissens gibt es im Irak nur noch einen, den von Bagdad (bei meinen Besuchen vor ca. 30 Jahren gab es noch einen anderen in Basra). Es ist Abdullah Sohn des *Ganzibra* Nağim von Basra. Auch in Iran bzw. Khuzistan ist nach meiner Kenntnis nur noch ein *Ganzibra* (pers. *Ganğvar*) tätig[17]. Bis in das 19. Jh. hinein bestand noch ein höheres Amt, das Haupt des Volkes (*riš amma* oder *rišaia*), das die Gesamtgemeinde repräsentierte und etwa dem jüdischen Ethnarchen oder dem christlichen Metropoliten entsprach. Dieses Amt taucht nur in den Kolophonen der Texte und in Reiseberichten auf[18]. Die unteren Ränge werden dagegen auch heutzutage noch von den „Boten" oder *Šgandi(a)*, einer Art Diakone oder Priestergehilfen, und den Priesterschülern oder *Šwali(a)* (*šualia*) gebildet[19]. Inwieweit es einen eigenen Lehrerstand, neben dem der Priester gegeben hat, bleibt ungewiss[20].

17. Ich beziehe mich hier auf den vorzüglichen Bild und Textband *Baptists of Iran / Les Baptistes d'Iran* von Abbas TAHVILDAR (Photos), Massond FONROUZANDEH und Alain BRUNET, Teheran, Key Press, 2001, p. 10 und 22 (Photo von Ganjvar Jabbar Tavoosi, religious leader of the Sabbehi community).

18. Bemerkenswerter Weise wird *ibid.* (p. arab. 8) der Titel *riša ammah* (in der engl. Umschrift *rišä ommeh* bzw. p. 10 *rissa omeh*) in dieser Funktion angeführt, offensichtlich für den leitenden *Ganzivra*.

19. Welche Bedeutung ein *Šganda* für die Gemeinde und darüber hinaus hat, zeigt der bekannte Šganda Salim Salman Kohaily (Čoheily), der nicht nur der Hauptinformant für Rudolf Macuchs Studien zum modernen Mandäisch in Iran war, sondern der sich auch für den Erhalt der mandäischen Sprache und Schrift in der iran. Gemeinde einsetzt und auch auf internationalen Kongressen auftritt (wie in Oxford 2002 anlässlich der ersten Tagung über die Mandäer der ARAM-Society).

20. Vgl. dazu *Mandäer* II, p. 25 und f.

Dasselbe gilt für die Frage nach Priesterinnen. Der feminine Gebrauch von *tarmida, tarmid(i)ata,* der gelegentlich auftaucht, benennt wohl eher Priesterfrauen als Priesterinnen. Es gibt allerdings in den Abschreiberlisten unter den Tradenten auch Frauen, die mit „Vollkommene" (*šalmaniata*) oder „Wolken" (*niṭufiata*) benannt werden, also weise Frauen oder weibliche Schriftgelehrte sind[21]. Typisch für die mandäische Religion ist auch hier die Verwendung von Titeln, die primär aus der Mythologie bzw. Theologie stammen: *Niṭufta* ist Name der femininen Lichtwesen, bzw. „Lichtwolken". *Šganda* ist Titel der himmlischen Lichtboten (Gesandter, Apostel). *Ginza* in *Ganzibra* bezeichnet den geheimen „Schatz" des Wissens um Lehre (daher trägt das mandäische Hauptwerk diesen Titel) und Ritus.

Die heutige Situation der mandäischen Priesterschaft ist nicht nur im Hinblick auf die Abwanderung vieler Gemeindeglieder ins Ausland schwierig geworden, sondern auch durch die Anforderung an eine bessere Ausbildung und Bildung überhaupt. Gegenüber dem Laienstand sind viele Priester oft ins Hintertreffen getreten, da dieser durch Kenntnis europäischer Sprachen den Zugang zur wissenschaftlichen Forschung besitzt. Neuere Beispiele dafür sind die Übersetzung westlicher (z.B. deutscher) Forschungen über die Mandäer[22], die (erstmalige) Ginzaübersetzung ins Arabische durch Semitisten von der Universität Bagdad[23], die PC-Ausgaben mandäischer Texte, u.a. des Ginza, in Australien[24], der Internetzugang zu den

21. *Ibid.* p. 30, Anm. 3.

22. So wurden Auszüge aus meiner Arbeit *Theogonie, Kosmogonie und Anthropogonie in den mandäischen Schriften,* Göttingen, 1965, und über den Täufer Johannes in den mandäischen und christlichen Texten aus einigen meiner Arbeiten von Prof. Sabih Alsohairy (Universität Bagdad) übersetzt und teilweise kommentiert (Bagdad, 1994 und 1998). Prof. Alsohairy ist irakischer Mandäer, der in Deutschland studiert und mit einer Arbeit über *Die irakischen Mandäer in der Gegenwart* (Hamburg, 1975) promoviert hat.

23. Sie ist 2000 fertiggestellt worden, hat aber durch poetische Überarbeitung (angeblich um sie dem Koran anzupassen) auf Verlangen der Priesterschaft ihren ursprünglichen philologischen Standard verloren. So nach Aussagen von Prof. Sabih Alsohairy, der einer der Übersetzer war. Ich habe bisher noch kein Exemplar gesehen. Es gibt auch eine Übersetzung der deutschen Übersetzung Lidzbarskis ins Arabische von Carlos Gelbert (*Living Water Books,* Sydney, Australien, 2000).

24. *Ginza Rba (The Great Treasure),* edited by Majid Fandi Al-Mubaraki u.a., Sidney, 1998. Es handelt sich dabei nicht um eine textkritische Ausgabe, wie mitunter behauptet wird, sondern um eine nicht immer fehlerfreie Wiedergabe von drei Handschriften aus dem 19. Jahrhundert. Von den gleichen Herausgebern sind inzwischen auf gleiche Weise auch das *Qolasta* (Liturgienbuch) und einige andere Texte (auch über Internet erhältlich) publiziert worden. Damit ist die singuläre handschriftliche Verbreitung der mandäischen Literatur bei den Mandäern selbst unterbrochen worden, was auch bedauert wird. Vgl. auch die Rezension von M. Morgenstern, *JAOS* 121 (2001), p. 692 und f.

mandäischen Zentren in USA, Australien, und Europa, und nicht zuletzt die ganz andere Lebensweise in den neuen Wohngebieten, wo ja auch nicht die traditionellen Kultzentren (*Mandi*) an den notwendigen fließenden Gewässern („Jordane") ohne weiteres zur Verfügung stehen. In den modernen Überseegemeinden sind die Laien auf sich gestellt, da bisher nur wenige Priester ins Exil gegangen sind (wie z.B. in Australien), so dass hier eine eigene Gemeindeleitung entstanden ist. Selbst in den Traditionsgebieten Irak und Iran sind neben der Priesterschaft Gemeinderäte entstanden, in denen Laien, meist akademischer Bildung, über Wohl und Wehe der Gemeinde mitverantwortlich sind. Auch wenn der alte Grundsatz nach wie vor zu gelten scheint, dass Priester nur aus einer Priesterfamilie stammen dürfen, d.h. Sohn eines „Königs" sein müssen, so deutet sich an, dass es auch Ausnahmen davon gibt. Es ist jedenfalls interessant zu beobachten, wie eine so alte singuläre Religion in ihrer tieftraditionellen Struktur sich zunehmend der Moderne anzupassen bemüht, wobei die Laien offenbar der Motor sind (wie wir es ja auch von anderen Religionen kennen, einschließlich unser eigenen). Anzeichen dafür sind die bereits vor einigen Jahren veröffentlichten arabischen Einführungen in mandäische Rituale (z.B. der Taufe) und Übersetzungen mandäischer Gebete und Hymnen, meines Wissens eine totale Neuerung, die natürlich auch eine Wirkung der gesicherten Stellung der Mandäer in der Gesellschaft (bes. im Irak) ist[25]. Der Wandel im Irak (2003) wird sich hoffentlich auch auf eine leichtere Verbindung zwischen Heimatgemeinde und Auslandsgemeinden auswirken, besonders für den Besuch von Priestern. Vielleicht setzt auch nach einiger Zeit eine Rückkehr von Emigranten ein, was sicherlich der angestammten Stellung der Mandäer im Vorderen Orient zu gute käme.

Zum Abschluss erlaube ich mir noch die Zitierung von zwei Hymnen aus dem Priesterweihe-Ritual, die mehr als alles andere den königgleichen Nimbus der mandäischen Priester, die sich einst nur „Schüler, Jünger" der Botschaft vom „Großen Leben" nannten, zum Ausdruck bringen[26]. Die

25. Mir liegen dafür die beiden Bücher von Šaiḫ (Tarmida) Rāfid vor: *Aṣ-Ṣalat al-Mandaiyah,* 1988, und *Al-T`amid al-Mandaiya,* 1990. Auch von mandäischen Laien gibt es inzwischen Übersetzungen mand. Texte ins Englische, obwohl hier ja die Werke von Lady Drower verbreitet sind. Ein Zeugnis für das Selbstbewusstsein australischer Mandäer ist das mir vom Autor freundlicherweise zugesandte Büchlein *A Letter to my Son. „A report of two millenia suffering"* von Carlos Gelbert (2003), das einem jungen Mandäer Geschichte und Rituale seiner religiösen Herkunft nahe bringen soll, die er nicht kennt (übrigens unter Einbeziehung der europäischen Erforschung darüber).

26. E. S. DROWER, *The Coronation,* p. 20, bzw. P. 43, Zeile 412-426n (Text); auch im *Canonical Prayerbook,* ed. DROWER, p. 226 und f. (Nr. 320 und 321).

Hymnen werden nach der Segnung des erwähnten Siegelringes und der Handauflegung durch die beteiligten Priester auf des Novizen Haupt rezitiert (11) und vor der Abnahme der Krone (12) und den Vorbereitungen für die Seelenzeremonien (13):

Im Namen des Großen Lebens!
Am Tage, an dem sie dem König die Krone aufsetzten
und an dem der König sein Königtum erhielt,
Erschien sein Glanz im Licht der Banner (*drabšia*),
und die Wasserquellen der Jordane sprudelten umeinander.
Der König nahm die Krone
und leuchtete in seinem wundersamen Glanz.
Er verteilte an die Könige die Kronen,
Kronen verteilte er an die Könige.
Sein Glanz, Licht und große Herrlichkeit
ruhte auf ihm immer und ewig.

Im Namen des Großen Lebens!
Am Tage, da die Könige sich versammelten,
um bei dem (neuen) König, Sohn von Königen, zu sein,
verteilte er Kronen und Schätze (*ginzia*).
Die Könige reichten (einander) die Rechte,
die Rechte reichten (einander) die Könige.
Sie nahmen die Kronen vom König,
vom König nahmen sie die Kronen.
Sie segneten ihn mit großem Segen
und ehrten ihn, der ihnen Kronen und Schätze (*ginzia*) gab,
für immer und ewig.

LA CRITIQUE BOUDDHIQUE DU SACERDOCE ET DU SACRIFICE BRAHMANIQUES

Jacques SCHEUER

Du système sacrificiel de l'Inde ancienne et de la fonction ou plutôt des fonctions sacerdotales qui lui sont liées l'Inde nous a laissé un modèle classique, reconnu. Ce modèle, que l'on peut appeler « brahmanique » et qualifier d'« orthodoxe », plonge ses racines dans un passé qui ne nous est guère accessible. Nous le connaissons pour l'essentiel grâce à des textes normatifs ou spéculatifs qui s'attachent à décrire le déroulement idéal des rituels (dans des manuels de rubriques liturgiques) ou à commenter la signification mystérieuse des gestes sacrificiels et des paroles védiques qui les accompagnent et leur confèrent une efficacité. Ces commentaires et ces spéculations, qui font fréquemment appel à des mythes ou du moins à des fragments de mythes, se trouvent notamment dans la littérature intitulée *brâhmana*. On sait qu'une des six écoles classiques de philosophie, celle dite « Exégèse antérieure » (*pûrva-mîmâmsâ*), prend également pour point d'appui cette pratique et ces textes liturgiques. L'ampleur, la profondeur et la cohérence – parfois bien obscure pour nous – de cette vision du monde sacrificielle et sacerdotale a très tôt retenu l'attention des indianistes (Lévi, Biardeau et Malamoud) ; elle a également servi de référence pour des théories plus générales, mais fondamentales, sur le sacrifice et les fonctions sacerdotales (Hubert et Mauss).

Cependant, du fait de leur dimension normative et de l'autorité qu'ils revendiquent, les traités rédigés par les brahmanes eux-mêmes, c'est-à-dire par la caste ou classe sacerdotale spécialiste des rituels, ne tiennent guère compte de la diachronie et ont tendance à gommer l'influence de facteurs extérieurs au système. L'Inde toutefois – à commencer par l'Inde hindoue – a connu bien des évolutions diverses, bien des modèles concurrents, qui furent plus ou moins heureusement intégrés à la conception classique plus ancienne ou que l'on tenta du moins d'harmoniser avec elle. Que l'on songe à la voie du renoncement, aux traditions de la *bhakti*, aux courants multiples du tantrisme, sans compter les types de rituels sacrificiels et les conceptions des fonctions sacerdotales qui ont été et demeurent propres aux castes inférieures, aux intouchables même, ainsi qu'aux populations tribales aborigènes inégalement intégrées à la grande société hindoue.

Dans les pages qui suivent, cependant, ce n'est pas du côté des conceptions hindoues que l'on se tournera en priorité. On évoquera plutôt le bouddhisme ancien en ses formes indiennes afin d'en dégager – sur le thème du rituel sacrificiel et de la fonction sacerdotale – la spécificité et l'originalité, sans méconnaître pour autant les parallèles avec le mouvement des « renonçants » au sein du brahmanisme (peut-être faut-il dire plus précisément : à sa marge) ou encore avec d'autres courants contestataires ou simplement différents, par exemple le jaïnisme.

Mutations sociales et naissance du bouddhisme

On a souvent présenté et interprété le bouddhisme – de même, en parallèle, que le jaïnisme – comme un mouvement de protestation, une sorte de révolte et même de soulèvement de la classe des guerriers et des princes (les *kshatriyas*) contre l'autorité et le pouvoir des prêtres brahmanes. Siddhârtha Gautama, le fondateur du bouddhisme, et Mahâvîra, l'initiateur du jaïnisme, n'appartenaient-ils pas l'un et l'autre, par naissance, à la deuxième classe, celle des guerriers ? À lire certains commentateurs, notamment en notre XIXe siècle, c'était déjà, avec deux millénaires d'avance, la Réforme protestante qui se jouait sous le ciel de l'Inde. Sans entrer ici dans une comparaison avec des événements sociaux et des développements religieux occidentaux – comparaison qui, à certains égards, ne serait pas dénuée d'intérêt –, signalons qu'il y a peut-être quelque anachronisme à vouloir retrouver au VIe ou Ve siècle avant notre ère le système des castes sous la forme achevée, contraignante et rigide qu'il connaîtra de plus en plus par la suite.

Il n'en demeure pas moins vrai qu'à l'époque du Bouddha et de la formation première du bouddhisme apparaissent, dans la vallée du Gange, des phénomènes nouveaux et importants. L'amélioration de la productivité agricole et par conséquent l'augmentation de la population permettent à des villes de se développer et de s'imposer à la fois comme centres du pouvoir politique et militaire des rois et comme nœuds de communications et lieux d'échanges commerciaux. On assiste dès lors à la montée en puissance de groupes sociaux basés dans ces villes et qui vont en se diversifiant : administrateurs, artisans, marchands... Il semble bien que les marchands, en particulier, dont la profession encourage l'initiative privée et une certaine autonomie de décision en même temps que la constitution de réseaux s'étendant parfois très au loin, servent de patrons aux mouvements nouveaux tels que le jaïnisme et le bouddhisme : ils soutiennent de leurs dons les moines et leurs fondations, tout en contribuant par leurs déplacements professionnels à la diffusion d'enseignements inédits et à la dissémination d'institutions nouvelles que les milieux brahmaniques qualifieront d'hétérodoxes.

Cependant, la nouveauté n'est pas totale et la frontière entre tradition orthodoxe et contestation récente ne suit pas un tracé simple. Au sein du brahmanisme ou de ce que l'on appellera bien plus tard l'hindouisme, les Upanishads – qui seront bientôt reconnues par beaucoup comme une étape et même comme l'aboutissement ou l'accomplissement (*vedânta*) de la Parole védique – témoignent également de recherches et d'orientations nouvelles qui aboutissent à bien des remises en cause, notamment du côté de la hiérarchie sociale et religieuse. Ne voit-on pas des brahmanes amenés à reconnaître que l'étude et la récitation des textes védiques ainsi que l'exécution minutieuse des rituels sacrificiels se révèlent incapables de procurer, dans ce monde de souffrance, la paix intérieure ou encore de garantir, au-delà de notre monde changeant, l'immortalité ? Ne voit-on pas des brahmanes, détenteurs de la Parole védique et de son authentique interprétation, demander des lumières à un membre de la classe des *kshatriyas* ? L'un de ces savants, au terme d'une longue énumération de textes et de sciences dont il a la maîtrise, conclut un peu piteusement : « Je ne connais que les hymnes védiques... » Cet aveu rabaisse bien des prétentions orthodoxes. Et lorsque ce brahmane s'approche d'un *kshatriya* comme un disciple va trouver son maître, c'est avec des mots que l'on s'attendrait à lire sur des lèvres bouddhistes : « Je souffre, Seigneur ; faites-moi donc traverser l'océan de la souffrance ! » (*Chândogya Upanishad* 7, 1 ; trad. Senart) N'est-ce pas le monde à l'envers ou – comme on dirait volontiers en Inde – n'est-ce pas procéder à rebrousse-poil (*pratiloma*) ? Certes, il n'y a pas ici disparition complète de toute hiérarchie, mais relativisation parfois radicale d'une certaine hiérarchie traditionnelle de fonctions.

Cela dit, les prêtres brahmanes ne sont pas tous riches ni politiquement influents. Et surtout, l'entrée d'un bon nombre de *kshatriyas* dans les communautés monastiques (de fondation bouddhiste ou jaïn) ne ressemble pas à une prise de pouvoir, même si elle peut se lire, pour une part, comme une réaction contre la dépendance à l'égard du sacré brahmanique et des hommes de ce sacré. L'enquête historique, dans la mesure étroite où les textes et l'archéologie l'autorisent, tend d'ailleurs à montrer que, parmi les disciples proches du Bouddha, puis les moines (et disciples laïcs) des premières générations bouddhistes, les brahmanes sont nombreux et influents (essais d'analyse statistique : Chakravarti, p. 191-220 ; Gokhale, p. 74-75). On observera qu'en parallèle, du côté du jaïnisme, les onze disciples principaux (*ganadhara*) du fondateur sont tous brahmanes (Jaini, p. 43, 67). Si des facteurs économiques, politiques et sociaux ont pu jouer – dans une mesure qu'il nous est malaisé de préciser –, il y eut également des raisons d'un autre ordre. Elles se révélèrent décisives pour l'avenir.

Grandeur et servitude du sacrifice

Selon ceux qui placent en eux leur confiance, le propre des sacrifices est de garantir la durée, d'exaucer le « dur désir de durer ». La célébration des rituels convenables confirme et conforte l'ordre du monde, la loi des choses ; le cas échéant, elle restaure ou guérit la cohérence et la stabilité de l'univers – ce que la tradition la plus ancienne appelait *rita* et qu'aujourd'hui encore l'Inde appelle *dharma*. Grâce au ministère des prêtres brahmanes, les rituels mettent les mortels que nous sommes en relation avec le monde des dieux (*deva*) : monde élevé, supérieur, céleste et lumineux. Les rites sacrificiels luttent contre l'érosion du temps, l'inévitable déperdition de vitalité et d'énergie, de stabilité et d'harmonie, qui accompagne le cours du temps et s'accentue à mesure que notre monde, s'éloignant de la plénitude des origines, s'écarte aussi de sa propre perfection.

À vrai dire, il n'est pas sûr que, de la merveilleuse efficacité des sacrifices, les humains attendent un retour immédiat à la perfection. Un sacrifice achevé, parfait, un sacrifice total nous enverrait dans un autre monde. La perfection – nous le savons – n'est pas de ce monde. Ou plutôt : malgré ses imperfections, malgré son inachèvement, nous tenons peut-être trop à ce monde qui est le nôtre pour courir le risque de l'abandonner prématurément. Il nous tient tant à cœur. Il nous tient aux tripes. Pour reprendre l'image d'un vieux texte liturgique, celui qui arrive à grimper jusqu'au sommet d'un arbre doit encore être capable d'en redescendre. Là-haut, trop près des dieux, il risque la mort ou la folie. Selon cette perspective le sacrifice approprié serait affaire de dosage.

Quoi qu'il en soit, un doute d'une autre nature s'insinue bientôt dans certains esprits de l'Inde ancienne. Le fruit d'un rite ne serait-il pas, comme le fruit – c'est-à-dire le résultat – de toute action humaine, de toute entreprise humaine, nécessairement limité, partiel, trop tôt consommé, toujours sujet à l'usure du temps ? Qu'est-ce donc qui permettrait d'espérer que le rite (*karma*) échappe à la loi de tout acte (*karma*) humain ? Ne semble-t-il pas que les rites soient toujours à reprendre, à recommencer ? Leur loi n'est-elle pas la répétition ? Les sacrifices – même les plus grands, les plus solennels et prestigieux – ne seraient dès lors que des embarcations fragiles : utiles sans doute pour faire du cabotage, elles ne permettraient pas d'entreprendre la grande traversée... :

> En vérité, ce sont de frêles esquifs que ces 18 formes du sacrifice en lesquelles est formulée l'œuvre inférieure. Les fous qui le saluent comme étant le meilleur, entrent à nouveau dans la vieillesse et la mort. Ils se meuvent en pleine ignorance, eux qui se croient sages et savants... ; ils tournent en cercle, les insensés, comme des aveugles conduits par un aveugle... S'imaginant que les sacrifices et les donations sont ce qu'il faut préférer, ces égarés ne connaissent rien de mieux... Le brahmane qui considère les mondes construits par l'acte devrait se désespérer : du créé ne peut sortir l'incréé. (Mundaka Upanishad 1, 2, 7-12 ; trad. Maury.)

Comme toute action humaine – quoi que prétendent les prêtres brahmanes, les spécialistes et les professionnels de l'acte liturgique –, les sacrifices sont du domaine du quantitatif ; ils appartiennent à l'ordre du « plus » et du « moins » ; ils génèrent mérite ou « démérite » ; ils engendrent un *karma* positif ou négatif ; ils nous laissent dans le monde du relatif. Dans le domaine du rituel comme dans les autres champs de l'activité individuelle et collective, le désir du relatif sécrète des actions répétitives, des actions qui ne font qu'accentuer la servitude du désir. C'est ce que reconnaissent certaines voix dans les Upanishads. C'est aussi ce que proclame un brahmane désormais acquis à l'enseignement du Bouddha et devenu membre de sa communauté monastique :

> Les sacrifices nous parlent de choses (matérielles) que nous voyons et entendons ; ils ont la saveur des désirs des hommes et des femmes. Maintenant, j'ai appris à dire de tout ce qui cause renaissance : « C'est un chancre ! ». Voilà pourquoi je ne prends plus plaisir au sacrifice et à l'offrande. (Theragâthâ 210 ; trad. Masson, p. 139.)

Reconnue dans la méditation du sage, la loi du devenir – la roue des renaissances ou réincarnations – donne à cette compulsion répétitive des dimensions proprement indéfinies, frustrantes, désespérantes. Voilà ce que le Bouddha et le bouddhisme appellent souffrance ou douleur, malaise ou mal-être : *duhkha*. Suscitées par les variations indéfinies du désir, par une « soif » omniprésente, les actions humaines ne font qu'aggraver ce mal-être, ajouter au poids des conséquences karmiques, relancer le mouvement par lequel nous construisons et renforçons notre propre prison.

Il n'est pas nécessaire, pour autant, de mettre systématiquement en doute l'efficacité relative des rites ni celle de leurs ministres. Il n'est pas nécessaire de mettre en question l'existence ni même la puissance – toute relative – des dieux (*deva*). Ces derniers peuvent avoir un rôle à jouer dans le fonctionnement plus ou moins harmonieux des rouages de notre monde ; ils peuvent assurer correctement la gestion de tel ou tel canton de notre univers : pluie ou soleil, épidémie ou santé... En revanche, si l'on cherche la délivrance du malaise ou du mal-être foncier qui nous affecte, si l'on est en quête d'une libération intégrale et définitive, sans risque de rechute dans le cycle interminable des naissances et des morts, comment demander cela à des êtres qui demeurent eux-mêmes prisonniers de la souffrance, comment l'attendre d'êtres encore soumis à la loi du désir et de l'illusion ? Les plus belles divinités ne peuvent donner que ce qu'elles ont. Ou plutôt : elles ne peuvent conduire au-delà de ce qu'elles sont. Ces dieux se trouvent occuper, pour un temps, une position certes élevée, bien supérieure à notre humaine condition, mais définie néanmoins par la stricte rétribution de désirs et d'actes passés. Lorsque son précieux capital de mérites se sera épuisé, chaque locataire des cieux, même celui des étages supérieurs, se verra relégué vers des séjours plus modestes et jusque sur notre terre. À vrai dire, rien n'interdit de penser que, dans des temps immémoriaux, j'ai moi-même connu des phases d'existence divine. Il n'y a là aucun motif de vanité, bien au contraire : sensible au danger d'une nouvelle illusion, le bouddhiste se montrera attentif à ne pas développer, sur la base de telles analyses, un attachement à je ne sais quelle identité apparente, à la fiction d'un « je » ou d'un sujet stable dont la permanence traverserait la séquence fluide des renaissances.

Le triple refuge

On comprend dès lors que, selon la tradition, les dernières recommandations du Bouddha, avant de quitter ce monde, aient été : vigilance, détermination, effort énergique dans le combat spirituel. En d'autres termes, compte tenu de ce qui vient d'être rappelé : ne compter que sur ses propres forces, ne rien attendre de quiconque, dieu ou déesse, prêtre ou sauveur. Si les disciples laïcs peuvent à la rigueur, dans leur quête de quelque avantage mondain, recourir aux bons services de divinités et de brahmanes, les moines, n'ayant plus en principe d'autre objectif que l'extinction (*nirvâna*) définitive de la souffrance, feront bien d'ignorer toutes les béquilles rituelles. Désormais, pour eux, plus de rites ni de sacrifices, plus d'intermédiaires, de médiateurs, de pontifes. « Soyez à vous-mêmes votre propre flambeau, votre refuge. N'ayez pas d'autre flambeau, d'autre refuge. » On serait tenté de parler d'« auto-nomie » et de confiance en soi, au risque d'oublier, ici encore, ce paradoxe : selon les enseignements constants du Bouddha comme de la tradition, il n'y a pas de « soi »...

Est-ce à dire que nous soyons totalement et pour ainsi dire désespérément seuls ? Ce serait oublier l'importance décisive du « triple refuge ». On devient bouddhiste, en effet, par la triple « prise de refuge » : le disciple place désormais sa confiance et trouve son assurance dans les trois réalités spirituelles que représentent pour lui le Bouddha, l'enseignement du Bouddha (le *dharma*), enfin la communauté du Bouddha (le *sangha*). Encore faut-il entendre correctement ce que cela signifie.

Le Bouddha ne vient pas, comme certains l'ont écrit trop vite, prendre la place des dieux. Il n'est ni sauveur, ni médiateur, ni prêtre. Simplement, ce sage qui partageait notre condition humaine a ouvert une voie vers l'Éveil et proposé une méthode de progression. Progresser sur cette même voie et recourir efficacement à cette méthode, voilà sans doute la meilleure manière d'exprimer notre reconnaissance à l'égard de cet « instituteur ». Si, au fil des siècles, la ferveur populaire de certains disciples s'est donné des expressions rituelles et dévotionnelles qui empruntent tout naturellement aux langages symboliques des diverses traditions religieuses de l'Asie, il ne faut y voir ni adoration ni culte : sur ce point également, les moines seront en principe plus rigoureux et plus sobres que les disciples laïcs. Ou encore, s'ils recourent eux aussi aux gestes de vénération et aux paroles de louange, ils sauront en donner, le cas échéant, une interprétation orthodoxe qui évite les dérapages ou les malentendus.

Il en va de même pour le deuxième refuge, appelé aussi deuxième joyau ou trésor. Le *dharma* n'est pas une révélation divine, une parole sacrée confiée à l'autorité interprétante d'un magistère. Selon la formule qui se retrouve habituellement en tête des textes d'enseignement (*sûtra*) attribués au Bouddha, celui qui les transmet et les enseigne dit simplement ce qu'il a « entendu » et ce qu'ont entendu, tout au long de la chaîne, ceux qui en ont assuré la transmission à travers les siècles (*evam me sutam...* : « ainsi ai-je entendu : tel jour, en tel lieu, répondant à la question de tel visiteur ou disciple, le Bouddha prononça les paroles suivantes »). Le *dharma* se présente donc d'abord comme le compte-rendu d'une quête et d'une découverte. Il expose la juste compréhension de ce que le « Bouddha » (c'est-à-dire l'« Éveillé ») a découvert et obtenu dans son Éveil, au terme d'un long chemin d'ascèse, d'analyse et de purification.

Enfin, la communauté (*sangha*). Que le Bouddha ait disparu à nos yeux, peu importe. Que nous ne puissions dire s'il existe désormais, ou comment il existe (que dire en effet du *nirvâna* ?), peu importe, aussi longtemps que son enseignement demeure accessible, transmis par une communauté et vécu au sein de cette communauté. Ici encore, pas de place en principe pour des institutions ou des personnages sacrés. On ne trouvera qu'un code de conduite, une règle monastique (*vinaya*) toute pragmatique, ainsi qu'un ensemble d'exercices spirituels ou de méthodes de méditation (plus précisément, méthodes de « développement » : *bhâvanâ*). Ce qui n'empêche pas que l'on puisse bénéficier de l'expérience et, le cas échéant, de la guidance d'anciens (*thera* : ce seraient, si l'on veut, des « presbytres » plutôt que des « sacerdotes »). Chacun dans la communauté peut également compter sur le soutien de compagnons ou d'« amis-de-bien » (*kalyâna-mitra*). Peu importe, donc, la disparition du Bouddha, « aussi longtemps que... » : cette formule anodine prend tout son sens si l'on veut bien se rappeler que, toute réalité phénoménale étant marquée par l'impermanence, le bouddhisme lui-même, en tant que réalité située dans l'espace et le temps, n'échappe pas à cette radicale impermanence. Des traditions largement répandues, de l'Inde au Japon, évoquent son déclin, sa décadence, voire sa totale disparition... en attendant que, dans quelque période cosmique future, un nouvel Éveillé ne communique à son tour son expérience et sa découverte.

Le jeu des réinterprétations

Voilà donc à quoi se ramènent les trois refuges, selon une interprétation – ancienne et toujours actuelle – que certains, parmi les bouddhistes eux-mêmes et surtout parmi les observateurs extérieurs, historiens ou sympathisants, pourront trouver rigoureuse, ou minimaliste, voire réductrice. S'il y a, dans l'être humain, comme une pente en direction de divinités secourables, de rites sacrificiels qui nous mettent en relation avec elles, et de fonctions sacerdotales qui effectuent cette communication, l'histoire du bouddhisme témoigne aussi d'une résistance vigilante à ce que la tradition éclairée considère au pis comme des dérives, au mieux comme des moyens et des expressions provisoires.

Peut-on formuler les choses de manière à faire apparaître un clivage essentiel ? En particulier – et sans entrer pour autant dans une comparaison détaillée entre l'école de l'« Exégèse antérieure » (*Pûrva-mîmâmsâ*) et le bouddhisme (Clooney, ch. VI) –, on notera ceci : là où le rituel brahmanique et l'activité sacerdotale visent à (re)créer une totalité et une plénitude, l'ascèse et la méditation bouddhiques analysent et décomposent les phénomènes jusqu'en leurs éléments infimes. Pour emprunter une image au rituel de l'Inde antique : tandis que le brahmanisme édifie de complexes autels de briques, « avec l'*Upanisad*, les briques ne sont plus nécessaires » ; « le bouddhisme, lui, n'a gardé que les briques. » (Mus, p. 174, cité par Clooney, p. 203)

Entre rigueur intransigeante et pédagogie patiente, il y a place cependant pour tout un éventail d'adaptations souples et de réinterprétations subtiles. Ainsi, rencontrant un brahmane qui, conformément aux règles de la liturgie solennelle, s'apprête à célébrer un sacrifice à trois feux, le Bouddha propose plusieurs lectures de son cru. Il invite tout d'abord son interlocuteur à se détourner des trois feux de la passion-attirance, de la haine-répulsion, enfin de l'illusion trompeuse : on aura reconnu les trois poisons mortels qui emprisonnent dans le cycle du devenir et des renaissances. Prenant ensuite les choses par un autre biais, plus positif, et transposant les catégories liturgiques, le Bouddha lui recommande d'entretenir fidèlement trois foyers : le feu destiné aux oblations, en veillant sur ses parents ; le feu de maître de maison, en prenant soin de ses enfants et des autres personnes à sa charge ; enfin le feu des honoraires sacrificiels (?), en faisant des dons aux ascètes et brahmanes qui s'en montrent dignes (Gombrich, p. 17-19, avec les justifications et les incertitudes signalées dans son commentaire). Ces recommandations, on le comprend, s'adressent au disciple laïc, qui continue à vivre en famille et dans la société.

Certaines réinterprétations du sacrifice et de l'activité sacerdotale s'écartent davantage encore de la démarche liturgique concrète. Ainsi lorsque l'observance des préceptes, la triple prise de refuge ou encore l'entrée dans la communauté monastique sont présentées comme le sacrifice authentique (par ex. Freiberger, p. 46-47). Dans la même perspective, ainsi qu'il le déclare encore à un brahmane, le Bouddha n'empile pas de bois sur les autels. Le feu qu'il allume est tout intérieur et les éléments du rituel brahmanique composent chez lui une allégorie de l'ascèse qui consume l'orgueil, la colère et autres passions impures (Samyuttanikâya 1, 169). Et ceci encore : honorer un sage, ne fût-ce qu'un instant, d'une seule prosternation, vaut plus que cent ans de sacrifices (Dhammapada 106-108). On trouverait sans peine, dans la littérature brahmanique, des tentatives comparables pour proposer un sens nouveau à des rites anciens ou pour détourner la symbolique liturgique en la mettant au service de valeurs bien différentes.

Bouddhisme et société de castes

Parmi les disciples du Bouddha, les moines et les moniales, nous l'avons vu, exclusivement préoccupés par la quête de la délivrance totale et définitive, quittent sans retour le système sacrificiel brahmanique ou tout autre rituel qui les mettrait en relation de commerce avec les divinités (*deva*) et autres entités surnaturelles. Ces moines et moniales adoptent un comportement assez comparable, en cela, à celui des renonçants dont le mode de vie se développe en parallèle sur le versant hindou. Est-ce à dire que pour le disciple du Bouddha l'action liturgique ou les rites sacrificiels sont remplacés par la pure connaissance, par un savoir intériorisé et tout intuitif, conformément à une évolution perceptible, jusqu'à un certain point, dans les Upanishads ? L'insistance de la tradition bouddhique, dès la période la plus ancienne, sur la conscience, sur l'Éveil et la sagesse (*prajñâ*), le donnerait à penser.

Cela ne signifie pas pour autant qu'il y ait condamnation ou abandon complet de toute forme d'action : bien plutôt, que ce soit en esprit, en parole ou en acte, une action éthique, « juste », appropriée vient remplacer l'activité rituelle ou sacrificielle. Cela s'observe déjà dans les préceptes éthiques (*shîla*) qui s'imposent au laïc comme au moine. Cela se vérifie en outre dans les règles précises (*vinaya*) qui déterminent le comportement quotidien du moine, notamment dans ses relations aux laïcs. Bien qu'ils se situent largement en marge du système social, de ses lois et contraintes comme de ses avantages et sources de jouissance, les moines ne se détournent pas complètement de la société. Ils s'inscrivent plutôt, comme l'illustre la vie du Bouddha en personne, dans un nouveau jeu d'interactions avec cette société et notamment avec les disciples laïcs : nous y reviendrons.

Cette définition nouvelle se retrouve bien évidemment dans le regard que le Bouddha et le bouddhisme de tradition ancienne jettent sur le système des castes et en particulier sur les brahmanes. Il ne semble pas que la réforme de la société soit ici la préoccupation première, que ce soit dans le chef de la communauté monastique ou dans celui des disciples laïcs (dont les valeurs et les aspirations nous sont d'ailleurs connues principalement à travers le discours des moines...). Ce serait anachronisme et surtout erreur de perspective que de considérer le Bouddha d'abord comme un réformateur social voire un révolutionnaire, ou encore comme un partisan de la démocratie et de l'égalité, au sens moderne de ces termes. Le Bouddha et ses disciples ne prêchent pas l'abolition de la caste ; ils ne militent pas en faveur d'une société sans castes. S'ils ne se donnent pas de tels objectifs, c'est sans doute qu'ils se préoccupent peu du fonctionnement de la société.

Toutefois, des modifications fondamentales interviennent dans la pratique et dans le discours. Tout d'abord, le système des castes, tout ordonné aux valeurs et au fonctionnement de la société, ne concerne plus les moines et moniales dans le cadre de la vie interne de leurs communautés : la caste, en principe, s'arrête aux portes des monastères. C'est ce qu'exprime une comparaison qui, dans une Upanishad, signale l'abolition de toute différenciation relative, mais que la tradition bouddhique applique plus précisément ici aux appartenances sociales :

> Les grands fleuves : Gangâ, Yamunâ et autres, lorsqu'ils atteignent le grand océan, perdent leurs noms et leurs caractéristiques propres et ne sont plus connus désormais que comme le grand océan. Il en va de même des quatre classes : kshatriyas, brahmanes, hommes du peuple, serviteurs, lorsqu'ils quittent la maison pour mener une vie sans maison, selon l'enseignement (*dharma*) et la discipline (*vinaya*), perdent leurs noms de famille propres et ne sont plus connus que comme « religieux ». (Cullavagga 9, 1, 4 ; cité par Krishan, p. 78.)

Dans le même sens, le Bouddha voit un jour en songe quatre oiseaux de quatre couleurs différentes (*varna* signifie « classe » et « couleur ») tomber à ses pieds et devenir entièrement blancs (sans couleur), signe que l'appartenance de classe ou de caste est non pertinente pour ceux qui entrent dans la communauté monastique (Anguttaranikâya 3, 240 ; cité par Krishan, p. 78). C'est dire que, par le fait même et toujours en principe, le système des castes est, aux yeux des laïcs comme des moines, dépouillé d'une bonne partie de ses dimensions « théologiques » ou de ses justifications mythiques : il se réduit en quelque sorte à un système d'organisation sociale et professionnelle. En outre, la place que l'individu occupe dans la hiérarchie sociale ne se justifie pas par quelque dessein divin, mais s'explique rationnellement en termes de *karma* - l'action morale et ses conséquences - et de renaissances.

Des prétentions sacerdotales au brahmane authentique

Le point névralgique de cette modification de perspective ainsi que des critiques et des réinterprétations qui l'accompagnent, est bien évidemment la question du statut et de l'identité du brahmane, c'est-à-dire de la caste ou classe sacerdotale. On trouve à ce propos deux images du brahmane (Bailey, p. 25) ou, si l'on préfère, un double discours. D'une part, une critique parfois acerbe des représentants de cette classe sacerdotale ; d'autre part, la peinture d'un brahmane idéal... dont les moines bouddhistes semblent plus proches que ne le sont les brahmanes concrets de la société hindoue que côtoient le Bouddha et ses disciples.

Il arrive fréquemment que le Bouddha ait la dent dure lorsqu'il dépeint le mode de vie des brahmanes et dénonce leurs motivations et leurs vices : avidité, cupidité, goût du luxe et du confort... N'est-ce pas ce que l'on peut attendre de prêtres ou de conseillers qui vivent au service de princes ou de riches propriétaires ?

> Ayant composé des hymnes, des brahmanes vont trouver le roi et lui disent : Tu es fort riche, fais-nous des dons ; tu as des richesses immenses, fais-nous des dons ; tu as beaucoup d'argent. Le roi, se laissant convaincre, après avoir offert en sacrifice des chevaux et des hommes, en employant la lance et en versant le *soma*, fit des dons aux brahmanes... Mais ceux-ci, après avoir obtenu ces richesses, désirèrent en accumuler plus encore ; en eux, vaincus par la cupidité, la soif ne fit qu'augmenter. Et encore une fois, ayant composé des hymnes, ils allèrent trouver le roi... (Suttanipâta 302, 303, 306 ; trad. Masson, p. 132.)

Le Bouddha ne craint pas de mettre à mal l'orgueil de la caste sacerdotale et de démonter ses prétentions. De par leur naissance, les hommes et les femmes brahmanes présenteraient-ils des caractéristiques qui les distingueraient du commun des êtres humains ? Quant à la prétendue pureté des lignées, dont les brahmanes se prévalent et tirent prestige, le Bouddha n'est pas en peine de fournir des exemples où elle a été battue en brèche : quel brahmane pourrait revendiquer et prouver une généalogie impeccable ne fût-ce que sur sept générations ?

Critique plus radicale encore : les brahmanes n'ont pas d'autorité à faire valoir et ne savent pas de quoi ils parlent. Alors que le Bouddha et, à sa suite, ses disciples, s'appuient sur une quête et une découverte personnelles, les brahmanes se contentent, de génération en génération, de répéter machinalement les enseignements et les mythes védiques, tout en revendiquant le monopole de l'accès à la révélation. On le voit : « Nier l'autorité du Véda, c'est nier l'autorité des brahmanes, et réciproquement. » (Gombrich, p. 12 ; voir aussi Gira, p. 204-206.) En dépit du prestige qu'ils attribuent à la pureté de leur naissance et aux généalogies de maître à disciple, ce sont des aveugles qui conduisent des aveugles : l'image, déjà rencontrée dans les Upanishads (Mundaka 1, 2, 8 ; Katha 2, 5 ; Maitri 7, 9), se trouve également dans les textes bouddhiques (Majjhimanikâya II p. 360, 389). Le « triple Véda » ou « triple savoir » dont les brahmanes se réclament ne soutient pas la comparaison avec la « triple connaissance » ou « triple sagesse » (*tevijja*) atteinte par le Bouddha.

Le brahmane véritable ne se définira donc ni par la naissance ni par le pedigree védique, mais par la droiture de son comportement, l'authenticité de sa réalisation intérieure, la lumière de sa sagesse. Ces qualités, qui brillaient certes chez les « voyants » (*rishi*) et les brahmanes des temps originels, manquent tristement aux brahmanes actuels. L'un d'eux, au service du roi, l'avoue sans ambages à un intouchable : « Je mange de la nourriture pure, du riz de première qualité, avec de la sauce de viande ; c'est pourquoi je n'observe pas le *dharma* observé par les *rishis*. » (Chavaka Jâtaka, d'après Alsdorf, p. 12.) L'idéal d'autrefois, dans les discours du Bouddha, fait ressortir cruellement la déchéance dont nous sommes les témoins. Cet idéal, en outre, tel qu'il vient d'être défini, se voit dissocié de la Révélation védique, de sa mise en œuvre liturgique et des fonctions sacerdotales : c'est dire que les brahmanes auditeurs du Bouddha ne pouvaient guère se reconnaître dans le tableau qu'il prétendait peindre. Polémique, l'idéal défini par le Bouddha est également récupérateur : le brahmane authentique ne serait-il pas le sage bouddhique ? Cette réinterprétation se trouve déjà dans les enseignements anciens mis sur les lèvres du Bouddha. Elle se retrouve ensuite au long de plus de quarante stances dans le vingt-sixième et dernier chapitre du *Dhammapada*, intitulé « Le [vrai] brahmane » :

> Ni les tresses, ni le lignage, ni la caste ne font le brahmane. Celui en qui résident vérité et doctrine, c'est lui l'homme heureux, le brahmane.
> Il ne fait rien de mal par le corps, la parole, l'esprit, il se contrôle sous ces trois aspects : c'est lui que j'appelle le brahmane.
> Il a coupé tous les liens et ne tremble pas, il a dépassé les attachements, il est détaché : c'est lui que j'appelle le brahmane.
> Il a abandonné les liens avec les humains, laissé derrière lui les liens avec les dieux, il est totalement détaché de tout lien : c'est lui que j'appelle le brahmane. (393, 391, 397, 417 ; trad. Osier.)

En somme, les textes illustrent « le transfert de l'image de brahmane d'une situation sociale objective, sacrale et sociale, à une qualité spirituelle subjective, sérieuse et éprouvée » (Masson, p. 134). Signalons que la littérature du jaïnisme propose des développements tout à fait comparables (Jaini, notamment p. 73-76).

Qu'en était-il dans la pratique ? Parmi les membres laïcs de la communauté, se trouvaient nombre de brahmanes devenus disciples du Bouddha ou simplement sympathisants de son message (ce qui n'empêche pas, en outre, que certains parmi ces brahmanes ne demandent par la suite l'admission dans l'ordre monastique). Dans les récits qui mettent en présence le Bouddha et des interlocuteurs venus lui demander un conseil, lui présenter une difficulté ou l'engager dans une controverse, les brahmanes, on l'a vu, ne sont pas rares. L'échange tourne, comme il se doit, à l'avantage du Bouddha et de ses enseignements. Il est significatif cependant que la conversion ne soit pas toujours complète : des textes et des inscriptions laissent entendre que des brahmanes, tout en faisant hommage au Bouddha et en adhérant à des enseignements de la sagesse bouddhique, ne renonçaient pas nécessairement à leur statut et leurs privilèges (beaucoup travaillaient probablement des terres reçues en donation royale), mais poursuivaient l'étude des Écritures védiques et l'exécution de rituels, du moins de rituels non sanglants (Gokhale, p. 69-73).

Sacrifice et violence

C'est qu'un autre argument vient encore renforcer la critique du sacerdoce brahmanique : le bouddhisme lui reproche la violence des sacrifices. La dénonciation porte au moins à deux niveaux. D'une part, la contrainte et l'exploitation qui avaient cours dans le déroulement des grands sacrifices célébrés sous le patronage des princes : à un roi qui projette la célébration de somptueux et dispendieux sacrifices, son chapelain brahmane recommande – si l'on en croit le rédacteur du texte bouddhique – de mettre d'abord un peu d'ordre dans ses États en améliorant la condition de la population ; celle-ci s'associera d'autant plus volontiers aux projets liturgiques du roi (Kutadanta Sutta ; voir Masson, p. 139-140).

L'autre forme de violence, plus fréquemment dénoncée, est la mise à mort d'innombrables victimes animales. Ici encore, un texte bouddhique, attribuant à un roi de grands massacres de vaches – ce qui paraît peu conforme aux rites des sacrifices brahmaniques –, prend la défense de ces pauvres animaux avec fermeté et tendresse :

> En vérité, ni de leurs sabots ni de leurs cornes, les vaches ne font tort à qui que ce soit ; elles sont douces comme des agneaux ; elles nous donnent des seaux de lait. Cependant le roi, les saisissant par les cornes, les massacra à coups d'épée. Mais à peine la lame s'enfonçait-elle dans le corps que les dieux Indra, les Asuras, les Rakshasas s'écrièrent : C'est mal ! [...]
>
> Cette injuste violence a très vieille origine : des êtres innocents sont immolés par les prêtres qui les attaquent l'arme à la main. Mais cet usage ancien et affreux est condamné par les sages ; et le peuple qui voit de telles choses maudit le prêtre qui sacrifie. (Suttanipâta 309-310, 312-313 ; trad. Masson, p. 138.)

Tout autre, bien sûr, sera le comportement du « vrai » brahmane, dépeint par un auteur bouddhiste :

> Il a renoncé à la violence à l'égard de tous les êtres vivants mobiles comme immobiles, il ne tue ni ne fait tuer : c'est lui que j'appelle le brahmane. (Dhammapada 405 ; trad. Osier.)

Certains textes donnent à entendre que le Bouddha recommandait (comme un moindre mal ?) des rituels non sanglants, sans mise à mort d'aucun être vivant (Freiberger, p. 41-42). Même lorsque, au cours des siècles, des bouddhistes, surtout des laïcs, réintroduiront ou toléreront certaines formes d'offrandes rituelles, la vertu cardinale de non-violence (*ahimsâ*) leur interdira toujours de recourir à l'immolation de victimes animales.

Honoraires sacrificiels et aumônes aux moines

Retrouvons à présent la perspective propre aux disciples laïcs, du moins dans la mesure où elle se distingue en principe de celle des moines et moniales. Quelle sera leur attitude à l'égard des rites et des sacrifices, des dieux et des prêtres ? Qu'ils soient brahmanes ou princes, paysans ou marchands et artisans, ces disciples laïcs demeurent dans la société « mondaine », dans la profession, dans la vie de famille (la vie de « maison »). Ils doivent par conséquent – éclairés le cas échéant par des conseils du Bouddha – trouver un mode de vie compatible tant avec les valeurs du message bouddhique qu'avec les impératifs économiques et politiques de l'existence en société. Pour reprendre une distinction proposée par des anthropologues des sociétés bouddhiques de l'Asie du Sud et du Sud-Est, ils se situent donc par priorité dans une perspective « kammique » (celle du *karma*, la voie des actions vertueuses et méritoires) plutôt que « nibbânique » (celle du *nirvâna*, commandée par la quête de la délivrance ultime).

Au plan des croyances et des comportements religieux, tout en étant fortement relativisées, les invocations et les offrandes adressées à diverses entités surnaturelles (divinités de la religion traditionnelle, génies protecteurs...) ne sont pas totalement éliminées. Elles ne sont pas en principe incompatibles avec le message du Bouddha. En outre, quels que soient les principes, la nature a horreur du vide : il y a donc eu, probablement très tôt, puis tout au long de l'histoire et jusqu'à nos jours, une pression continue des croyances et des rites propres aux diverses religions des régions de l'Asie dans lesquelles le bouddhisme s'est répandu, de l'Inde au Japon. Pour la protection du roi et du territoire, pour le bien-être des vivants et l'heureuse destinée des défunts, les moines bouddhistes ont souvent été amenés à jouer, auprès des laïcs, des rôles que l'on peut qualifier jusqu'à un certain point de sacerdotal, même si leurs interventions demeurent le plus souvent plutôt modestes et circonscrites.

Un des facteurs qui encouragent les moines à répondre, en ce domaine, à l'attente des laïcs, est le fait que ces célébrations sont l'occasion pour ceux-ci de faire des offrandes aux institutions et communautés monastiques. Tout membre du *sangha* – au sens restreint de l'ordre monastique – est en effet considéré comme un « réceptacle » ou un « champ » de mérites particulièrement efficace et prestigieux : modeste ou munificent, le don qui lui est fait est censé valoir au donateur une somme de mérites sans commune mesure avec ce que promettent les dons adressés à d'autres bénéficiaires. La générosité à l'égard du moine bouddhiste, voire d'autres religieux, prend en quelque sorte la place d'offrandes aux divinités ou, plus précisément peut-être, prend le relais de l'hospitalité et de la générosité qui s'exercent en Inde au bénéfice de la caste sacerdotale des brahmanes, notamment par l'offrande de nourriture ou la donation de terres (Amore, p. 15-18, 49-50 ; Masefield, p. 299-304 ; Gira, p. 211-216).

Le fait que le terme *yañña* (littéralement, dans le cadre brahmanique, « sacrifice ») puisse désigner dans les Écritures canoniques de langue pâli ces « aumônes » aux moines est assez révélateur (Chakravarti, p. 59-62 ; Endo, p. 87-89). Ces dons sont faits sans attente d'une contrepartie – d'un « contre-don », comme disent parfois les anthropologues –, même si les moines, pour leur part, exercent la générosité infiniment plus précieuse qui consiste à offrir aux laïcs l'enseignement du *dharma* et la guidance quasi indispensable pour progresser sur le chemin spirituel. « Vase » ou

« champ » de mérite, le moine est ainsi amené à jouer, au bénéfice du donateur laïc (depuis l'empereur jusqu'au simple dévot), une fonction médiatrice et – en un sens certes dérivé – sacerdotale.

On a proposé de distinguer, en histoire des religions, trois types de dons : aux divinités (principalement dans le cadre de sacrifices), aux pauvres et nécessiteux (c'est l'aumône ou don charitable), enfin aux institutions ou aux spécialistes religieux. Dans ce dernier cas de figure, les dons aux moines bouddhistes – en particulier dans le monde Theravâda – apparaissent comme l'exemple privilégié et l'on a pu parler à ce propos, même si c'est faute d'un meilleur terme, de don « sacerdotal » ou encore de don « sacramentel » (Silber, p. 302, 307-308). Quoi qu'il en soit de ces dénominations, il apparaît clairement que ces dons aux moines et aux institutions bouddhiques occupent une place privilégiée, alors que les dieux, les sacrifices et leurs prêtres ont quasi disparu de la scène et que les dons charitables aux pauvres, tout en étant approuvés et même recommandés, n'ont pas l'importance que d'autres traditions leur attribuent.

Cette thématique du don et de la générosité connaîtra d'amples développements théoriques et pratiques dans les siècles plus récents, en particulier dans le cadre du Grand Véhicule (Mahâyâna) et de l'ampleur qu'y reçoit progressivement la figure des *Bodhisattvas*. Ces évolutions, dont certains traits se dessinent dès les périodes plus anciennes (que l'on songe à la pratique de l'auto-sacrifice ou don de son propre corps, décrite et célébrée dans les Jâtakas), déborderaient toutefois l'objectif assigné à la présente note. Il est temps de conclure.

Ainsi donc, tantôt les prêtres brahmanes et leurs rites sont brocardés, tantôt de savants brahmanes débattent avec le Bouddha avant de le reconnaître pour maître et de le prendre comme guide, tantôt encore la définition du brahmane authentique et du sacrifice véritable est l'occasion (le prétexte ?) de dire ce qu'est le disciple du Bouddha, en particulier le moine. Là même où il est question de brahmanes, ne serait-ce donc pas d'abord d'eux-mêmes que les bouddhistes nous parlent ou se parlent dans leurs textes ? Curieusement, les brahmanes, pour leur part, ne semblent guère préoccupés de se définir face aux bouddhistes ni de mettre en scène des récits de « conversions » ou de retours (Bailey, p. 26-27). Leur superbe les retient-elle de tenir ainsi compte de leurs concurrents ? Ou bien le font-ils d'une autre manière, tout en cachant mieux leur jeu ?

Orientations bibliographiques et références

L. ALSDORF, « The Impious Brahman and the Pious Candâla », dans *Buddhist Studies in Honour of I. B. Horner*, Dordrecht, Reidel, 1974, p. 9-13.

R. C. AMORE, *The Concept and Practice of Doing Merit in Early Theravâda Buddhism*, diss., Columbia University, 1970.

G. BAILEY, « Problems of the Interpretation of the Data Pertaining to Religious Interaction in Ancient India : The Conversion Stories of the Sutta Nipâta », dans G. A. ODDIE (éd.), *Religious Traditions in South Asia : Interaction and Change*, Richmond, Curzon, 1998, p. 9-28.

P. R. BARUA, « The Brahmin Doctrine of Sacrifice and Rituals in the Pâli Canon », *Journal of the Asiatic Society of Pakistan* (Dacca) 1 (1956), p. 87-108.

M. BIARDEAU et Ch. MALAMOUD, *Le sacrifice dans l'Inde ancienne* (Bibl. de l'École des Hautes Études, Sciences religieuses, 79), Paris, P.U.F., 1976.

U. CHAKRAVARTI, *The Social Dimensions of Early Buddhism*, Delhi, Oxford University Press, 1987.

F. X. CLOONEY, *Thinking Ritually. Rediscovering the Pûrva Mîmâmsâ of Jaimini* (Publications of the De Nobili Research Library, 17), Vienna, 1990.

T. ENDO, *Dâna. The Development of Its Concept and Practice*, Colombo, Gunasena, 1987.

H. FALK, « Vedische Opfer im Pali-Kanon », *Bulletin d'Études Indiennes* 6 (1988), p. 225-254.

O. FREIBERGER, « The Ideal Sacrifice. Patterns of Reinterpreting Brahmin Sacrifice in Early Buddhism », *Bulletin d'Études Indiennes* 16 (1998), p. 39-49.

D. GIRA, « Le sacrifice dans le bouddhisme », dans M. NEUSCH (éd.), *Le sacrifice dans les religions*, Paris, Beauchesne, 1994, p. 203-221.

B. G. GOKHALE, « Early Buddhism and the Brahmanas », dans A. K. NARAIN (éd.), *Studies in History of Buddhism*, Delhi, B.R. Publishing, 1980, p. 67-80.

R. F. GOMBRICH, « Recovering the Buddha's Message », dans T. SKORUPSKI (éd.), *The Buddhist Forum* I *(1987-88)*, Londres, SOAS, 1990, p. 5-20.

H. HUBERT et M. MAUSS, « Essai sur la nature et la fonction du sacrifice », *L'Année sociologique* 2 (1899), p. 29-138.

P. S. JAINI, *The Jaina Path of Purification*, Delhi, Motilal Banarsidass, (1979) 1998.

Y. KRISHAN, « Buddhism and the Caste System », *Journal of the International Association of Buddhist Studies* 9 (1986), p. 71-83.

S. LÉVI, *La doctrine du sacrifice dans les Brâhmanas*, Paris, P.U.F., 1966 (1898).

P. MASEFIELD, « The Pursuit of Merit : Sacrificial Devotion in the Pâli Nikâyas », dans G. M. BAILEY (éd.), *Bhakti Studies*, New Delhi, Sterling Publ., 1992, p. 292-308.

J. MASSON, « Le bouddhisme ancien face au brahmane et au sacrifice », *Studia Missionalia* 22 (1973), p. 123-144.

J. MAURY (trad.), *Mundaka Upanishad* (Les Upanishad, 4), Paris, Adrien-Maisonneuve, 1943.

P. MUS, *Barabudur. Esquisse d'une histoire du bouddhisme fondée sur la critique archéologique des textes*, Hanoi, 1935.

K. R. NORMAN, « Theravâda Buddhism and Brahmanical Hinduism : Brahmanical Terms in a Buddhist Guise », dans T. SKORUPSKI (éd.), *Buddhist Forum* II (1989-90), Londres, SOAS, 1991, p. 193-200.

J.-P. OSIER (trad.), *Dhammapada. Les stances de la Loi*, Paris, Flammarion, 1997.

É. SENART (trad.), *Chândogya-Upanisad*, Paris, « Les Belles Lettres », 1930.

I. F. SILBER, « Echoes of Sacrifice? Repertoires of Giving in the Great Religions », dans A. I. BAUMGARTEN (éd.), *Sacrifice in Religious Experience* (Numen Book Series, 93), Leiden, Brill, 2002, p. 291-312.

SACRIFICE ET SACERDOCE DANS L'HINDOUISME D'APRÈS LES PUBLICATIONS DU XXᵉ SIÈCLE

Michel DELAHOUTRE

Introduction

On peut lire un livre entier sur l'hindouisme sans jamais rencontrer les mots prêtre, sacerdoce, temple. On peut aussi fréquenter un milieu brahmanique sans repérer une activité que l'on puisse qualifier de « sacerdotale » et sans rencontrer un « prêtre » dans l'exercice de ses activités. Et pourtant tout le monde sait que la notion de Sacrifice est tout à fait centrale dans la pensée védique, c'est-à-dire dans l'hindouisme antique. Tout le monde sait également que la première caste, celle des brâhmanes, celle des clercs, a quelque chose à voir avec la fonction sacerdotale.

Mais lorsqu'on lit quelque chose sur le sacrifice ou sur les actes rituels, la réflexion est habituellement centrée sur la finalité de l'acte ou des actes ainsi que sur leur efficacité, au point qu'on oublie de parler de celui qui mène le sacrifice ou de ceux qui accomplissent les rites. Comme le fait remarquer Jean Varenne :

> Si le sacrifice est acte, il faut qu'il y ait un acteur, s'il est parole, il faut qu'il y ait un parleur, s'il est un chant, il faut qu'il y ait un chanteur, etc. La chose n'est pas si évidente qu'il y paraît puisque les historiens des religions parlent souvent du Sacrifice en soi et lui attribuent toutes sortes de vertus en oubliant simplement que le dit sacrifice n'existe que par le sacrifiant. Un bon exemple de cette démarche nous est fourni par l'essai, d'ailleurs remarquable, de Sylvain Lévi sur *La doctrine du sacrifice dans les Brāhmana*. D'emblée, au premier chapitre, est posée l'identité du sacrifice et du sacrifiant, ce qui revient à « gommer » celui-ci [...] De façon similaire, à la suite de S. Lévi, Madeleine Biardeau, dans son étude sur *Le Sacrifice dans l'Inde ancienne* [...] Or, les rites supposent un acteur, ils n'existent que par lui, selon sa volonté, ses intentions, son désir, ses

> connaissances techniques etc. L'oblation dans le feu ne se fait pas toute seule ; les dieux védiques, assurément ont besoin des hommes [1].

En distinguant les actes rituels, la parole et les chants, Jean Varenne fait ici allusion au Triple Veda, celui des actes rituels (*Yajur Veda*), celui des hymnes (*Rig Veda*) et celui des chants (*Sâma Veda*). C'était en quelque sorte les manuels des officiants du culte védique, qui contenaient ce qu'ils devaient faire, ce qu'ils devaient dire et ce qu'ils devaient chanter dans le culte public.

Quant aux commentaires de ces textes sacrés, les *Brâhmana*, ils sont tout entiers centrés eux aussi sur l'exactitude et l'efficacité des rites, sur leur signification symbolique et ésotérique. L'acteur s'efface devant les actes qu'il accomplit, le parleur devant la parole, et le chantre devant les chants.

Fonction brâhmanique et ministère sacerdotal

Si l'on veut parler des prêtres et de leur sacerdoce, il faut distinguer ceux d'entre les brâhmanes qui se mettaient au service de quelqu'un voulant sacrifier à son profit – dans les textes védiques on désigne ce dernier du nom de *yajamâna*, celui qui profite du sacrifice – et les membres des trois premières castes qui avaient le droit de sacrifier pour eux-mêmes et qui sont en quelque sorte des prêtres sans ministère et exerçant leur sacerdoce à titre individuel ou familial.

Aux membres des trois premières castes, revient le devoir d'offrir quotidiennement « la libation dans le feu », l'*agnihotra*, sacrifice qui s'accomplit à la maison, dans le feu domestique. Cette obligation est aujourd'hui théorique et rares sont les brâhmanes qui continuent de s'y astreindre. D'ailleurs, cette offrande dans le feu domestique a été remplacée depuis longtemps par une cérémonie analogue, la *pujâ*, un service dévotionnel qui s'adresse aux divinités de la *bhakti*. Il est pourtant encore possible aujourd'hui d'assister au sacrifice de l'*agnihotra*, mais uniquement en certains lieux privilégiés où, grâce à des fondations assurées par de riches hindous, un brâhmane appointé vient célébrer ce sacrifice matin et soir en vue de perpétuer la tradition.

C'est ainsi que dans la ville de Poona au Mahârashtra, se trouve une École védique située dans un grand bâtiment et dans cette École une salle de culte où l'essentiel du matériel liturgique consiste en trois feux, c'est-à-dire trois colonnes de terre d'environ un mètre de hauteur, terminées à leur sommet par une cuvette. Il s'agit du feu domestique, celui qu'on trouvait

1. Jean VARENNE, *Cosmogonies védiques*, Milano, Archè, 1982, p. 138-139. Madeleine BIARDEAU, *Le sacrifice dans l'Inde ancienne*, Paris, PUF, 1976.

autrefois dans chaque foyer, du feu oblatoire pour les dieux et du feu oblatoire pour les mânes (défunts). Matin et soir arrive un officiant qui, après avoir tracé sur le sol un cercle incluant ces trois feux - c'est-à-dire une limite sacrée à ne pas franchir - ranime les feux et fait chauffer sur le feu domestique le lait qui sera ensuite offert dans les trois feux. Ce sacrifice s'appelle *agnihotra*, c'est-à-dire libation (*hotra*) dans le feu (*agni*). L'officiant est lui-même en quelque sorte le prêtre du feu et il est en tenue rouge. Tout en manipulant ses instruments, en particulier le récipient sacré contenant le lait, il récite des hymnes et il chante.

Comme il vient d'être dit, ce sacrifice n'est plus assuré dans chaque famille brâhmanique comme autrefois. En tous cas, on se trouve en présence d'un acte typiquement sacerdotal, assuré par un brâhmane remplissant un service sacerdotal pour les autres, donc « un ministère ». L'*agnihotra* est interprété comme un sacrifice solaire, accompli en vue d'aider le soleil dans les moments difficiles de la jonction de la nuit au jour et, le soir, du jour à la nuit. On sait que tous les moments importants de l'année ainsi que les événements tels que l'intronisation du roi étaient accompagnés de sacrifices appropriés. Des brâhmanes spécialisés étaient requis en ces circonstances alors que l'*agnihotra* pouvait être célébré par un maître de maison des trois premières castes.

L'exemple de l'*agnihotra* est également typique de la fonction sacerdotale qui est tout entière au service du rite : la tradition indienne dit que le monde disparaîtra lorsque mourra le dernier brâhmane : s'il n'y a plus personne pour célébrer l'*agnihotra*, comment le soleil se lèverait-il ? Pour accomplir l'*agnihotra*, il faut être initié aux rites, aux paroles et aux chants. Autrefois, cette initiation était donnée en même temps que l'éducation, ce qui n'est plus le cas aujourd'hui. D'où la situation paradoxale d'un certain nombre de brâhmanes qui sont obligés de faire appel à des spécialistes dès qu'il s'agit de rites un peu compliqués dépassant leur compétence.

Les hindous auront toujours recours aux rites lorsqu'il s'agit pour eux d'accompagner ou de perfectionner les grands moments de l'existence comme la naissance, l'adolescence avec l'initiation, le mariage et les funérailles. C'est alors que le plus souvent ils font appel, aujourd'hui, à des spécialistes, des brâhmanes qui viennent accomplir chez eux les *samskâra*, les rites perfectifs. On estime à dix pour cent du milieu brâhmane, ceux qui se mettent ainsi au service des autres pour accomplir les rites. Dans notre vocabulaire occidental ce sont eux les prêtres. Mais il ne faut pas croire que l'exercice de cette fonction leur donne du prestige. En dehors des grands ténors des monastères et des lieux de pèlerinages, beaucoup ne sont que des officiants appointés qui reçoivent leurs honoraires afin de vivre de leurs services et de ce fait sont peu considérés par la population ambiante, surtout les officiants des funérailles et des rites funéraires. Un nombre indéterminé de membres des trois premières classes n'ont jamais l'occasion de fonctionner comme prêtres. Ils gardent un simple lien avec la fonction sacerdotale.

Figures de prêtres

Il arrive parfois qu'au cours d'un récit mythologique ou même dans l'intitulé d'un hymne, on apprenne le nom de l'officiant d'un sacrifice ou celui d'un auteur. Le nom n'a pas d'importance. Ce qui compte, c'est que ce soit un officiant ayant la connaissance des rites. Ainsi un texte dit :

> Les officiants sont (eux-mêmes) le lieu du culte rendu aux dieux. Partout où des brâhmanes, auditeurs du Veda et instruits sacrifient, il n'y a pas place pour une faute (rituelle). Ce lieu de culte (qu'ils occupent), nous le considérons comme le plus proche (des dieux) [2].

Il serait possible d'établir la liste des sacrificateurs antiques dont on connaît les noms, mais cela n'ajouterait rien à la connaissance qu'on a d'eux puisque nous ne savons que peu de choses de leur vie d'officiants.

Par contre, si nous nous tournons vers les dieux védiques, nous avons davantage à en dire, bien que tous les dieux qui sont des dieux de la première fonction, c'est-à-dire brâhmanes à l'image des humains, ne soient pas tous forcément des prêtres.

Agni

De tous les dieux védiques, Agni est sans conteste le plus sacerdotal. Rappelons que le mot *agni*, apparenté au latin *ignis*, n'est autre que celui du feu. Dieu de la première fonction, il a un rôle très différent du guerrier. Dès le début du XXe siècle, H. Oldenberg, comparant Indra et Agni n'hésitait pas à dire que l'un est le grand conquérant et l'autre, le grand prêtre :

> Pour le *Rig Veda* le caractère essentiel d'Agni réside dans la dignité sacerdotale, dans l'office de messager qu'il remplit entre les hommes et les dieux. Vers lui confluent les oblations, il éveille les prières, il amène les dieux et s'assied avec eux sur la jonchée du sacrifice.

C'est en ces termes que le célèbrent la plupart des hymnes dont les auteurs se complaisent à voir en lui la divine image de leur propre caste et en sa puissance, la vertu de leur art professionnel. Volontiers on lui attribue successivement les caractères et les fonctions de chacun des divers offi-

---

2. *Śatapathabrâhmana. Le Traité brahmanique des Cent Chemins*, III, 1, 1, 5, Bombay, 1940.

ciants. Mais le rôle qu'il assure de préférence, c'est celui de *hotar*, le prêtre qui récite les hymnes par lesquels on loue les dieux, on les appelle, on les invite au festin [3].

Le premier hymne du *Rig Veda* mérite d'être cité :

> Je chante Agni, le chapelain,
> Le dieu du sacrifice, le prêtre,
> L'oblateur qui nous comble de dons.
>
> Lui qu'ont chanté les prophètes,
> Nous le chanterons nous aussi!
> Puisse-t-il guider les dieux jusqu'à nous!
>
> Car Agni, le sacrifice, le rite,
> Que tu circonscris de tous côtés,
> accède seul au monde des dieux [4].

Brihaspati (ou Brahmanapati) et Prajâpati

Alors qu'Agni est un dieu qui fut toujours vénéré en Inde, Brihaspati et Prajâpati sont des dieux dont l'existence n'est attestée qu'à partir d'une période donnée. Ce sont deux dieux créés pour présider chacun à une entité dont on les a qualifiés de seigneur (*pati*). On révère ainsi « le Seigneur de la postérité », Prajâpati et « le Seigneur de la prière », Brihaspati ou Brahmanaspati. Le premier n'est apparu qu'à la période où l'on s'est posé des problèmes sur la création, sur l'engendrement des êtres vivants, hommes et bêtes, dieux et démons. Le second est dû à un raisonnement sur la Parole (*brahman*). Seul Brihaspati est explicitement un dieu-prêtre.

Voici ce qu'en dit H. Oldenberg :

> (Brihaspati) chante les hymnes sacrés, il récite les puissantes formules d'oraison ou de magie qui éveillent la grâce divine... ou bien il les révèle au prêtre mortel qui les lui demande. « Je te mets dans la bouche une parole splendide » dit-il à un prêtre qui l'a appelé à son aide pour un sacrifice en vue de faire tomber la pluie [...] Dès lors, incarnation céleste du sacerdoce, il s'associe à Agni, feu du sacrifice [...] Brihaspati est un prêtre céleste, le chapelain, *purohita*, de la cour des dieux [5].

Notons que nous avons cité tous ces traits pour Agni, à cette nuance près que Brihaspati est plus près de la poésie et de la magie que le dieu Agni.

---

3. H. OLDENBERG, *La religion du Veda*, trad. de l'allemand par Victor HENRY, Paris, Alcan, 1903, p. 85 et s.
4. *Rig Veda*, I, 1 (1-2, 4) dans J. VARENNE, *Le Veda*, Paris, Denoël, 1967 ; Deux Océans, 1984.
5. H. OLDENBERG, *op. cit.* (n. 3), p. 55.

Prajâpati

Ce dieu est, lui aussi, un dieu de la première fonction et donc potentiellement un prêtre. Cependant, il ne remplit jamais cette fonction, son œuvre principale étant celle de la création, de l'engendrement, *prajâ*, dans lequel il s'est rendu maître, *pati*. Il apparaît pourtant dans le contexte du sacrifice et en particulier des offrandes, des réalités dont il est la source. Il est aussi à l'origine des dieux dont il a assuré l'engendrement et auxquels il a fourni les offrandes indispensables au sacrifice.

C'est à partir de lui-même que Prajâpati créa les êtres vivants. Il s'est trouvé donc impliqué fortement dans la création, y compris dans le sacrifice.

> Prajâpati se donna lui-même aux (dieux) : le sacrifice en effet leur appartenait (de droit) puisque le sacrifice sert à nourrir les dieux. Après qu'il eut décidé de se donner lui-même aux dieux, Prajâpati créa (pour ce faire), une contre-image de lui-même, à savoir le sacrifice, puisqu'il créa une telle contre-image de lui-même. Et c'est grâce à ce sacrifice offert aux dieux qu'il se rachète lui-même » [6].

Jean Varenne fait remarquer que ce n'est pas lui que les dieux vont mettre à mort et dévorer, mais son reflet.

Une fois la création réalisée, Prajâpati qui l'a sortie de lui-même se trouve épuisé. Ce sont les dieux – et sur terre, les brâhmanes – qui ont comme mission de reconstituer son corps partie par partie, au cours d'une célébration qui dure une année. Ainsi, par le sacrifice, Prajâpati reprend vie.

Ce mythe de Prajâpati qui se sacrifie sur l'autel du feu a pu faire dire à certains auteurs du dix-neuvième siècle qu'il préfigurait le sacrifice du Christ. Nous lisons en effet dans une des préfaces pascales utilisées aujourd'hui par l'Église catholique :

> Lorsqu'il [le Christ] livre son corps sur la croix, tous les sacrifices de l'Ancien Testament parviennent à leur achèvement et quand Il s'offre pour notre salut Il est à Lui seul l'autel, le prêtre et la victime.

Ainsi, Krishna Mohan Banerjea (1813-1885) a tenté d'interpréter la légende védique du Sacrifice de Prajâpati comme une préfiguration prophétique du Sacrifice du Christ.

Nous sommes très réticent voire opposé à faire pareil rapprochement. Ceci pour deux raisons. Tout d'abord, Prajâpati ne remplit jamais la fonction sacerdotale, comme Jean Varenne l'a clairement montré. D'autre

---

6. *Śatapathabrâhmana*, XI, 1, 8, 2, dans J. VARENNE, *Cosmogonies védiques*, *op. cit.*, p. 147.

part, comme de nombreuses théories du dix-neuvième siècle dans le domaine de la religion comparée, la thèse de Banerjea ne tient pas debout [7]. Malgré tout, si nous avons cité le rapprochement des deux figures, celle de Prajâpati et celle du Christ, pour finalement, refuser d'avaliser pareil rapprochement, c'était simplement en vue de préciser la fonction créatrice ou sacerdotale.

Conclusion

L'impression globale que laisse ce bref aperçu sur le sacerdoce dans l'hindouisme tel qu'il est présenté dans des ouvrages du XXe siècle est que l'évolution de la fonction sacerdotale aurait pu se faire autrement si des éléments extérieurs n'étaient pas venus interférer avec elle. Au départ en effet, tout homme des trois premières castes pouvait remplir une fonction sacerdotale. Mais l'accent mis sur le savoir technique, la complexité des rites exigée pour les rendre performants, la stricte exactitude de l'exécution, a fait que, peu à peu, ce sont les spécialistes du savoir et des rites qui se sont trouvés investis de cette fonction et eux seuls. Les hommes des trois premières castes se sont ainsi trouvés dépossédés de leur privilège initial, qu'ils ne retrouvent aujourd'hui, dans le meilleur des cas, que dans les rites familiaux. C'est une situation nouvelle que n'ont pas manqué d'exploiter par la suite les mouvements de la *bhakti* et, en premier lieu, le bouddhisme [8].

---

7. Kaj BAAGO, *Pioneers of Indigenous Christianity*, Bangalore, Madras, 1969, p. 11-27.

8. Note des éditeurs : Sur cette question de la religion comparée, il est utile de signaler la première grande synthèse réalisée par l'ouvrage de H. PINARD DE LA BOULLAYE, *L'étude comparée des religions. Essai critique*, 2 vol., Paris, Beauchesne, 1929. À propos du comparatisme « Védisme, Brahmanisme et Christianisme » au XIXe siècle, un ouvrage éclairant reste Ch. DE HARLEZ, *La Bible dans l'Inde et la vie de Jezeus Christna*, Paris - Bruxelles - Genève, s. d.

Complément bibliographique

Mariasusai DHAVAMONY, « Priesthood in Early Hinduism », *Studia Missionalia* XXII (1973), Roma, p. 165-185.

Madeleine BIARDEAU, « Le sacerdoce dans l'hindouisme classique », *Studia Missionalia* XXII (1973), Roma, p. 187-200.

Si on veut se faire une idée des problèmes que pose aujourd'hui l'exercice des fonctions sacerdotales dans l'Inde du Sud, on peut lire le roman de V. R. Anantha MURTHY intitulé *Samskara* (Paris, L'Harmattan, 1978) ou voir le film correspondant réalisé par T. Pattabhi Rama Reddy en 1970. Titre de l'éd. anglaise : *Samskara, a Rite for a Dead Man*, Oxford, Univ. Press, 1978, 2e ed.

RÉFLEXIONS SUR LE PRÊTRE HITTITE

René LEBRUN

Comme dans bon nombre de civilisations antiques et contemporaines, le prêtre était dans l'État hittite l'intermédiaire obligé entre les dieux et les hommes. Le prêtre par excellence était le roi hittite assisté de la reine, lequel déléguait son pouvoir sacerdotal aux grands-prêtres locaux. Le présent article s'intéressera d'abord à la terminologie du « prêtre » dans les langues de l'Anatolie antique pour aborder ensuite quelques fonctions plus laïques du prêtre hittite.

I. Terminologie

La désignation du *sacerdos* (soit « le donneur du sacré ») dans les langues de l'Anatolie pré-chrétienne est intéressante à plus d'un égard et rend notamment compte de la diversité linguistique régnant dans cette région [1].

Ainsi, en hittite-nésite, idiome indo-européen du Hatti proprement dit et devenu, au départ de la capitale Hattusa, langue administrative de l'État hittite, nous trouvons la plus ancienne mention pour « prêtre » utilisée par une langue indo-européenne : *sankun(n)i-* [2] ; le nom trouve son origine dans le sumérien SANGA et fut probablement introduit en Anatolie centrale par l'intermédiaire de l'akkadien *šangu* en usage notamment auprès des colons assyriens de Cappadoce. Ainsi, la désignation du *sacerdos* est suméro-akkadienne et ne relève ni d'un étymon indo-européen (indo-hittite) ni de la langue hattie utilisée par les populations pré-indo-européennes

1. *Sacerdōs* < **sakro-dhōt-s* < i.e. *SAK- + *DhĒ- « celui qui établit le sacré », ou, si l'on préfère, celui qui gère et contrôle les rites, cf. É. BENVENISTE, *Le vocabulaire des institutions indo-européennes,* t. 2, Paris, 1969, p. 188.

2. Pour ce terme, voir maintenant la rubrique très détaillée *sankunni-* dans *The Hittite Dictionary* (CHD) (éd. H. G. GÜTERBOCK †, H. A. HOFFNER, Th. P. J. VAN DEN HOUT), Vol. Š, fasc. 1, Chicago, 2002, p. 181-201.

vivant au pays du Hatti et à laquelle cependant les migrants indo-européens empruntèrent plusieurs termes cultuels. Rappelons que la langue hattie devenue langue morte dès le début du second millénaire avant Jésus-Christ, car supplantée par le hittite-nésite, était toujours utilisée dans le contexte liturgique. Il est impossible à l'heure actuelle de déterminer si le terme *sankun(n)i-* était susceptible de désigner également la prêtresse. Le problème est d'autant plus complexe que les scribes utilisaient le suméro-gramme munus SANGA. Le substantif *sankun(n)i-* donne naissance à l'abstrait *sankunniyatar* « prêtrise ». Dans les textes religieux hittites inspirés de modèles kizzuwatniens et particulièrement nombreux au XIIIe s. av. J.-C., la « prêtresse » est parfois désignée par le terme hourrite *entanni* issu de l'akkadien *entu* « grande prêtresse ».

La terminologie du prêtre ne nous est toujours pas connue en palaïte, cette langue sœur du hittite et du louvite, parlée dans une région qui se confond partiellement avec la Paphlagonie. La raison majeure de cette ignorance réside dans la minceur du corpus des textes rédigés dans cette langue [3].

À la différence du hittite-nésite, il semble bien que la langue louvite, sœur de cette dernière et parlée en Anatolie méridionale et occidentale, a utilisé un radical qui lui était propre et qui vivra avec succès durant de nombreux siècles, à savoir *kum(m)i-* « sacré » [4]. Bien que les tablettes cunéiformes en langue louvite du second millénaire ne nous fournissent aucun renseignement direct quant à la terminologie du prêtre, une stèle de Kayseri conservée actuellement au Musée des civilisations anatoliennes d'Ankara, datable du début du premier millénaire av. J.-C. et inscrite à l'aide de l'écriture hiéroglyphique, nous donne au début du § 17 la séquence *kumazas-pa-wa-n « et eum sacerdos »* [5]. Telle serait bien, en plein accord avec J. D. Hawkins, la lecture du signe hiéroglyphique L 372 : SACERDOS, représentant une oreille, comme si le prêtre devait avoir une oreille toujours attentive aux paroles divines. Le substantif louvite *kumaza-* doit être rapproché du terme lycien *kumaza-,* traduit en grec par ἱερεύς, et attesté pas moins de huit fois dans des documents remontant essentiellement au IVe s. av. J.-C. Nous sommes ainsi en présence d'un dérivé pro-

3. Cf. O. CARRUBA, *Das Palaische* (StBoT, 10), Wiesbaden, 1970, 80 p.

4. Pour le sens de *kum(m)a-/kummi-* et ses dérivés, cf. R. LEBRUN, « Les Hittites et le sacré », dans J. RIES *et al.* (éd.), *L'expression du sacré dans les grandes religions*, I, *Proche-Orient ancien et traditions bibliques* (Homo Religiosus, 1), Louvain-la-Neuve, 1978, p. 155-202, en particulier p. 162, 165-166.

5. Cf. J. D. HAWKINS, *Corpus of Hieroglyphic Luwian Inscriptions*, vol. I, Part 2, Berlin - New York, 2000, p. 473-474.

fessionnel en *-aza-* de la racine louvite *kum(m)i-* « sacré » ; le prêtre est celui qui agit sur le sacré.

En lydien qui présente sans doute l'état résiduel d'une langue anatolienne parente du nésite et du louvite, nous observons le terme *kave-* « prêtre » attesté au nom. s. : *kave-ś,* et au dat. s. : *ka*]*ve-λ,* retrouvé dans le gréco-asianique *kauein*, *koès*, *koiès* qui s'applique à des prêtres célébrant des mystères à Samothrace [6].

Tout comme pour la désignation de la divinité, nous constatons ainsi une différence fondamentale entre les deux grandes langues indo-européennes sœurs de l'Anatolie antique dans le vocabulaire du sacerdoce.

II. Catégories de prêtres

Comme nous l'avons évoqué, le roi est le *summus pontifex*, véritable vicaire terrestre du grand dieu de l'orage du Hatti duquel il tient sa légitimité. À ce titre, il préside normalement la célébration des grandes fêtes, assisté dans cette mission par la reine. Plusieurs reliefs représentent ainsi le roi hittite en tenue sacerdotale dans l'accomplissement des rites festifs. Certains sacerdoces étaient revêtus d'un grand prestige et parfois assurés par des princes royaux : ainsi le futur Hattusili III était-il prêtre du dieu de l'orage de Nerik et de la déesse Shaushka de Samuha ; son fils et successeur Tudhaliya IV était également prêtre du dieu de l'orage de Nérik ainsi que de Sarruma. Avant de l'intrôniser roi d'Alep, Suppiluliuma I établit son fils Telibinu comme grand-prêtre de Kizzuwatna = Kummani. Le hourrite Bentibsharri, père de la future reine Puduhepa, était grand-prêtre de la déesse Shaushka de Lawazantiya. Il est aussi clair que le haut clergé se devait d'être érudit et nul ne s'étonnera de constater qu'un même personnage était à la fois prêtre et scribe ; citons notamment Ḫešni, Armapiya, Tarḫuntapiya [7].

Si nous suivons un classement hiérarchique, force est de constater qu'à la suite du couple royal se trouve le « grand-prêtre » par excellence, cité directement à la suite des princes royaux, comme nous l'indique KUB XXXIV 61, 8 : [...] LUGAL MUNU]S.LUGAL DUMU^{meš}.LUGAL GAL

---

6. On ne peut s'empêcher de rapprocher le terme lydien du sanskrit *kavi-* « intelligent, sage, devin » < probablement de **(s)kewh$_1$-* « percevoir ».

7. *Armapiya* : cf. E. LAROCHE, *Les noms des Hittites,* Paris, 1966 (abrév. *NH*), p. 39, n° 136 ; plusieurs sceaux hittites portent le nom d'Armapiya ; *Ḫešni*, cf. E. LAROCHE, *NH,* p. 69, n° 373 ; *Tarḫuntapiya*, cf. E. LAROCHE, *NH,* p. 177, n° 1267. Il est à remarquer que pour ces trois personnages, aucun n'est mentionné en même temps comme prêtre et comme scribe, ni sur les sceaux, ni dans la documentation cunéiforme, au point qu'il est impossible de déterminer s'il s'agit du même personnage.

$^{lú.meš}$SANGA. Il est probable que ce « chef des prêtres » était unique et résidait, ne fût-ce que périodiquement, au palais royal. Il est à souhaiter que les archives hittites nous livrent de plus amples informations relatives à ce personnage. Ensuite, au niveau de chaque temple de quelque importance, nous trouvons un collège de quelques « grands-prêtres » (^{lú}SANGA GAL) assisté de prêtres mineurs (^{lú}SANGA TUR). Les prêtres relevant de chacune de ces deux catégories sont parfois qualifiés de *suppi-* « sacré, tabou » ; la raison précise de cette qualification demeure obscure : s'agissait-il d'une sanctification/purification occasionnelle ou cet état résultait-il d'une consécration unique plaçant certains prêtres dans un état de relation privilégiée avec la divinité et les objets sacrés ? Sur ce point également, des éclaircissements sont attendus. Dans leurs fonctions cultuelles, les membres du clergé sont, au cours des célébrations, souvent assistés de personnages désignés par le sumérogramme ^{lú}GUDU$_{12}$ [8], dont la lecture hittito-louvite nous demeure toujours inconnue, ainsi que le sens précis de ce sumérogramme. Il convient enfin de souligner qu'à la tête du clergé voué au culte de certaines déesses prestigieuses (notamment Ḫalki, la déesse du blé) se trouvait une grande-prêtresse habituellement désignée par le sumérogramme ^{munus}AMA.DINGIR^{lim} « la Mère du dieu », dont, néanmoins, la lecture hittite nous est connue, à savoir *siwanzanna-*. Un autre terme remarquable désignant une catégorie de prêtresses est *suppisara-*, un terme dont la structure sémantique correspond exactement à l'akkadien *QADIŠTU* : « la femme faisant profession du sacré ». En raison du peu d'informations livrées à ce jour par les textes, une définition précise de sa fonction est malaisée ; peut-être s'agit-il d'une espèce de prostituée sacrée.

III. De quelques charges sacerdotales

À côté des fonctions purement cultuelles dont la présidence au nom du roi leur incombe, les grands-prêtres doivent prioritairement veiller à la sécurité du temple, le palais terrestre de la divinité. Des informations fort éclairantes nous sont données par un long texte datable du règne du roi Tudhaliya IV contenant des instructions précises à l'adresse du personnel du temple [9]. Le temps de la *vigilia nocturna* est particulièrement important, et toute négligence est sévèrement sanctionnée. En III, 12-14, il est écrit :

8. Une lecture *tazzelli-* a été suggérée autrefois par J. Friedrich, mais celle-ci doit être abandonnée puisque en KUB XLI 30 Ro III 11'-13', dans le cadre d'une énumération du personnel affecté au service d'un temple, nous lisons la séquence : ^{lú}*tazzellis* ^{lú}*ḫamenas* ^{lú}GUDU$_{12}$. Une origine hattie pour *tazzelli-* est possible. Voir J. TISCHLER (mit Beiträgen von G. NEUMANN und E. NEU), *HEG,* Teil III, Lief. 9/2, Innsbruck, 1993, p. 289-291.

9. Instructions pour les serviteurs du temple = CTH 264. Ce texte ainsi que ses duplicats date probablement du règne de Tudhaliya IV.

> Que chaque nuit un grand-prêtre dirige les vigiles. En outre, que l'un de ceux qui sont prêtres soit préposé au portail du temple et qu'il surveille le temple.

Et plus loin, en III, 17-18, on lit :

> Surveillez donc très bien les temples ; que pour vous il n'y ait point de sommeil. Que le tour de veille soit partagé entre vous.

La politesse « royale » étant la règle qui doit gouverner les rapports entre les dieux et les hommes, le grand-prêtre et les prêtres de service doivent veiller au calme, au bon ordre et à la propreté durant les fêtes célébrées au temple : les querelles doivent être proscrites, les personnes en état d'ivresse expulsées, aucune saleté ne peut traîner dans quelque coin. Dans le même ordre d'idées, le grand-prêtre doit veiller à la protection et à l'entretien des objets cultuels, en fait propriété du dieu ; il convient donc d'empêcher les vols et de remplacer ou de réparer tout objet abîmé. L'équipe sacerdotale est naturellement responsable de la bonne organisation des fêtes ainsi que du respect minutieux du calendrier festif.

La fonction sacerdotale, en tous cas celle de grand-prêtre, semble donner droit à certains privilèges. Ainsi, le prêtre a à sa disposition une propriété avec un personnel composé de trois ou quatre personnes en moyenne, mais ce chiffre peut être bien plus important [10]. Dans certains cas cependant, les éléments nécessaires à la célébration de quelques fêtes ou un complément de ceux-ci, à savoir des animaux destinés au sacrifice, des victuailles, peuvent être fournis par la propriété même du prêtre [11]. Certains grands-prêtres étaient dispensés de corvée (*luzzi-*), notamment ceux de grands centres religieux tels que Arinna ou Zippalanda. D'autre part, une tradition propre au Kizzuwatna (en grande partie la Cilicie) accordait au prêtre, tout comme au jardinier, des villages en donation, un geste effectué notamment dans le cadre du royaume de Kizzuwatna encore indépendant par le roi Talzu et son successeur Sunnassura, et, plus tard sous l'Empire hittite, renouvelé par le Grand Roi du Hatti [12].

---

10. Cf. KUB XLII 100 IV 30-31 ; la même tablette en III 9-10 prévoit dix-sept personnes pour le prêtre UTU-*ziti* ; cette tablette consiste en un inventaire cultuel ordonné par le roi Tudhaliya IV. La mise à disposition d'une maison se trouve en KUB LIII 17 III 15-16.

11. Passages intéressants cités et traduits dans le CHD volume Š, fasc. 1, Chicago, 2002, p. 195.

12. Pour l'exemption du *luzzi-*, cf. l'article législatif KBo VI 2 II 58-60, texte de rédaction tardive. En ce qui concerne la donation de villages, cf. KUB XL 2 Ro 35 et Vo 10-11. Encore à l'époque de Strabon, le pouvoir temporel du grand-prêtre de la déesse Mâ à Comana de Cappadoce demeurait important, cf. Strabon, XII, 2, 3 : « Un territoire spacieux dépend du temple, et c'est le grand-prêtre qui en perçoit les revenus. Le grand-

Un contrôle administratif sur les prêtres, tout comme sur les prêtresses « Mères du dieu », les $^{lú.meš}$GUDU$_{12}$ et les ŠU.GI, était exercé par les gouverneurs de régions (*auriyas isḫa-* = akkadien *BEL MADGALTI*). Le prêtre responsable d'un grand temple devait encore administrer les domaines (champs, vignobles, jardins) de la divinité ; au moment des semailles ou des récoltes et vendanges, il devait s'assurer de la qualité du travail presté par les ouvriers et bien contrôler les rapports concernant la production [13].

La fécondité des fouilles entreprises depuis longtemps ou récemment en Turquie et en Syrie du nord illustrée notamment par la découverte annuelle de dizaines, voire parfois de centaines, de documents écrits relevant de la civilisation hittite apportera de nouvelles lumières et un complément d'informations attendu aux observations « sacerdotales » que je dédie au prêtre et au savant qui a tant œuvré pour l'orientalisme et l'histoire des religions. Avec respect je lui dis : *ad multos annos*.

prêtre tient du reste en Cappadoce le second rang après le roi et, généralement, rois et grands-prêtres étaient choisis dans la même famille. »

13. Concernant le contrôle exercé par les gouverneurs de province, cf. KUB XIII 2 II 26-32. Pour le contrôle exercé par le prêtre sur les semailles, cf. KUB XIII 4 IV 12-13, 15 et le duplicat KUB XL 63 IV 8-9.

DOMAINE SCANDINAVE ANCIEN : le goði

Régis BOYER

Le problème que je vais tenter de soulever ici est particulièrement délicat et controversé, car il pose, en fait, la question de la nature de ce paganisme (scandinave, c'est-à-dire nord-germanique) dans son ensemble [1]. Comme on le sait, nous sommes fort mal renseignés sur le compte de ce que put bien être la religion des anciens Scandinaves (des anciens Germains aussi bien). Affaire de sources, bien entendu : ou bien les documents dont nous disposons remontent bien à des époques où il est raisonnable de penser que les anciens Germains pratiquaient une religion à part entière, mais ils sont rares, très difficiles à interpréter (les inscriptions runiques en ancien *futhark*, par exemple), voire plus ou moins fantaisistes (les témoignages d'observateurs non germaniques), ou bien ils sont le fait de véritables Scandinaves, comme l'Islandais Snorri Sturluson (*Edda* dite *en prose*, début du XIIIe siècle) ou le Danois Saxo Grammaticus (*Gesta Danorum*, vers 1200), mais ces auteurs sont tout imprégnés et de culture cléricale et d'une vision des choses toute chrétienne qui nous interdit de prendre au pied de la lettre leurs affirmations ou les visibles efforts qu'ils déploient pour reconstituer un paganisme qu'ils n'entendent ni ne pratiquent plus. Resteraient les textes scaldiques, mais ils sont si difficiles à interpréter et sacrifient tant à des modes ou schèmes d'écriture qu'il est malaisé de se fonder sur leurs dires.

1. Fidèle à mes habitudes, je n'ai pas l'intention d'accabler le lecteur de références. Évoquons seulement, sur ce sujet particulièrement épineux, quelques bonnes (me semble-t-il) études : Ólafur LARUSSON, « Stjornaskipun og lög lyðvedisins íslenzka », *Timarit þjoðrækniférlags Íslendinga*, XI, p. 11-34 ; ID., « ou Hov og þing », *Skrifter tillägnade V. Lundstedt*, 1952 ; Konrad MAURER, « Zur Urgeschichte der Godenwürde », *Zeitschrift für deutsche Philologie*, IV, p. 125-140 ; Björn SIGFUSSON, « Full goðorð og forn og heimildir frá 12. öld », *Saga* 3 (1960) p. 48-75 ; Ludvik INGVARSON, *Goðorð og goðorðsmenn*, Reykjavik, Oddi, 1986.

Car enfin, qu'est-ce qu'une religion qui ne dispose pas de terme propre pour dire « religion » précisément (le mot *siðr* convoie les idées de pratique, coutume), qui a dû emprunter au vieux haut allemand les termes pour croire (*trúa*) et foi (*trú*), qui n'eut pas, que l'on sache, de dogmes, de rites circonstanciés, de temples, non plus que de prêtres constituant une sorte de caste et ayant bénéficié d'une initiation particulière ? Toutes nos habitudes, surtout nous qui sommes imprégnés de christianisme au point de peiner à concevoir autre chose de radicalement différent, achoppent sur l'appréhension de cette « religion » qui désarçonne si profondément nos catégories mentales.

Ce désarroi est manifeste, donc, par excellence, dès qu'il s'agit de « prêtres ». J'écoutais avec attention les remarques qui ont été faites par les autorités chargées d'ouvrir ce colloque : comme toujours, j'ai été frappé de la manière de naturel avec lequel on aborde un pareil sujet, non pas en phénoménologue appliqué à cerner une réalité en soi, sans présupposé ou habitudes acquises, mais à partir de notions préétablies – les chrétiennes – qui vont de soi en quelque sorte, qui servent, à la rigueur, de jauges ou de points de repères, mais dont il n'est jamais fait abstraction pour tenter de pénétrer en *terra* résolument *incognita*. Or, c'est justement le cas en ce qui concerne la Germania, il faudrait renoncer à nos schèmes classés, à toute une *Weltanschauung* et essayer de voir en face une autre réalité. Je vais en proposer un exemple en parlant de « prêtre » précisément, mais sans opinion péremptoire et en requérant toute l'indulgence nécessaire...

*

Car le fait est que *le germanique ancien a connu un terme spécifique,* ***goði*** pour désigner le spécialiste du Sacré, l'exécutant des grands rites, ce que nous appelons « prêtre ». À quoi ce terme correspondait-il ? Quelles prérogatives recouvrait-il ? *Goði* est évidemment en relations avec *goð, guð*, dieu, donc, gotique *gudja* dans le sens de prêtre selon la traduction de la Bible de Wulfila. En notant tout de suite, chose troublante, que *guð, goð,* est un neutre pluriel ! L'inscription runique de Nordhuglo (Norvège, Hordaland, Ve siècle) porte *guðija*, et trois autres inscriptions runiques, danoises, cette fois, des IXe et Xe siècles (Helnæs, Flemløse et Glavendrup) ont le même terme – toutes les trois, remarquons-le, en Fionie, à proximité d'Odense – dont on connaît l'étymologie, *Óðins-vé*, soit le *vé* (un terme qui peut, on va le voir, s'appliquer à « temple ») d'Óðinn.

Pour le mot *goði* lui-même, il est inconnu des textes ailleurs qu'en Islande. C'est le lieu de rappeler que *tous* les documents rédigés en islandais que nous possédons l'ont été bien au-delà de la conversion officielle de l'île au christianisme (999). Si le mot *goði* dont nous allons voir la diffusion et la banalisation, pour ainsi dire, avait eu des connotations particulières appliquées au paganisme, il est douteux qu'il aurait subsisté après le passage à la « nouvelle coutume ».

Il n'empêche que, selon toute vraisemblance, il n'a pas existé de « caste » de prêtres dans le Nord ancien. Si cette fonction a pu se rencontrer et être endossée par des individus particuliers - comme celles de *smiðr* ou artisan-forgeron, ou de *lœknir* ou médecin-mire ou encore de *lagmaðr* ou spécialiste des lois -, on ne voit pas ni qu'elle ait exigé des compétences spéciales, ni qu'elle ait joui d'une faveur ou d'une attention propres. Il y a bien, dans les sagas, des personnages qui sont surnommés *goði* d'un dieu donné (Freysgoði notamment) : que l'on sache, cela ne relève pas d'un sacerdoce selon nos normes et ne crée pas de prérogatives distinctives.

Ce qui revient à poser un autre problème, tout aussi déconcertant pour nous, qui concerne les « temples ». Qui dit prêtre dit temple. A-t-il existé des temples dans le Nord ancien ?

Là encore, la langue n'est pas muette. Il existe au moins trois vocables qui peuvent traduire notre « temple ». Soit *hof, hörgr* et *vé*. Je laisserai de côté le premier qui est un emprunt au vieux haut allemand, une « importation », donc, et ne concerne pas directement notre sujet. *Hörgr* est plus intéressant, dans la mesure où il s'appliquerait à un tertre funéraire, un tumulus en quelque sorte : dans une religion qui aura voué un culte très particulier aux morts, aux ancêtres vénérés, il est tentant de penser que le tertre funéraire a pu servir de lieu de culte et équivaloir, en quelque sorte, notre temple si ce dernier désigne bien l'endroit où se célèbrent les grands rites religieux. Toutefois, *hof* et *hörgr* pourraient avoir eu le sens initial de « maison avec auvent ». Ils n'auraient pris le sens de temple qu'après le paganisme, à l'époque, donc, où les auteurs de nos textes s'efforçaient de faire de la reconstitution historique. Il est vrai, cependant, que la formation, en islandais, *hofgoði*, *goði* du *hof* (prêtre du temple ?) pourrait donner à entendre qu'il y a eu de tels édifices avec un desservant attitré. Voyez le *Livre de la Colonisation* (S 297) à propos de Þorhaddr le vieux :

> /Il/ était *hofgoði* dans le Þrándheimr, à Mærin. Il eut envie d'aller en Islande et auparavant, démonta le temple et emporta de la terre de ce temple, et les piliers. Il arriva dans le Stöðvarfjörðr et imposa la sainteté de Mærin sur tout le fjord, interdisant de tuer là quoi que ce fût, hormis le bétail domestique.

On répondra que ce passage évoque bien fortement le chapitre 4 d'*Eyrbyggja saga* (en français la *Saga de Snorri le goði*) où figure une Helgafell (Montagne Sainte) que nul ne devait regarder sans s'être lavé, et qui peut passer pour le centre nerveux de la saga tout entière, à cause de laquelle, d'ailleurs, la querelle sanglante qui fait l'objet de ce récit aura lieu. Nous avons donc un peu l'impression d'être ici en présence d'un *topos* classé, réaction qui, on va le voir un peu plus loin, est comme banale chez le lecteur d'*Eyrbyggja* !

En fait, seul *vé* (*weihs, vi*) paraît authentique ou convaincant : il figure, d'ailleurs, dans l'allemand *Weihnacht* (Noël) ou *Weihgabe* (offrande) avec le sens incontestable de « sacré ». Nous allons y revenir, mais il convient de noter préalablement que l'archéologie n'a retrouvé strictement aucun vestige de temple ; que les mentions de ce type d'édifices, dans nos textes, sont toujours sujettes à caution : ou bien elles émanent d'écrits relativement récents, ou bien elles décalquent si étroitement la Bible, voire des habitudes chrétiennes bien acquises, que le doute s'impose, c'est le moins que l'on puisse dire. *Eyrbyggja saga*, pour ne donner qu'un exemple au demeurant bien connu, nous décrit en détail un de ces « temples » qui ressemble à s'y méprendre à une petite église romane ! Et enfin, nous avons au total assez peu de toponymes qui renvoient à l'idée de temples sous l'une des trois acceptions qui viennent d'être suggérées.

Pourtant, que *hörgr* et *vé* se soient appliqués à des lieux sacrés, cela est hautement probable. Dès la fin du Ier siècle apr. J.-C., Tacite, dans sa *Germania* (XXXIX), parlant des Semnones (qui font partie des Suèves), note qu'ils possèdent un bosquet sacré où l'on se livre à des sacrifices humains : on ne peut y pénétrer qu'enchaîné car c'est là qu'est censé habiter le *regnator omnium deus*. Image qui nous rappelle le *Fjöturlundr* (petit bois sacré aux chaînes) de *Helgakviða Hundingsbana* II (prose avant la srophe 30), dans l'*Edda poétique*. Le fait est que les dieux sont souvent appelés *höpt* ou *bönd,* les deux mots ayant le sens de « liens », qu'Óðinn semble avoir privilégié les sacrifices à lui offerts, par pendaison, et que le célèbre homme de Tollund retrouvé dans les argiles bleues du Jutland, et qui date du début de notre ère, portait un lien autour de la ceinture, après avoir, d'aventure, été étranglé. Au demeurant, dans un contexte bien magique de divinités lieuses dont a abondamment parlé Mircea Eliade, il n'est pas indifférent qu'une valkyrie s'appelle *Herfjötur*, Liens-de-l'armée. Disons qu'une thématique assez solide paraît régir cette notion.

Pour le reste, tout nous donne à penser que *vé* s'est appliqué à des lieux naturels, bois, comme on vient de le voir, mais aussi sources, cascades, éminences rocheuses ou simplement grands arbres, auxquels très certainement les anciens Germains vouaient un culte. Tacite, pour revenir à sa *Germania*, parle, au chapitre IX, d'un bosquet sacré où l'on gardait les chevaux qui seraient sacrifiés pour les oracles, et, au chapitre XL, il évoque une forêt consacrée à la déesse Nerthus (qui deviendra, par la suite, le dieu Njörðr). Dans ses *Annales* (I, 61), il explique que les autels des Chérusques se trouvent dans les clairières, et dans I, 51, il mentionne explicitement le « temple » de la déese Tamfana. Bède le Vénérable également mentionne à plusieurs reprises des temples. Adam de Brême, dans ses *Gesta Hammaburgensis Ecclesiae* (IV, 26 et encore dans les scolies 138 et suivantes) rapporte – selon un informateur qu'il ne nomme pas – qu'il y aurait eu, à Uppsala, en Suède, un grand temple où siégeaient les idoles d'Óðinn, de Þórr et de Freyr. Les fouilles qui ont été opérées, en 1926, n'ont cependant livré que des trous de poteaux si peu aptes à délimiter l'enceinte d'un temple que la suggestion a été faite qu'il se serait agi des piliers du haut-siège (*öndvegi*) de l'occupant de la ferme qui se serait trouvée là. Revenons aux « hauts-lieux », aux endroits naturels : Þórir snepill, selon le *Livre de la Colonisation* (S 237 et H 202) « sacrifiait à un bosquet d'arbres ». Et si *lundr* s'applique bien à un petit bois sacré, un temple en plein air, donc, il est clair que nombre de toponymes se souviennent de la pratique, à commencer par Lund, la ville universitaire de Suède, mais voyez aussi Fröslunda, Nördlunda, Ullund, Tislund, Onslund (en Suède, *lundr* de respectivement Freyr, Njörðr, Ullr, Týr et Óðinn), Torslunda (Danemark, sur Þórr), Forsetlund (Norvège, ce dernier particulièrement intéressant car il s'appliquerait à un « petit » dieu rarement mentionné, Forseti, qui régnait sur la justice : le mot, laïcisé, désigne aujourd'hui le président de la république d'Islande, on voudra bien se rappeler ce point pour l'intelligence de ce qui suivra). Et les deux Hofsstaðir islandais possédaient des fosses sacrificielles, apparemment. Il ne convient pas non plus de passer sous silence le rôle central que joue le lieu dit Hof dans *Vatnsdœla saga* (*La Saga des Chefs du Val-au-Lac*, en français).

J'ai voulu accumuler, un peu pêle-mêle, tous ces éléments pour donner une idée de la perplexité dans laquelle se trouve l'observateur qui tente de se faire une opinion sur cette question épineuse de l'existence, ou non, de temples, partant, de prêtres.

Je tiens tout de même à attirer l'attention du lecteur sur un fait qui me paraît d'une grande importance. Le grand scalde et ami de Saint Óláfr (Óláfr Haraldsson, dit le saint) Sighvatr Þórðarson, rapporte dans ses *Austrfararvisur* (Strophes d'un voyage à l'est parce qu'il avait été chargé par son royal ami d'une mission à accomplir en Suède, au départ de la Norvège) qu'il arriva, un soir, vers la date de Jól, le grand sacrifice du solstice d'hiver, avec son escorte, à une ferme en Värmland où il demanda l'hospitalité. Et contre tous usages, la maîtresse de maison qui était venue aux portes à la rencontre des voyageurs, leur refusa gîte et couvert, sous prétexte que l'on était en train de célébrer un grand sacrifice aux alfes (*álfablót*, une sorte d'équivalent de Jól, un sacrifice, *blót*, d'hiver, en tout cas) et que des étrangers ne pouvaient être admis dans ce temple – temple pour la circonstance. Sighvatr ne nous dit pas si cette femme était l'exécutrice du rite en question. Nous savons, cependant, que *goði* admettait un féminin, *gyðja*, qui a pu s'appliquer aussi à l'exercice de la magie.

Je remarque également que, pour les grands rites qui marquent la vie d'un homme, naissance, mariage, funérailles, moments, donc, où la présence d'un « prêtre » s'imposerait par excellence, on ne nous parle pas de célébrant dûment patenté, mais que c'est le chef de famille ou de clan qui, semble-t-il, se charge d'exécuter les gestes signifiants. Ainsi, dans toute la collection des sagas dites des Islandais (*Íslendingasögur*) ou de contemporains (*samtíðarsögur*), voire dites légendaires (*fornaldarsögur*), je ne vois pas un seul « prêtre » agissant *ex officio*. En revanche, *Vatnsdœla saga*, déjà sollicitée ici, laisse clairement entendre, lors de la mort d'Ingimundr le vieux qui fut le chef de famille, quel rôle « sacerdotal », – dans l'optique où nous sommes – joua ce personnage capital.

C'est pourquoi, pour conclure sur ce point, je suggérerais volontiers que le Nord germanique n'eut probablement pas de « temple » ni de « prêtre » au sens que nous avons coutume de conférer à ces termes. Cela ne signifie pas qu'il ne connut pas de lieux sacrés, temporairement ou pour une circonstance donnée, non plus que de personnes dotées des prérogatives attachées à l'exercice de fonctions relevant du religieux. Mais après tout : le *bær* (la ferme, si l'on veut) est bien le centre comme absolu de la vie, toute la vie, du Nord ancien, et le chef de famille assume bien toutes les valeurs qui s'attachent au culte de la famille dont nous savons qu'elle fut sacrée en Germania. Pourquoi vouloir projeter à force nos usages chrétiens ou bibliques, voire grecs ou latins, sur une réalité autre ? D'autant que nous n'avons pas encore épuisé la notion de « prêtre » qui nous préoccupe ici, tant s'en faut. Il est certainement temps maintenant de prendre la question sous un tout autre angle qui pourrait bien s'avérer fondamental.

*

De goði à goðorð : droit et sacré

Il faut partir du fameux mythe de Týr et de Fenrir. On se le rappelle : afin d'assurer l'ordre du monde, le dieu Týr, assurément fondamental puisque son nom même signifie « dieu » (**tīwaz* = *deus* en latin, c'est notre « dieu »), a accepté de perdre la dextre qu'il a laissée dans la gueule du loup Fenrir pour que le monde persiste (*Gylfaginning* de l'*Edda de Snorri*, chap.

25). Un pacte, un agrément légal a donc été conclu entre forces du Désordre et puissances de l'Ordre (je préfère ces dénominations à Bien et Mal), que scelle le sacrifice volontaire consenti par Týr. Lequel est l'incarnation même du Sacré, comme son nom l'indique. Il y a donc accord essentiel entre Sacré et Droit. Nous sommes là aux sources mêmes d'une vision capitale de l'homme, de la vie et du monde, que vérifie toute la documentation que nous sommes en mesure d'accumuler.

Car tout le vérifie : la notion première qui a cours dans cet univers s'appelle droit, loi. De l'existence, antérieure à toute autre manifestation écrite, des codes de lois au génie procédurier et chicaneur des Islandais tels qu'ils figurent dans les sagas, tout nous le prouve. *Með lögum skal land byggja en með ólögum eyða*, c'est par les lois que l'on édifiera un pays, c'est dans l'illégalité qu'il périra, cette fière formule revient dans toutes sortes de contextes, nul doute qu'elle n'ait traduit le plus profond de ces mentalités. Comme toujours, l'Islande illustre parfaitement cette idée, de la mission d'Úlfljótr envoyé en Norvège (930) étudier et retenir les lois en vigueur afin de les diffuser en Islande, à la *Járnsíða* (1271), dernier recueil de lois dû à l'Islande indépendante, tout nous confirme cette préséance.

C'est le lieu d'étudier de plus près une notion qui est en relations évidentes avec *goði*, celle de *goðorðsmaðr*, détenteur d'un *goðorð* et exerçant, à ce titre, une *mannaforráð*, une autorité (une administration des hommes, dit littéralement le terme). Il est clair que *goðorð* est un dérivé de *goði*.

(1) À l'origine, il est fort possible que le terme *goðorð* ait convoyé une notion sacrée, tout comme le mot *goði*. Le *Livre de Colonisation de l'Islande* spécifie qu'il devra y avoir un temple principal dans chaque *goðorð* – chose passablement surprenante puisqu'aucun « temple » n'aurait survécu à l'avènement du christianisme, officiel en 999 ! Il reste que le *goði* a probablement dû, cela comptait au nombre de ses prérogatives, « consacrer » le *þing* qui se tenait dans chaque subdivision administrative importante et proclamer la « paix » dudit *þing*. Il subsistera quelque chose de cette idée dans le titre que portera, une fois passée l'installation de l'*alþing*, en 930 donc, un homme appelé *allsherjargoði*, *goði* de toute « l'armée » (? Il va de soi que la formulation est tout à fait archaïque puisque l'Islande n'a jamais possédé d'« armée » !), qui doit consacrer l'*alþing*. Selon nos textes – mais nous avons fait les réserves qui, à notre sens, s'imposent – le *goði* était censé construire et entretenir un temple pour y célébrer les sacrifices. On lui aura versé, pour ce faire, un *hoftollr*, une sorte d'impôt pour le temple. Mais, une fois de plus, nous tiquons devant ce qui a tout l'air d'un calque sur les usages chrétiens. Il n'empêche

que, pour revenir à notre propos du moment, quelque chose de plus ou moins sacré a pu présider à la notion même de *goði, goðorð, goðorðsmaðr.*

(2) Toutefois, le texte précise bien, à propos du *goðorð* - que nous allons définir de plus près bientôt - *veldi er that, en eigi fé* : c'est un pouvoir, pas une richesse. Et de fait : les *goðorðsmenn* constitueront la classe politique dirigeante de l'Islande, ce sont eux qui mèneront les destinées de l'île pendant plus de trois siècles, l'Histoire s'infléchira selon l'orientation que prendra peu à peu cette notion. Mais leur éventuelle richesse n'intervient qu'en second lieu dans le respect que l'on voue à leurs fonctions.

(3) Car effectivement : le *goðorð* a premièrement un sens territorial. Il désigne d'abord l'implantation locale du *goðorðsmaðr*, c'est-à-dire le point à partir duquel rayonne, en quelque sorte, sa juridiction. On parle donc de Reyknesingagoðorð, *goðorð* des gens du Reykjanes, ou de Dalverjagoðorð, *goðorð* des hommes de la ou des Vallée(s). Cela, toutefois, ne signifie pas que ce pouvoir soit délimité strictement dans l'espace. Quiconque veut faire allégeance, en quelque sorte, à un *goðorðsmaðr*, peut le faire, indépendamment de l'endroit où lui-même ou ledit *goðorðsmaðr* ont leur domicile légal. Il ne s'ensuit pas que le *goðorð* ait une signification locale stricte ou que sa valeur tienne à la superficie qu'il couvre. En fait, le *goðorð* est une manière de possession abstraite, une propriété privée du *goðorðsmaðr* à laquelle *n'est pas* attachée une évaluation vénale.

(4) De la sorte, le nombre des *goðorð* aura initialement été de 36 : ce chiffre passera à 39 en 965 en raison de l'instauration des *fjórðungar* qui sont des subdividsions administratives ou « quarts » (du pays). La *Saga de Njáll le brûlé*, ratifiée par le code de lois dit *Grágás* nous explique que, vers l'an mil, ont été créés de nouveaux *goðorð* en raison de l'instauration d'une Cinquième Cour ou Tribunal Suprême.

(5) Étudions maintenant le fonctionnement de cette institution. Un *goðorð* peut se perdre en cas d'incapacité, il est donc clairement conçu comme une institution officielle. Il peut être acheté, donné sans consentement des *þingmenn* (un terme dont nous allons parler), vendu, tout ou partie, hérité - ce qui est le cas le plus fréquent. Un même *goðorð* peut être possédé par plusieurs personnes et, à l'inverse, un même homme peut posséder plusieurs *goðorð* : ce sera même la cause de la dégradation de la situation politique en Islande au XIIIe siècle et donc de la perte de l'indépendance en 1262-1264. Jusqu'au début du XIIIe siècle, une sorte de jeu de balance extrêmement subtil avait prévalu, entre les *goðorðsmenn*, aucun ne prenant le pas sur les autres, comprenons : aucun ne s'arrogeant de quelque manière que ce fût la possession de plusieurs *goðorð*. Dès que

cette situation changera, c'en sera fini, à plus ou moins longue échéance, de l'« âge de la paix » (*fríðaröld*). Car, vers la fin de cette période, il se trouve que tous les *goðorð* sont rassemblés entre cinq familles : nous sommes bien loin de la quarantaine initiale.

(6) Il convient, pour élucider davantage cette difficile question, de parler maintenant de *þingmaðr*, pluriel *þingmenn*. On se rappelle que le *þing* désigne l'assemblée saisonnière des hommes libres réunis pour décider en commun de toutes les questions d'ordre législatif et judiciaire. En principe, cette instance siège trois fois par an - en Islande, s'entend -, soit au printemps (*várþing*), en automne (*leið*) et à la mi-juin (*alþing*) qui est la manifestation principale. Comme l'Islande indépendante n'a jamais possédé ni armée, ni milice, ni police, on devine bien que les innombrables procès dont elle est passionnée et la conduite des affaires en général exigent une participation nombreuse. Un procès, par exemple, surtout s'il est célèbre et intéresse une bonne part de l'île, ne peut aboutir s'il n'est soutenu par un nombre de partisans élevé. En d'autres termes, qui veut être puissant ne saurait demeurer seul : c'est au nombre de ses partisans que l'on juge de la valeur et du pouvoir d'un chef !

Aussi a-t-on inventé la notion de *þingmaðr* : on appelle ainsi tout homme libre qui s'engage auprès d'un *goðorðsmaðr*, qui se fait son homme-lige en quelque sorte (mais il faut bien se garder des connotations féodales, ce type d'institution n'ayant jamais eu cours en Islande). Il se déclare *í þing með hánum* (en *þing* avec lui), ce qui signifie qu'il s'engage à l'accompagner au *þing*, à prendre part avec lui à cette assemblée, à l'assister en cas de besoin. On a déjà laissé entendre que la puissance d'un *goðorðsmaðr* tient au nombre de ses *þingmenn*. Il s'agit d'une libre convention passée entre les deux parties, elle est dénonçable à volonté, elle n'entraîne aucune obligation d'ordre géographique puisque tout homme libre peut se déclarer « en þing avec » le *goðorðsmaðr* qui lui plaît, ce dernier serait-il légalement domicilié à plusieurs centaines de kilomètres de là. L'essentiel, c'est que *goðorðsmaðr* et *þingmaðr* se doivent confiance et protection réciproques. Le *þingmaðr* est tenu d'accompagner son *goðorðsmaðr* au *þing* et de l'y assister, de même qu'en tout autre lieu. Et surtout : il doit verser à son *goðorðsmaðr* une sorte de redevance ou *þingfararkaup* (littéralement : taxe pour aller au *þing*). Ce trait ne saurait être négligé : il en ressort que le pouvoir du *goðorðsmaðr*, qui est d'abord, on l'a dit, de nature juridique et en quelque sorte spirituelle, se double de ressources matérielles certainement non négligeables. Extension géographique, prérogatives juridiques et morales, possession de ressources substantielles : on comprend maintenant pourquoi la détention de ce titre finira par susciter toutes les envies et les rivalités.

N'exagérons pas trop, toutefois, les aspects purement politiques de la question. L'exemple, bien attesté par les sagas, prouve que la détention d'un goðorð présentait aussi des aspects *humains* sympathiques. Le *goðorðsmaðr* pouvait acquérir un rayonnement moral, il donnait des fêtes, faisait des présents, consentait des prêts, cautionnait toutes sortes d'opérations économiques, accordait généreusement l'hospitalité.

(7) On peut insister, pour demeurer dans le droit fil de la thématique précise qui nous préoccupe ici, sur les charges de type étroitement juridique qui incombaient à la fonction de *goðorðsmaðr*. Soit : il avait – évidemment, dirai-je – le droit de vote au sein de la *lögrétta* ou instance législative siégeant lors de l'*alþing*. Sa présence était obligatoire – à des fins de vérification surtout –, lorsque le *lögsögumaðr* ou président de l'*alþing* exécutait la fonction pour laquelle il avait été expressément désigné par ses pairs, la récitation, par tiers (en trois ans, donc) de la loi (son nom signifie : homme qui dit la ou les lois). Le *goðorðsmaðr* devait nommer les juges d'un procès, mais il n'y figurait pas personnellement. Il faisait obligatoirement partie du *goðakviðr* ou jury des *goðar* puisque l'on sait que cette institution fut l'une des originalités de cet étonnant pays. Il avait également, dans certaines circonstances, le droit d'invalider des mesures qui avaient été prises, il possédait une sorte de droit de veto qui s'appelait *goðalýritr*. C'était à lui d'expulser de son district les criminels et autres trublions, ce pourquoi il avait besoin d'aide, celle, notamment, que lui devaient ses *þingmenn*. Il lui revenait encore de mener le *féránsdómr*, le tribunal d'exécution : cette dénomination s'appliquait au fait de veiller que la sentence qui avait été rendue par le tribunal lors de la session du *þing* fût exécutée. Il fallait, d'ordinaire, se rendre, en nombre, au domicile du condamné et exiger, si besoin est par la force, le versement des compensations qui avaient été fixées puisque cette juridiction ne connaissait pas la peine de mort. Enfin, et pour nous limiter là car nos textes fournissent parfois des indications supplémentaires qui ne sont pas toujours universellement vérifiées, c'était d'ordinaire le *goðorðsmaðr* qui, lorsqu'un bateau venait d'accoster au port voisin, fixait le prix de vente des marchandises et, d'aventure, en assurait la répartition.

Si l'on n'oublie pas que je ne m'attarde pas sur les prérogatives d'ordre purement humain qui s'attachaient au titre de *goðorðsmaðr*, on conviendra que la possession d'une pareille dignité ait été fortement convoitée. Ce n'est d'ailleurs pas un hasard si la plupart des *goðar* et *goðorðsmenn* se sont faits prêtres chrétiens dès la conversion officielle de l'île.

Il va sans dire encore que l'institution sera abolie avec le passage sous la Couronne de Norvège, en 1264, donc.

*

« Prêtre » qui exerce le droit, qui garde la loi, veille à son exécution : il est clair que la notion aura eu, dans ce monde, un sens juridique incontestable. L'exemple scandinave, notamment islandais, tel que l'on vient de l'aborder un peu, est éclairant, mais on voudra bien noter aussi que le vieux allemand *êwart*, anglo-saxon *æweweard*, termes qui signifient littéralement « gardien de la loi », traduisent le latin *sacerdos* ! Nous avons suffisamment vu que le *goði* (en soi et sous sa forme dérivée *goðorðsmaðr*) a aussi des pouvoirs temporels, et que les *goðar, goðorðsmen* en Islande formeront une classe politique dirigeante : ce point n'appelle pas contestation.

Il semble donc permis de dire que l'origine juridique du « prêtre » en domaine germanique ancien est probable. Il est l'homme qui dit le droit, qui veille à l'exécution du droit, qui garde le droit. Que cela me soit l'occasion de revenir une dernière fois au dieu primordial Týr. Une inscription qui figure sur le Mur d'Hadrien (en Grande-Bretagne, donc) et qui est due aux légions frisonnes qui séjournaient dans cette région, est dédiée à *Mars thincsus* : à bien des égards, Mars équivaut Týr, et pas uniquement sous des aspects purement martiaux. Ce qui doit retenir l'attention ici, c'est l'association comme naturelle de Týr et du *þing* : ne disons pas, chose que tout nous inciterait à penser, que Týr est dieu de la guerre (la guerre n'a jamais, que l'on sache, été l'idéal des anciens Scandinaves dont la religion baigne tout entière dans la magie et la quête d'un savoir qui est d'ordinaire de nature plutôt ésotérique), disons qu'il assume le droit dont il est l'incarnation, et l'exercice de la loi pour lequel il ferait figure de garant. Droit, loi : ce sont expressions privilégiées du Sacré, dans le Nord ancien, et par là, tout est dit.

LE « PRÊTRE VÉRITABLE » CHEZ CLÉMENT D'ALEXANDRIE

Laura RIZZERIO

Dans la littérature consacrée à l'étude de l'Église au début de l'ère chrétienne, les opinions concernant le rôle que Clément attribue à l'institution de la prêtrise, sont assez partagées. Certains, comme Albano Vilela dans son livre sur la *Condition collégiale des prêtres au* IIIe *siècle* [1], ou Ulrich Nymeyer dans son article *Presbyteroi bei Clemens von Alexandria* [2] ou encore A. Méhat dans son ouvrage important sur les *Stromates* [3] prétendent que l'œuvre de Clément d'Alexandrie est très significative pour comprendre l'organisation de la prêtrise au commencement de la religion chrétienne. Ces auteurs reconnaissent en effet que Clément a probablement été prêtre lui-même et qu'il a décrit, dans son œuvre, des figures bien réelles de ministres de l'Église. D'autres, au contraire, comme Harnack par exemple [4], ne voient qu'un « mur » de séparation entre le groupe de chrétiens rassemblés par Pantène et Clément dans leur école de catéchèse et l'Église d'Alexandrie, niant ainsi que notre auteur ait pu dévoiler quelque chose d'intéressant à propos de la figure du « prêtre » au commencement de l'ère chrétienne.

Les argumentations des uns et des autres sont claires et pour certains aspects, vraies de la même manière. De prime abord, donc, la question se révèle complexe.

Par ce bref exposé, nous souhaiterions démontrer qu'on n'est pas obligé de trancher entre ces deux positions. Car, s'il n'est pas erroné de vouloir

1. Coll. Théologie historique, 14, Paris, Beauchesne, 1971, p. 27-41.
2. Dans *Studia Patristica* 31, Leuven, Peeters, 1997, p. 493-496.
3. A. MÉHAT, *Études sur les Stromates de Clément d'Alexandrie*, Paris, Seuil, 1966, p. 55-70.
4. A. HARNACK, *Die Quellen der sogenannten Apostolischen Kirchenordnung* (Texte und Untersuchungen, 2/5), Leipzig, 1886.

chercher chez Clément une description importante de cette institution ecclésiastique que fut la prêtrise au début de l'ère chrétienne, il faut aussi reconnaître que le maître d'Alexandrie assigne au prêtre une place particulière dans son économie du salut, le sortant le plus souvent du cadre institutionnel dans lequel nous aurions tendance à le figer.

Pour confirmer notre interprétation, nous avons choisi la méthode de l'analyse des termes par lesquels Clément désigne ce que nous pouvons reconnaître comme le prêtre de l'Église. Ces termes sont au nombre de trois: ἱερεύς, ἀρχιερεύς et πρεσβύτερος [5].

Le terme ἱερεύς, dans la plupart des cas, signifie le ministre du culte païen ou juif. Ainsi, l'ἱερεύς est généralement le prêtre égyptien [6] ou le Lévite [7]. Dans trois contextes seulement le maître d'Alexandrie utilise ce vocable pour désigner le prêtre chrétien, mais ces contextes se révèlent assez significatifs.

En *Stromates*, IV, 157, 3 et s., dans un discours qui porte sur la purification de ceux qui croient au Christ et qui peuvent ainsi s'unir à Lui, Clément cite un extrait du livre d'Ézéchiel qui fait référence aux Lévites, c'est-à-dire aux seuls autorisés, dans la tradition juive, à pénétrer dans le « sanctuaire » de Dieu [8] et il affirme :

> Partant, seuls ceux qui vivent dans la pureté sont vraiment prêtres (ἱερεῖς τοῦ θεοῦ) de Dieu. Et c'est pourquoi, de toutes les tribus circoncises on regarde comme plus saintes celles qui oignaient pour faire les grands prêtres (ἀρχιερεῖς), les rois et les prophètes.

Dans ce contexte, le ἱερεύς n'est plus le ministre du culte de la tradition juive, mais bien l'homme qui vit dans la pureté et qui est devenu capable de faire confiance à Dieu et de croire en Lui. Ce sont donc les purs, c'est-à-dire ceux qui ont voulu croire au Fils de Dieu, à pouvoir être oints, et c'est eux qui deviennent prêtres. Les autres, ceux qui n'ont pas

---

5. Le terme μύστης n'est jamais utilisé pour indiquer le « prêtre ». Clément l'emploie seulement pour indiquer l'initié aux mystères : cf. *Stromates*, I, 153, 2 ; I, 154, 1 ; *Stromates*, II, 106, 1 ; V, 30, 5. En *Protreptique* 120, 1, τὸν μύστην est l'initié « chrétien », c'est-à-dire, celui qui reçoit du Christ le signe de la foi lequel, dans le contexte, correspond au signe de la lumière. Ailleurs, en effet, en s'appropriant le langage des mystères, il appelle le Christ le « mystagogue » qui intie les chrétiens à la connaissance des « mystères ». Cf. *Stromates*, IV, 162, 3.

6. Cf. *Stromates*, I, 69, 1 et s. ; I, 180, 1 ; V, 41, 1 ; VI, 37, 2 ; VII, 33, 8.

7. Cf. *Stromates*, I, 111, 3 ; I, 120, 2 ; I, 149, 3 ; II, 86, 3 ; II, 147, 1 ; IV, 161, 3. Cf. *QDS* 28, 3.

8. 44, 9-10 : « Tout fils d'une autre race est incirconcis de cœur et incirconcis dans la chair [...] nul n'entrera dans mon sanctuaire parmi les étrangers, vivant au milieu de la maison d'Israël, sinon les Lévites. » Clément ajoute : « or il appelait étrangers ceux qui n'ont pas voulu croire, mais ont préféré rester incrédules. »

voulu croire et qui sont restés « étrangers » à Dieu, en aucun cas ne peuvent aspirer à l'ordination leur permettant de pénétrer dans le saint des saints. Exploitant la fonction sacerdotale telle qu'elle était conçue dans la tradition juive à la lumière de la bonne nouvelle du christianisme, Clément parvient à rattacher celle-ci à la foi au Christ et à la rectitude morale du ministre qui l'exerce, la sortant ainsi du formalisme de la pure fonction. De cette manière, Clément fait du ἱερεύς un des enfants les plus parfaits de l'Église chrétienne.

Stromates, V, 39, 3-40, 1, confirme cette interprétation et montre, à sa manière que, pour Clément, la prêtrise est plus liée à un état du cœur de l'homme qu'à une fonction qu'il faut exercer dans la communauté qui en a déterminé l'élection. C'est le contexte bien connu dans lequel Clément propose sa remarquable interprétation allégorique du culte mosaïque, et plus spécialement du temple juif et des vêtements sacrés du prêtre. Après avoir pris en considération certains objets du culte, comme le chandelier, le rideau ou le voile du saint des saints, il s'attaque à la robe du grand prêtre pour en offrir une interprétation mystique et en proposer une signification théologique. Au beau milieu de cette lecture symbolique, Clément propose une interprétation mystique de l'entrée du grand prêtre dans le saint des saints en citant, d'une manière on ne peut plus claire, les caractéristiques qui, à ses yeux, sont celles du « véritable prêtre » de Dieu :

> C'est alors que le grand prêtre (ἀρχιερεύς), après avoir quitté la tunique sanctifiée - le monde et la création dans le monde ont été sanctifiés par celui qui a reconnu excellents les êtres créés - se lave et revêt l'autre tunique, celle du saint des saints, pour ainsi dire, celle qui entrera avec lui dans le sanctuaire secret. Il indique ainsi, me semble-t-il, que le lévite est aussi le gnostique en tant qu'il peut être au-dessus des autres prêtres : ceux-ci ont été lavés par l'eau, se sont revêtus de la foi seule et reçoivent la demeure qui leur est propre, mais lui, qui discerne les choses intelligibles des sensibles, qui se hâte, en dépassant les autres prêtres, dans son ascension vers l'entrée du monde spirituel, est lavé des choses d'ici-bas non plus par l'eau, comme auparavant lorsqu'il était purifié à son admission dans la tribu lévitique, mais déjà par le Logos de connaissance. Pur dans son cœur tout entier, ayant parfaitement dirigé sa conduite jusqu'au sommet, ayant grandi bien au delà de la taille de simple prêtre, en un mot sanctifié de parole et de vie, revêtu de plus de l'éclat de la gloire, recevant l'héritage indicible de l'homme spirituel et parfait, « que l'œil n'a pas vu, que l'oreille n'a pas entendu et qui n'est pas monté au cœur de l'homme », devenu fils et ami, il est déjà « face à face », rempli de la contemplation qui ne rassasie pas.

Cette description est extrêmement importante pour le but de notre analyse, car elle confirme, à elle seule, que pour Clément, le ministre du culte ne se reconnaît pas tout d'abord à la fonction qu'il exerce, mais bien à la manière de vivre qu'il témoigne, devant finalement être identifié au véritable gnostique lui-même.

Encore une fois, Clément exploite un terme comme ἱερεύς, lié dans la tradition et dans les religions anciennes à la fonction ministérielle de la prêtrise, pour indiquer le véritable fidèle de Dieu. Cet ἱερεύς, qui, grâce à sa foi, est devenu capable de progresser sur le chemin de la perfection jusqu'à entrer dans le « saint des saints » des mystères divins, est aussi celui qui, par ses compétences intellectuelles et par sa conduite morale acquises en cours de route, de simple Lévite, est devenu ἀρχιερεύς, grand prêtre de Dieu.

Pour Clément, donc, le seul véritable ἱερεύς de Dieu semble être le « véritable gnostique » [9]. En *Stromates*, VII, 36, 2, d'ailleurs, en décrivant dans les détails les caractéristiques du vrai gnostique, le maître d'Alexandrie s'exclame : « oui, voilà vraiment l'homme royal, voilà le prêtre pieux de Dieu ».

Tout en utilisant une terminologie traditionnelle, Clément parvient ainsi à penser autrement la fonction ministérielle dans l'Église : ce n'est pas avant tout par l'ordination que les prêtres de l'Église sont véritablement tels, mais bien par leur conduite « morale », c'est-à-dire par leur foi, leur connaissance, et leurs œuvres.

Le second terme utilisé pour parler du prêtre est ἀρχιερεύς. Nous venons de constater que Clément l'utilise notamment lorsqu'il s'agit de désigner le prêtre au niveau le plus parfait, c'est-à-dire celui qui est capable de s'introduire dans le « sanctuaire » de Dieu et de pénétrer ses mystères, en dépassant même le niveau auquel parvient le simple ἱερεύς. Or, dans la plupart des cas, le maître d'Alexandrie utilise ce terme pour désigner le Logos lui-même, c'est-à-dire le Christ Fils de Dieu [10]. Pour lui, le Christ est le grand-prêtre de Dieu à plusieurs titres. Tout d'abord, parce qu'il est sacrifice offert au Père pour le salut des hommes (en ce sens il représente à la fois le prêtre et le sacrifice de l'autel) [11] ; en second lieu, parce qu'il est le seul à pouvoir célébrer le sacrifice royal, étant le véritable guide des hommes et l'unique connaisseur du vrai culte de Dieu [12] ; finalement, parce

9. Pour Clément, cette expression désigne le chrétien qui a confirmé et approfondi sa foi jusqu'à la rendre inébranlable et parfaitement consciente d'elle-même, capable de pénétrer dans les mystères de la connaissance divine.

10. Le Logos est le grand-prêtre : cf. *Stromates*, II, 21, 4 ; II, 134, 2 ; IV, 151, 3 ; VI, 153, 4 ; VII, 9, 2 ; VII, 13, 2.

11. Cf. *Pédagogue*, II, 67, 1

12. Sur cette thématique, cf. S. LILLA, *Clement of Alexandria. A Study in Christian Platonism and Gnosticism*, Oxford, University Press, 1971, p. 158-160. Pour Lilla, cependant, Clément ferait allusion ici au Logos en tant que maître de la

qu'il est le Fils de Dieu. Le fait que Clément appelle du même nom, ἀρχιερεύς, le Christ et le véritable prêtre n'est donc pas sans signification par rapport à sa manière de concevoir la prêtrise. En effet, si le prêtre le plus parfait est nommé du nom même du Christ, véritable prêtre de Dieu, cela signifie que, pour le maître d'Alexandrie, la prêtrise véritable n'est pas autre chose qu'une participation au sacerdoce du Christ. Le véritable ἱερεύς correspondra donc à l'homme qui, plus que tout autre, a obtenu la ressemblance avec le Christ. Et puisque la ressemblance avec le Christ constitue la condition pour obtenir la véritable gnose [13] et qu'elle perdure comme un des ses acquis aussi [14], alors on peut dire que, pour Clément, le véritable prêtre de Dieu n'est autre chose que l'homme « véritablement gnostique » [15].

En ce qui concerne le terme πρεσβύτερος, les contextes dans lesquels on le retrouve sont au nombre de 52. Lorsqu'on les examine, on se rend compte assez facilement que, par ce terme, Clément veut signifier trois réalités différentes et en même temps étroitement liées les unes aux autres: le « vieillard » qui transmet la « vénérable tradition » du passé ; le ministre de l'Église visible, qui prie, qui vit dans la justice, qui impose les mains et qui enseigne; l'homme bienheureux, qui prend part à l'héritage divin ayant accompli justement et correctement sa mission humaine sur la terre.

Dans la plupart des cas, πρεσβύτερος désigne l'« ancien », c'est-à-dire la personne respectable et dotée d'une certaine autorité, mais qui n'est pas nécessairement chargée du sacerdoce ministériel. Plus rarement, Clément l'emploie ouvertement pour désigner le prêtre de l'Église, aussi bien celui qui exerce une fonction ministérielle dans l'Église visible, que celui qui touche à une réalité eschatologique. Il devient alors très difficile de déterminer si, pour Clément, πρεσβύτερος signifie le prêtre tel qu'il existait à l'époque dans le *presbyterium* d'Alexandrie [16], ou bien une figure idéale

---

gnose, dispensant celle-ci en guise de salut. Je ne peux pas suivre Lilla dans cette interprétation.

13. Cf. *Stromates,* II, 134, 2.

14. Cf. *Stromates,* VI, 150, 3 ; VII, 16, 5, et surtout VII, 13, 2.

15. Pour la signification de cette expression chez Clément, cf. la note 10.

16. Eusèbe (*H. E.*, VI, 11) nous fait part d'une lettre envoyée par Alexandre de Jérusalem à l'Église d'Antioche : « Je vous envoie cette lettre, mes seigneurs et frères, par Clément, le bienheureux presbytre, homme vertueux et éprouvé, que vous connaissez vous aussi, et que vous reconnaîtrez. Durant son séjour ici, effet de la providence et de la vigilance du maître, il a fortifié et accru l'Église du Seigneur. » Cette lettre a été interprétée comme si Clément était prêtre de l'Église. Jérôme et Rufin semblent préciser ce fait, mais à une époque assez tardive et sans autre référence précise (cf. Hier., *Vir. Ill.*, 38, *Ep.*, 70, 4 ; Ruf. *apud* Hier., *adv. libr. Ruf.*, 11, 17). A. MÉHAT, quant à lui (*Études sur les Stromates*, p. 55 et s.), contre Quatemberg, Osborn et Völker, trouve qu'on a raison de croire au renseignement

d'homme parfait à laquelle il souhaiterait que les « prêtres » de l'Église ressemblent davantage.

Pour mieux comprendre cette question, il faut examiner plus en détail chacune des trois significations du terme πρεσβύτερος, lesquelles, d'ailleurs, ne sont pas étrangères les unes aux autres.

L'attestation la plus courante de πρεσβύτερος est celle qui désigne l'« ancien », le « vieillard » ; Clément la dérive du langage de son époque. Malgré son apparente généralité, cette attestation est très intéressante pour notre analyse, car elle nous permet de comprendre le lien que Clément établit entre le sacerdoce institutionnel et la « tradition » apostolique.

Nous la trouvons en *Stromates*, I, 149, 1, par exemple, où il est question de la traduction de l'Ancien Testament en grec. Clément explique les raisons et les méthodes qui ont abouti à cette remarquable version des Écritures et il nous dit que les traducteurs furent choisis parmi « les mieux renommés soixante-dix vieillards (πρεσβύτεροι) versés dans les Écritures et sachant le grec » (trad. Mondésert). Le texte nous laisse entendre que, si tel πρεσβύτερος a été choisi en tant que « traducteur » de la parole de Dieu, c'est n'est pas à cause de son âge, mais surtout à cause des « ses » compétences et de sa « sagesse ». Le terme πρεσβύτερος (que Mondésert traduit par « vieillard ») indique donc non seulement l'âge de la personne dont on parle, mais aussi et surtout ses compétences et sa respectable « sagesse ». En ce sens, πρεσβύτερος signifie le « vieillard » dans le sens de l'homme auquel l'âge a permis d'atteindre une certaine perfection et une certaine « sagesse », en lien avec la véritable tradition des anciens.

Stromates, I, 180, 1 et s., où le terme est utilisé comme adjectif, fournit une confirmation de cette interprétation : Clément joue ici avec les termes de « jeune » et « vieillard » pour signifier que la tradition juive, et donc chrétienne, est plus honorable et respectable que la tradition grecque, étant plus ancienne (πρεσβύτερα) qu'elle.

> Aussi le prêtre (ἱερεύς) égyptien, dans Platon, avait parfaitement raison de dire : « Solon, Solon, vous autres Grecs vous n'êtes que des enfants. Vous ne gardez pas dans votre âme la moindre idée ancienne (ἀρχαίαν) transmise par un antique (παλαιά) enseignement. Il n'y a pas un vieillard (γέρων) chez les Grecs (*Timée*, 22b). » Par « vieillards », il entendait, je suppose, des gens qui connussent les anciennes (πρεσβύτερα) doctrines, c'est-à-dire les nôtres et, *vice-versa* par « jeunes » (νέους) ceux qui exposaient comme vieilles (παλαιά) et antiques (ἀρχαῖα) les idées récentes (νεώτερα) mises à l'étude par les Grecs, idées nées d'hier.

---

fourni dans la lettre d'Alexandre de Jérusalem, et de reconnaître que Clément était prêtre.

On voit alors que ce qui fait d'un homme un πρεσβύτερος est surtout la « possession » de doctrines anciennes (πρεσβύτερα) liées à une tradition respectable [17].

Dans sa signification la plus courante, πρεσβύτερος désigne donc la figure respectable et pleine d'autorité d'un « sage » ancien lié à une tradition « vénérable ». Il est intéressant de noter que, dans les *Eclogae Propheticae*, Clément relie cette signification de πρεσβύτερος en tant que « maître » de la tradition du passé à l'enseignement de cette même tradition. Les « anciens » sont alors les personnes qui se consacrent entièrement à la transmission orale de cette tradition en devenant ainsi les « passeurs » d'une doctrine qu'ils ont reçue, directement ou indirectement, des Apôtres [18]. Et cela est particulièrement significatif pour le but de notre analyse car, comme on va le voir, dans les seuls contextes où le terme πρεσβύτερος désigne le « prêtre » de l'Église, Clément fait justement de l'enseignement de la tradition apostolique une des tâches prioritaires de celui-ci.

Venons-en à la seconde signification, plus rare (seulement quelques contextes), de πρεσβύτερος dans laquelle Clément utilise ce terme pour désigner clairement le sacerdoce ecclésiastique. Elle est attestée en *Stromates*, VI, 106, 2, et en *Stromates*, VII, 3, 3, deux contextes significatifs qui nous révèlent deux autres caractéristiques fondamentales du prêtre selon Clément.

Stromates, VI, 106, 1-2, montre que l'institution de la prêtrise est liée à l'ordination et que celle-ci correspond, plus ou moins, à une « élection » :

> 1. Il est donc possible, aujourd'hui encore, à ceux qui s'exercent dans les commandements du Seigneur et qui vivent de manière parfaite et gnostique selon l'Évangile, d'être ajoutés à la liste des apôtres. 2. Un homme est réellement prêtre (πρεσβύτερος) de l'Église et diacre véritable de la volonté de Dieu s'il fait et enseigne ce que dit le Seigneur. Il n'est pas choisi par un vote humain ni considéré comme juste parce qu'il est prêtre, mais il

17. Ce lien du πρεσβύτερος avec la tradition est d'ailleurs très bien mis en évidence à plusieurs reprises par Clément, par exemple en *Stromates*, II, 8, 4, où il est question de la foi et du témoignage qu'elle constitue pour les « anciens » ou en *Stromates*, III, 72, 1, où le πρεσβύτερος s'identifie à un sage de l'Ancien Testament, pris en exemple pour sa capacité de respecter la loi (en l'occurrence la loi de chasteté relative à une femme qui vient d'accoucher). Dans les deux cas, le πρεσβύτερος est reconnu à son lien avec la tradition et au fait qu'il s'y enracine. C'est d'ailleurs ce lien qui lui confère l'autorité indiscutable dont il bénéficie et la possession de la sagesse.

18. Cf. *Hypotyposeis*, fr. 13 ; *Ecl.*, 27, 1-28, 1 ; *Stromates*, VI, 61 : « cette gnose, dit-il, venue des apôtres et transmise oralement, est parvenue par succession jusqu'à un petit nombre d'hommes » ; *Stromates*, I, 11 : « Concernant la vraie tradition de l'enseignement bienheureux, reçue immédiatement des apôtres Pierre et Jacques, Jean et Paul, les *didascales* sont venus jusqu'à nous pour déposer ces semences des ancêtres et des apôtres. »

> est mis au nombre des prêtres parce qu'il est juste. Même si, sur cette terre, il ne reçoit pas l'honneur d'être au premier rang, il siégera sur l'un des vingt-quatre trônes pour juger le peuple, comme le dit Jean dans l'Apocalypse.

En se basant sur ce texte, nous devons admettre que Clément reconnaît l'ordination comme moment fondateur de l'institution sacerdotale. Le contexte précise cependant que cette condition, tout en étant nécessaire, n'est pas suffisante à désigner quelqu'un comme prêtre, la conduite morale de celui-ci étant aussi importante que l'ordination pour l'exercice du ministère. En effet, dit-il, ce n'est pas parce qu'on est élu, qu'on est juste, c'est normalement parce qu'on est juste qu'on est élu. Les caractéristiques morales du ministre du culte semblent primer sur la forme et même sur le « sacrement » reçu lorsqu'il s'agit de nommer le véritable prêtre de Dieu, car l'ordination à elle seule, n'est pas en mesure de conférer, à qui la reçoit, les qualités et les prérogatives requises par l'exercice d'un authentique ministère sacerdotal. Cela est tellement vrai, que même si le πρεσβύτερος n'est pas reconnu comme tel par l'Église, et qu'il n'est donc pas « ordonné », dans l'au-delà, lorsque tout le monde sera forcé de reconnaître ses qualités morales et intellectuelles irréprochables, il recevra les honneurs qu'il a mérités.

De cette manière, Clément montre la haute estime qu'il a du sacerdoce ministériel, car il insiste sur le fait qu'aucun acte formel ne peut l'instituer dans le cœur de l'homme, celui-ci devant, de l'intérieur, s'ouvrir à la foi et à la suite du Christ par un acte de liberté personnelle.

L'autre contexte dans lequel πρεσβύτερος est utilisé pour désigner le prêtre, *Stromates*, VII, 3, 1-4, révèle un autre détail important de la fonction sacerdotale :

> Le service de Dieu consiste donc pour le gnostique à garder constamment son âme attentive et à s'occuper de ce qui est divin en lui en vertu de l'amour continuel. Or, du service qui concerne les hommes, une partie améliore, l'autre relève de la soumission. Si la médecine améliore le corps, la philosophie le fait pour l'âme. Mais le profit que retirent des enfants les parents et des sujets les chefs procède de la soumission ; de même dans le cas de l'Église, les πρεσβύτεροι préservent l'image de l'amélioration, et les diacres celle de la soumission. Ce double genre d'assistance est exercé tant par les anges dans leur soumission à Dieu pour l'administration des choses terrestres que par le gnostique lui-même ; en effet, si celui-ci est assistant de Dieu, il fait voir aux hommes la contemplation qui améliore, de sorte que sa fonction soit d'éduquer pour redresser les hommes.

Ce contexte montre que, pour Clément, le véritable prêtre se doit d'éduquer et d'enseigner. Le prêtre de Clément, tout en restant soumis à

Dieu, doit pouvoir transmettre l'enseignement du Seigneur, ce qui veut dire la tradition venant des apôtres, et montrer aux hommes comment ils peuvent atteindre la contemplation qui améliore. Cette caractéristique du prêtre, Clément la met bien en évidence aussi lorsqu'il parle de son maître Pantène, qu'il désigne d'ailleurs comme l'exemple le plus parfait du πρεσβύτερος [19]. Il le décrit en effet comme un « esprit rempli de grâce », un homme bienheureux aux « enseignements brillants et pleins d'âme », héritier des apôtres dont il a sauvé la vraie tradition. Clément se montre fasciné par cette figure comme il l'est par tous les πρεσβύτεροι qui, comme son maître, ont contribué à transmettre l'enseignement du Christ. C'est à eux qu'il reconnaît, de préférence, le titre de *« prêtres »,* ministres de l'Église, parce que c'est grâce à leur exemple de vie et à leur enseignement qu'une foule d'hommes a pu entreprendre le chemin de la conversion et atteindre la perfection. Si l'on s'en tient à ce qu'il dit dans les premiers chapitres du premier livre des *Stromates*, ces πρεσβύτεροι dispensent un enseignement à la manière des philosophes, se réunissant dans des écoles et suivant une méthode très didactique, basée sur la transmission orale, et donc dialectique, de la doctrine. Celle-ci doit être apprise par étapes et provoquer, en celui qui la reçoit, un véritable changement existentiel. L'enseignement de la philosophie proprement dite, n'est d'ailleurs pas exclu de cette doctrine dont les πρεσβύτεροι sont maîtres. Car la philosophie, surtout la dialectique, constitue une aide précieuse dans la transmission du savoir au disciple : elle lui permet de s'ouvrir plus facilement à la « bonne nouvelle » de l'Évangile et représente un atout pour se défendre contre les fausses argumentations des adversaires, par exemple les gnostiques hérétiques, riches en sophismes mais non « logiques » [20]. Lisant le prologue à *Stromates*, I, ainsi que les quelques références à cet enseignement qui sont proposées dans les *Eclogae Propheticae,* on a bien l'impression que, dans cette fonction, Clément assimile le πρεσβύτερος au διδάσκαλος, le chargeant d'enseigner, sans écrire, la « bienheureuse tradition gnostique », et d'imiter, tant que faire se peut, le seul véritable διδάσκαλος, le *Logos* Fils de Dieu. Dans son activité « pédagogique », et de surcroît philosophique, le prêtre est alors associé au sacerdoce même du Christ, seul vrai διδάσκαλος de l'humanité.

Cette description du πρεσβύτερος comme maître de la vénérable tradition apostolique, comme homme de justice et de rectitude morale est en tout comparable à celle que Clément propose lorsqu'il s'agit de décrire

19. Cf. *Stromates*, I, 14, 1 et s.
20. Ceci est dit surtout en *Stromates*, I.

l'homme parfait, c'est-à-dire le vrai gnostique [21], comme on peut le constater surtout dans les livres VI et VII des *Stromates*.

Nous en trouvons un exemple en *Stromates*, VI, 115, 1 et s., où, en parlant du vrai gnostique, Clément dit ceci :

> C'est donc le gnostique qui imprime en lui la ressemblance la plus proche : la pensée que le maître avait dans l'esprit lorsqu'il donna aux hommes sensés et sages des ordres et des conseils, il l'a comprise, comme le voulait Celui qui enseignait et il se l'est appropriée grâce à son intelligence de grande classe ; il enseigne remarquablement sur les toits les hommes capables de devenir un édifice élevé et, par l'exemple de son comportement, il est le premier à donner force à ce qu'il dit.

Et un autre en *Stromates*, VI, 117, 1 :

> Ainsi, c'est le gnostique qui sait aussi quand, comment et à qui il faut parler. Effectivement, l'Apôtre, dans l'expression « selon les éléments du monde et non selon le Christ » transmet l'idée que l'enseignement des Grecs n'en est qu'au stade des éléments, alors que celui qui est selon le Christ est parfait, comme nous l'avons déjà indiqué plus haut.

Clément semble donc identifier l'homme parfait et le πρεσβύτερος auxquels il confie la tâche, d'une part d'imiter le Christ et d'autre part de transmettre sa parole. En d'autres termes, lorsqu'il décrit le πρεσβύτερος comme prêtre de l'Église, maître de l'enseignement du Christ, Clément lui attribue inévitablement les mêmes fonctions qu'il attribue aussi à son « véritable gnostique ». On commence alors à comprendre pourquoi Clément parle si peu du *prêtre en tant que tel.* Évitant d'insister sur la figure officielle du ministre de l'Église, il préfère parler directement de l'homme gnostique, en y associant cependant explicitement le πρεσβύτερος.

Reste à savoir quel est le modèle de notre auteur lorsqu'il identifie l'homme parfait au prêtre, éducateur et maître de la tradition apostolique. Est-ce que, pour décrire le « véritable gnostique », il s'inspire de la figure institutionnelle du « prêtre » de l'Église, la reconnaissant comme la seule capable de conduire le chrétien à l'acquisition de la perfection, ou bien est-ce qu'il s'inspire plutôt d'un idéal d'homme parfait, son « véritable gnostique », pour montrer comment devraient se comporter tous les chrétiens, et particulièrement les plus engagés parmi eux, c'est-à-dire les ministres mêmes de l'Église ?

Répondre à cette question est loin d'être aisé. Dans le cadre de ce que nous avons vu jusqu'à présent, un certain nombre d'éléments invitent à croire que Clément tient compte de l'institution du sacerdoce ministériel de

21. Ce genre de description est présenté surtout dans le livre VII des *Stromates*.

l'Église lorsqu'il associe la figure du prêtre à celle du « véritable gnostique ». Nous pouvons en citer trois.

Tout d'abord, en *Stromates*, VI, 106, Clément place la figure du πρεσβύτερος dans une hiérarchie qui peut être facilement assimilée à une structure ecclésiastique réellement existante : le prêtre occupe la place médiane entre l'évêque, son supérieur, et le diacre, son inférieur, et il est chargé d'accomplir une tâche particulière, associée au rang qu'il occupe. Il ne s'agit pas du « service » d'autrui et de la communauté (prérogative du diacre) ; il ne s'agit pas non plus du gouvernement de l'Église (prérogative de l'évêque). Il s'agit surtout de l'enseignement et de la transmission de la « bienheureuse tradition apostolique ». Toujours dans le même contexte, Clément fait allusion au fait que le prêtre peut « imposer » les mains en signe de bénédiction ou pour administrer les sacrements. Conformément à l'usage du temps, Clément précise aussi que le prêtre peut se marier, pourvu qu'il vive son mariage dans la « sainteté » [22]. En *Stromates*, VII, finalement, Clément dit que le gnostique est un homme de prière et qu'il prie « toute la vie » et pas seulement aux « heures » indiquées dans la liturgie canonique (la 3e, la 6e et la 9e) [23].

Tous ces détails font penser que, dans certains contextes dans lesquels il est question du πρεσβύτερος comme prêtre de l'Église, Clément transfère au mode de vie du « vrai gnostique » certaines règles de la vie des prêtres de l'Église d'Alexandrie. En ce sens, la figure, bien réelle, du prêtre de l'Église de son temps serait le modèle utilisé par Clément pour décrire l'idéal de perfection attribuée au « véritable gnostique ».

Dans la troisième signification que Clément attribue au terme πρεσβύτερος, cependant, les choses ne sont plus aussi évidentes.

Dans la suite de *Stromates*, VI, 106, que nous venons de citer, et précisément en 107, 2 - 108, 1, Clément rattache davantage le πρεσβύτερος aux réalités eschatologiques, l'identifiant à un homme bienheureux, parfait, baigné dans la contemplation de la vérité, mais détaché de la réalité terrestre de l'Église :

> Les rangs progressifs d'évêques, de prêtres et de diacres qui existent ici-bas dans l'Église reproduisent, d'après moi, la gloire des anges et ce régime attendu, d'après les Écritures, par ceux qui ont vécu en marchant sur les pas des Apôtres, avec une justice parfaite selon l'Évangile. Lorsqu'il auront été emportés sur les nuées, écrit l'Apôtre, ils commenceront par être diacres, puis ils seront mis au rang des prêtres par un progrès en gloire – chaque gloire est différente –, jusqu'à ce qu'ils parviennent à l'homme parfait. **108, 1** D'après David, ceux-là « reposeront sur la

22. *Stromates*, III, 90, 1.
23. Cf. *Stromates*, VII, 40, 3.

montagne sainte de Dieu », l'Église d'en haut, où se réunissent les philosophes de Dieu. Ce sont eux les Israélites véritables, les hommes au cœur pur, en qui il n'est point de ruse. Ils n'en sont pas restés au repos du septième jour, mais, par une conduite bonne qui rend semblable à Dieu, ils se sont haussés jusqu'à l'héritage de la perfection du huitième jour, se vouant par une vision toute pure à une contemplation exempte de satiété.

Clément transpose ici, dans les réalités eschatologiques, la structure de la hiérarchie ecclésiastique à laquelle nous venons de faire allusion. Son témoignage devient alors extrêmement significatif pour comprendre la place réelle qu'il attribue au prêtre lorsque celui-ci est pris comme modèle du monde eschatologique. Dans celle-ci, le πρεσβύτερος n'est plus l'homme le plus parfait, celui-ci étant identifié plutôt à l'évêque, mais l'intermédiaire entre le diacre (le moins parfait) et l'évêque (le plus parfait). Cette répartition n'est pas étonnante, car on l'avait déjà rencontrée lors de l'emploi des termes ἱερεύς et ἀρχιερεύς, la différence entre les deux dépendant alors essentiellement de la différence de degré de perfection des ministres du culte : l'ἀρχιερεύς est supérieur à l'ἱερεύς parce qu'il est plus parfait et plus semblable au Christ, le seul et véritable ἀρχιερεύς de Dieu. En ce sens, tout comme dans le cas de ἱερεύς, πρεσβύτερος signifierait ici le prêtre qui n'a pas encore atteint le niveau de perfection qui est caractéristique de l'homme véritablement gnostique et qui ne peut donc pas encore accéder au sommet de la hiérarchie. D'une manière assez évidente, on voit que Clément présente la figure du prêtre comme une étape du chemin qui mène à la perfection et à la sainteté. Les différents degrés de réalisation de la prêtrise sont établis sur la base de la réalisation de cette même perfection, la limite extrême étant fixée par le Christ lui-même. Uniquement le Christ, en effet, dans la perfection de sa nature divine, peut accomplir pleinement la fonction du prêtre. L'homme le peut imparfaitement et par intervention de la grâce divine.

À côté du fait, donc, que Clément se réfère au sacerdoce ministériel de l'Église en montrant qu'il le connaît assez bien, on constate aussi qu'il idéalise la fonction ministérielle du sacerdoce. En effet, s'il tient à inscrire le parcours de son « prêtre » dans le cadre du parcours institutionnel des ministres de l'Église, en accordant une place d'honneur aussi bien à l'ordination qu'aux fonctions ministérielles, il est porté aussi à croire que la prêtrise est une mission de tout chrétien et que son accomplissement représente l'idéal de perfection que tout fidèle du Christ devrait chercher à atteindre.

Que pouvons-nous en conclure ?

Tout d'abord, que Clément connaissait sans doute la condition des prêtres dans l'Église, et que son œuvre est importante pour comprendre comment fonctionnait à son époque l'institution de la prêtrise, car il nous parle de cette même institution, en la reconnaissant comme la seule valable dans l'Église de Dieu. Rien ne nous porte à exclure qu'il ait pu être prêtre lui-même. On constate cependant aussi que Clément cherche à dépasser la simple fonction ministérielle du « prêtre » pour indiquer, à propos de celui-ci, que l'accomplissement de sa mission est inévitablement lié à l'acquisition de la perfection. Il est persuadé, en effet, que l'Église a besoin de ministres capables de vivre d'abord, et d'enseigner ensuite, la bonne nouvelle du christianisme. En ce sens, seul le prêtre qui a amélioré sa condition jusqu'à devenir parfait et saint est véritablement en mesure d'exercer sa fonction et de réussir dans sa mission. Pour Clément, ce qui compte dans la prêtrise, c'est de la vivre comme un chemin d'accès à la perfection et ainsi s'acquitter de sa mission.

Clément, homme de foi mais aussi grand connaisseur de l'âme humaine et de ses faiblesses, savait pertinemment que, dans l'Église, *sancta meretrix*, l'institution sacerdotale ne pouvait jamais correspondre à l'idéal de la perfection. Tout en estimant la fonction institutionnelle du sacerdoce, il s'efforce de tracer pour elle le chemin de la perfection, montrant tant aux prêtres qu'aux laïcs de l'Église, qu'il ne suffit pas de recevoir une fonction ou une ordination pour acquérir la sainteté. La perfection est le résultat d'une volonté libre et personnelle qui nous fait progresser vers Dieu au prix de l'étude, de la recherche, de l'écoute de l'enseignement de véritables maîtres et de la pratique d'une vie juste et honnête, exempte de passions.

Le « véritable prêtre » de son Église sera donc celui qui parcourt ce chemin et qui consacre sa vie pour l'indiquer aux autres, et cela indépendamment du fait qu'il ait reçu une ordination ou une nomination de la communauté.

Clément avait bien vu que, en dernière instance, le véritable prêtre est le saint, car il est l'homme le plus proche et le plus semblable au seul véritable « prêtre » de l'Église, le Christ.

LE SACERDOCE MINISTÉRIEL DANS LE *COMMENTAIRE SUR L'ÉPÎTRE AUX HÉBREUX* DE S. JEAN CHRYSOSTOME

Jean-Pierre MONDET

Introduction

Un commentaire peu exploité

Assez paradoxalement, l'étude du sacerdoce chez saint Jean Chrysostome reste encore, dans une large mesure, un domaine à explorer. En effet, si les travaux abondent sur le célèbre traité *De Sacerdotio,* le reste de l'œuvre chrysostomienne traitant du sacerdoce reste paradoxalement peu inventorié, mis à part quelques extraits souvent sollicités en vue de corroborer des thèses ecclésiologiques. Que de fois ne s'est-on pas servi du docteur antiochien pour alimenter, tout particulièrement en matière de sacramentaire, les feux de la polémique.

L'important *Commentaire de Chrysostome sur l'épître aux Hébreux* constitue, notamment en ce qui concerne le sacerdoce, un terrain d'autant plus intéressant qu'il est resté jusqu'ici largement inexploité. En effet, cette œuvre considérable, dont l'authenticité chrysostomienne n'a jamais été vraiment mise en doute – à une exception illustre près, puisqu'il s'agit d'Érasme , a suscité souvent la réserve des patrologues.

Ainsi, dans les Actes du Colloque de patristique tenu à Chantilly en 1974 sur le thème *Jean Chrysostome et Augustin* trouvons-nous cette remarque de Mademoiselle Malingrey :

> Nous n'avons pas tenu compte dans ce relevé des citations de l'épître aux Hébreux dont le texte n'a pas été rédigé par Jean lui-même, pas plus que des œuvres apocryphes [1].

1. A.-M. MALINGREY, « Les sentences des sages dans la prédication de Jean Chrysostome », dans *Jean Chrysostome et Augustin, Actes du Colloque de Chantilly du 22 au 24 septembre 1974* (Théologie Historique, 35), Paris, 1975, p. 215.

Ce type de réflexion, loin de constituer un fait isolé, est au contraire significatif d'une dépréciation assez généralisée dont il importe de montrer le caractère injustifié. Certes, tous les manuscrits et toutes les éditions de ce *Commentaire* comportent un titre mentionnant que l'ouvrage a été édité après la mort de Chrysostome, à l'initiative du prêtre antiochien Constance ou Constantin et ce, à partir de notes, tachygraphiques en l'occurrence.

Ceci une fois clairement acté, il me paraissait, tout à fait inacceptable de négliger, pour ce motif, un ensemble d'une telle envergure.

Devant cette indifférence quasi unanime, une exception de qualité m'interpella au point de constituer le point de départ d'une thèse doctorale en théologie consacrée à la problématique sacerdotale de ce *Commentaire* si injustement déprécié [2]. Il s'agit d'une importante contribution du Père J. Lecuyer sur le sacerdoce céleste du Christ [3].

Deux constats immédiats

Deux constatations sautent aux yeux dès la première lecture de ce long texte comprenant un Prologue et trente-quatre homélies.

(1) Tandis que le Dialogue *De Sacerdotio,* presque exclusivement consacré au sacerdoce ministériel, ne fait jamais référence au sacerdoce du Christ, le *Commentaire sur l'épître aux Hébreux*, traitant en majeure partie de ce sujet, n'aborde qu'accessoirement le sacerdoce ecclésial. Il est effectivement beaucoup plus christologique qu'ecclésiologique, même si un examen plus attentif montre que le *Commentaire* comporte des indications relatives au sacerdoce ecclésial qui sont loin d'être négligeables.

(2) Dans l'ensemble qui nous occupe, le « sacerdoce commun des fidèles », pour reprendre une expression chère à Vatican II, occupe une place sensiblement plus importante que le sacerdoce ministériel.

La spécification du propos

Dans le cadre de cette communication, je me bornerai à privilégier les deux angles d'approche les plus spécifiques du *Commentaire* en ce qui concerne le sacerdoce ministériel. Celui-ci sera du reste considéré à la

---

2. J.-P. MONDET, *Le sacerdoce dans le commentaire de Saint Jean Chrysostome sur l'épître aux Hébreux*, Dissertation dactylographiée, Louvain-la-Neuve, 1986, XXX + 277 p. Ce travail a été adapté pour la publication de l'ouvrage suivant : A. HOUSSIAU, J.-P. MONDET, *Le sacerdoce du Christ et de ses serviteurs selon les Pères de l'Église*, préface du Prof. J. Ries (Collection Cerfaux-Lefort, 8), Louvain-la-Neuve, Centre d'Histoire des Religions, 1990, 267 + VII p.

3. J. LECUYER, « Le sacerdoce céleste du Christ selon Chrysostome », *Nouvelle Revue Théologique* 72 (1950), p. 561-579.

lumière du sacerdoce du Christ et ce, dans ses aspects proprement « sacerdotaux » (c.-à.-d. sacrificiels et cultuels). Cette double mise en évidence se fonde évidemment sur les insistances mêmes de l'*Épître aux Hébreux*, approfondies et commentées par S. Jean Chrysostome.

C'est ainsi que cette étude exclura les aspects non strictement sacerdotaux du ministère des évêques et des prêtres en dépit de leur intérêt intrinsèque. En conséquence, nous n'aborderons pas les passages du *Commentaire* relatifs à la paternité spirituelle du prêtre, à la responsabilité de direction du pasteur vis-à-vis de sa communauté, au ministère de la rémission des péchés exercé hors du contexte eucharistique. De plus, nos homélies contiennent de riches indications sur les qualités humaines et spirituelles que requiert le sacerdoce ministériel (tant du point de vue doctrinal que du point de vue pastoral), sur le problème épineux des ministres indignes et ambitieux, etc. Pratiquement, il ne sera pas fait état de ces questions, toutes passionnantes qu'elles soient.

I. Les deux présupposés fondamentaux

1. *La structure hiérarchique du sacerdoce ministériel*

Il semble bon de rappeler tout d'abord la manière générale dont notre orateur conçoit la structure hiérarchique du sacerdoce ministériel et, plus précisément, la relation existant entre l'évêque et le presbytre, l'un et l'autre souvent désignés par le vocable ἱερεύς. Nous pourrions résumer succinctement la pensée de Jean à ce sujet par les deux propositions suivantes :

– Presbytres et évêques sont du même sacerdoce. La seule différence qui existe entre eux, c'est le pouvoir d'ordonner.

– Souvent Paul emploie indifféremment les termes ἐπίσκοπος, πρεσβύτερος et même διάκονος, mais, selon Chrysostome, cette ambiguïté des termes désignant les ministères du Nouveau Testament n'entraîne aucun doute sur l'identité de l'évêque, du presbytre et du diacre dès la période apostolique.

Dans son *Commentaire sur la première épître à Timothée*, S. Jean Chrysostome s'exprime nettement à ce sujet :

> [...] Il n'y a plus une grande distance entre les presbytres et les évêques ; les presbytres ont la mission d'enseigner et celle de gouverner l'Église et dès lors on peut leur appliquer ce qui regarde les évêques. Car c'est par l'ordination (χειροτονία) seule qu'ils sont supérieurs et par cela seulement, paraissant l'emporter sur les presbytres [4].

4. *Hom.* 11 sur 1 Tm (*PG* 62, 553).

Ce passage trouve un écho dans l'allusion de la treizième homélie sur la même épître au fait que « les presbytres n'avaient pas le droit d'imposer les mains aux évêques » (*PG* 62, 565).

Pour la question de la continuité existant entre la structure hiérarchique de l'époque apostolique et celle du temps de notre auteur et la résolution du vocabulaire employé à ce sujet par le Nouveau Testament, on se référera aux attestations de la première homélie sur l'épître aux Philippiens *(PG* 62, 178) et de la deuxième homélie sur l'épître à Tite *(PG* 62, 671) qui sont très éloquentes à cet égard.

En conséquence, il n'y a rien d'étonnant à ce que le contexte seul puisse aider à discerner si, en employant le terme ἱερεύς, notre orateur vise l'évêque ou le simple prêtre. Ajoutons qu'il est très fréquent de devoir maintenir l'aporie ou l'ambiguïté et qu'en l'occurrence, toutes les allusions du *Commentaire* à ce sujet vérifient cette affirmation qui vaut pour l'ensemble de l'œuvre de Chrysostome.

2. *Sacerdoce commun et sacerdoce ministériel*

Saint Jean Chrysostome atteste clairement la distinction radicale entre le sacerdoce commun des fidèles et le sacerdoce ministériel. Les illustrations de cette conviction sont nombreuses dans l'immense production de l'orateur antiochien, même si son esprit peu spéculatif ne l'amène guère à des élaborations doctrinales poussées. Sans doute le *Commentaire* n'aborde-t-il jamais formellement la question ; cette distinction n'en est pas moins présente comme une évidence que l'on ne discute pas. Ainsi, pour ne prendre qu'un exemple, l'insistance de la trentième homélie : « Je suis seul quant à moi et vous êtes plusieurs » est-elle significative à cet égard [5].

II. Les prêtres, ministres de Dieu avec les anges

1. *Le texte à interpréter*

La troisième homélie présente une mention intéressante de chrétiens se trouvant associés au ministère angélique. Chrysostome s'exprime en ces termes :

> Telle est la fonction des anges : servir Dieu (τὸ διακονεῖν τῷ θεῷ) pour notre salut. Ainsi donc, l'œuvre angélique est de s'employer à sauver ses frères, bien plus, c'est l'œuvre même du Christ : il sauve comme maître (δεσπότης), ils sauvent comme serviteurs (δοῦλοι). Nous sommes serviteurs nous-mêmes et, dès lors, « collaborateurs » (σύνδουλοι) des anges.
> Mais pourquoi regardez-vous les anges avec stupéfaction ? Ils servent le Fils de Dieu (δοῦλοί εἰσι τοῦ υἱοῦ) ; ils sont fréquemment envoyés à

5. FIELD (Édition d'Oxford, 1862) VII, 342 ; *PG* (Patrologie Grecque) 63, 211.

cause de nous et ils exercent leur ministère pour notre salut (πρὸς σωτηρίαν τὴν ἡμετέραν λειτουργοῦσιν) : ils sont donc serviteurs comme nous (ὁμόδουλοι ἡμῶν εἰσιν). Comprenez que Dieu n'a pas mis une si grande différence entre les créatures. Quoiqu'ils soient bien au-dessus des hommes, il les a singulièrement rapprochés de nous, à tel point qu'on pourrait dire : ils travaillent pour nous, pour nous, ils sont en marche. Leur vrai ministère (διακονία) est de parcourir l'univers à cause de nous [6].

2. *L'interprétation proposée*

Une question se pose quant à l'identité de ces serviteurs, de ces σύνδουλοι : s'agit-il des baptisés en général ou des prêtres de l'Église ?

La première hypothèse est plausible dans la mesure où l'utilisation de la première personne du pluriel dans l'ensemble du passage vise uniquement les chrétiens, ce qui semble confirmé par une mention de la treizième homélie :

> Pour nous, si nous faisons sa volonté, ce n'est pas à la terre que nous aspirons, c'est au ciel. Que dis-je ? Ce qui est de loin préférable : nous espérons être près de Dieu, accéder jusqu'au trône paternel et le servir (λειτουργήσειν αὐτῷ) avec les anges.

Manifestement, le sujet de « servir » (λειτουργήσειν) n'est autre que tous les fidèles appelés à la béatitude céleste [7].

De même, lorsque la quatorzième homélie considère les différentes composantes célestes de la célébration eucharistique, les hymnes que, sans hésiter, les spécialistes identifient au *Sanctus* de la liturgie sont, de toute évidence, chantés par l'assemblée des fidèles qui s'associent ainsi à la louange des « puissances incorporelles » :

> Et quoi encore ? Nos hymnes ne sont-elles pas célestes ? Est-ce que les chants qu'entonnent là-haut les chœurs divins des puissances incorporelles ne s'harmonisent pas avec ceux que nous chantons ici-bas sur la terre ? Est-ce que l'autel n'est pas céleste, lui aussi ? [...] [8].

L'autre hypothèse est sollicitée par l'usage de termes « ministériels » spécifiques appliqués au service angélique et à ses « collaborateurs » humains : ainsi διακονεῖν, διακονία renforceraient-ils le caractère « ministériel » de λειτουργοῦσιν. Dans ce cas, les « serviteurs » (σύνδουλοι) seraient les prêtres (évêques et presbytres) et la première personne

6. FIELD VII, 35-36 ; *PG* 63, 30
7. FIELD VII, 162 ; *PG* 63, 105.
8. FIELD VII, 223 ; *PG* 63, 139.

du pluriel désignerait, dans l'extrait cité de la troisième homélie, les membres de la hiérarchie ecclésiastique dont fait partie l'orateur, mais uniquement lorsque le « nous » est le sujet grammatical des verbes désignant la collaboration active d'êtres humains au ministère angélique. Lorsque le « nous » *désigne les personnes* qui sont l'objet du ministère des anges, il s'agit évidemment de tous les fidèles, et même de tous les hommes qui constituent l'auditoire – « pluraliste », on le sait par ailleurs – de Saint Jean Chrysostome.

Si nous optons finalement pour cette seconde interprétation, c'est parce que, de plus, le terme σύνδουλος a, selon G. Lampe, une saveur institutionnelle en ce sens qu'il est parfois utilisé par l'évêque quand il s'adresse aux diacres, sans être pour autant strictement réservé au seul ordre diaconal (pas davantage que διακονεῖν ou διακονία) [9].

3. *L'intérêt d'un texte*

Sans doute l'enjeu de pareille analyse paraîtra-t-elle mince. Si nous avons relevé ce point avant d'aborder d'autres aspects plus spécifiquement « sacerdotaux » du ministère ecclésiastique, c'est en raison de l'importance du vocabulaire « ministériel » utilisé et aussi en raison de l'allusion salvifique visant d'abord le Christ, le ministre par excellence de notre salut, les anges et les prêtres ensuite, associés les uns et les autres à l'œuvre salutaire de Jésus. On ignore souvent l'étonnante postérité de cette thématique, si étrangère à nos mentalités occidentales, dans la tradition théologique, spirituelle et liturgique de l'Orient chrétien. En faisant découvrir au passage saint Jean Chrysostome comme l'inspirateur principal de cette élaboration doctrinale, nous espérons collaborer modestement à une sensibilisation plus effective à la théologie et à la spiritualité orientales. Il nous paraît en effet que sans cette ouverture de l'intelligence du cœur, le dialogue oecuménique avec l'orthodoxie, notamment en ce qui concerne le sacerdoce, risque de n'aboutir qu'à un consensus assez superficiel.

III. Les aspects « sacerdotaux » du ministère ecclésial

1. *Le ministère eucharistique*

A. *Sacerdoce ministériel et eucharistie comme mémoire du sacrifice de la Croix*

Dans le *Commentaire sur l'épître aux Hébreux*, l'homélie 17 comporte un passage célèbre dont l'impact sur la réflexion théologique ultérieure a

9. LAMPE, p. 1313.

été considérable. Ce texte fameux a été abondamment cité et diversement interprété depuis le haut Moyen Âge jusqu'à nos jours.

Évoquons brièvement le contexte. Chrysostome met en opposition les sacrifices juifs et le sacrifice de la Nouvelle Alliance. Chez les Juifs, ils étaient multiples, car ils devaient être constamment renouvelés. Avec le Christ, nous n'avons plus qu'un seul sacrifice et il n'a été offert qu'une seule fois. Mais, se demande notre orateur, si le sacrifice de la Croix n'a été offert qu'une fois, comment pouvons-nous l'offrir néanmoins tous les jours ?

La question de la relation entre le sacrifice du Calvaire et l'eucharistie est donc posée et ce, pour la première fois dans la tradition chrétienne, de manière aussi explicite.

La première spéculation théologique sur la messe (IXe - XIIe siècles) fait valoir Saint Jean Chrysostome parmi les autorités patristiques principales en ce qui concerne cette question, précisément en raison de l'extrait qui nous occupe. Au XXe siècle, la problématique connaît un regain d'intérêt chez des théologiens de renom tels que M. de la Taille, O. Casel, G. Fittkau et J. Betz. O. Casel vulgarisera tout particulièrement le texte chrysostomien qu'il utilisera pour fonder son approche « mystérique » de l'eucharistie, ses réflexions consistant essentiellement à mettre la notion de « mémoire » en relation avec celle de « mystère ». Ces deux remarques suffisent à montrer l'extrême importance de l'extrait dont nous présentons ici une traduction littérale :

> Mais quoi ? Est-ce que nous, nous n'offrons pas tous les jours ? Nous offrons, certes, mais en faisant mémoire de sa mort. Et il n'y a qu'un seul (sacrifice) et non plusieurs... Car nous offrons toujours le même agneau, non pas l'un aujourd'hui et demain un autre : non, c'est toujours le même et c'est pourquoi notre sacrifice est unique. Car, du fait qu'il est offert en plusieurs endroits, s'ensuit-il aussi qu'il y ait plusieurs christs ? Nullement. C'est partout le Christ unique, tout entier ici et tout entier là, un seul corps. De même donc qu'il n'y a pas plusieurs corps mais un seul, quoiqu'offert de multiples fois, de même n'y a-t-il aussi qu'un seul sacrifice. Notre grand-prêtre est celui qui a offert le sacrifice pour notre purification. Ce sacrifice, nous l'offrons maintenant à notre tour, celui qui fut offert jadis, celui qui est inépuisable. Ceci se fait en mémoire de ce qui se fit jadis. « Faites ceci, dit-il, en mémoire de moi. » Nous n'accomplissons pas un autre sacrifice, comme le grand-prêtre (de l'ancien culte), mais toujours le même, ou plutôt, nous faisons mémoire du sacrifice [10].

Même si nous abordons formellement ce texte du point de vue du sacerdoce ecclésial, il n'est pas inutile de faire remarquer que nous tra-

---

10. FIELD VII, 208-209 ; *PG* 63, 121-122.

duisons ici θυσία par *sacrifice*, dans le sens d'*action sacrificielle*, option qui est loin d'être partagée par tous les commentateurs de ce texte. Soulignons, du reste, l'ambivalence de ce terme désignant soit l'action soit la chose dans l'action, étant bien entendu que « cette chose » n'est jamais statique. À cet égard, le mot français *sacrifice* comportant cette ambivalence nous permet souvent de rendre adéquatement celle-ci lorsque le contexte l'indique aussi en grec.

Mais revenons strictement à notre propos en nous posant deux questions. Sont-ce vraiment les prêtres qui sont visés dans les phrases suivantes ?

> Est-ce que nous, nous n'offrons pas tous les jours (προσφέρομεν) ? Nous offrons, certes, mais en faisant mémoire de sa mort (προσφέρομεν, ἀλλ' ἀνάμνησιν ποιούμενοι)... Nous offrons toujours le même agneau (προσφέρομεν)... Ce sacrifice, nous l'offrons maintenant à notre tour (ἐκείνην προσφέρομεν)...
> C'est toujours le même sacrifice que nous accomplissons (ποιοῦμεν), ou plutôt, nous faisons mémoire du sacrifice (ἀνάμνησιν ἐργαζόμεθα θυσίας).

Quels est le sujet de ces verbes ? Nous savons par ailleurs que, pour Chrysostome, en un certain sens, tous les baptisés (les initiés) offrent aussi le sacrifice de la messe [11]. Mais dans ce contexte, nous optons plutôt pour l'interprétation « ministérielle » de ce « nous ». C'est du reste ainsi que semblent l'avoir compris les auteurs que nous avons consultés à ce propos, même si ceux-ci interrogent l'extrait dans une autre intention. La suite immédiate de l'homélie pourrait éventuellement corroborer notre opinion, car elle nous montre Chrysostome s'adressant à son auditoire en ces termes :

> Mais puisque je vous ai rappelé un tel sacrifice, je désire vous en entretenir un peu, vous qui êtes initiés aux mystères (πρὸς ὑμᾶς τοὺς μεμυημένους).

En se plaignant de la trop grande rareté de la pratique eucharistique de certains chrétiens, il ajoute :

> Je m'adresse donc à tous les chrétiens, non seulement à ceux qui sont ici, mais encore à ceux qui demeurent dans le désert, ceux-ci, en effet, n'y prennent part (μετέχουσι) qu'une fois par an et parfois même tous les deux ans [12].

11. Hom. 16 sur Mt, *PG* 57, 250-251.
12. FIELD VII, 209 ; *PG* 63, 122.

Le contraste est manifeste quant à l'utilisation de la première personne du pluriel (qui, selon nous, désignerait donc les prêtres) et l'emploi des deuxième et troisième personnes du pluriel (qui désigneraient les fidèles). De plus, dans un même contexte « sacrificiel », Chrysostome a recours à des verbes différents : d'une part προσφέρω, ποιέω et ἐργάζομαι, d'autre part μυέω (terme technique, il est vrai, pour qualifier les baptisés) et μετέχω. Ces deux indices nous paraissent concluants et, dans cette hypothèse, la distinction entre sacerdoce ministériel et sacerdoce des fidèles semble particulièrement soulignée ici.

Après cette justification, nous faisons donc nôtre l'interprétation « hiérarchique » assez partagée, du reste, ainsi que nous l'avons déjà signalé.

En conséquence, une première conclusion s'impose à partir de ce seul extrait de la dix-septième homélie : l'eucharistie étant la mémoire du Sacrifice du Calvaire accompli une fois pour toutes et parfaitement efficace du point de vue salvifique, les prêtres offrent cette mémoire sans que la multiplication des messes fasse nombre avec la Croix, car le Calvaire et l'eucharistie sont des réalités d'ordre différent : celle-ci est un mémorial, une « re-présentation » de celui-là. Si cette conclusion n'offre rien de paradoxal, il n'était peut-être pas inutile de rappeler qu'une telle synthèse remonte formellement à Chrysostome et non à la période scolastique, comme on l'affirme généralement lorsqu'on veut relativiser la dimension sacrificielle de l'eucharistie.

B. *Sacerdoce ministériel et eucharistie comme réalité céleste*

Si l'eucharistie est mémorial du Calvaire, elle consiste aussi en un ensemble de réalités célestes dont une courte mention de la dix-neuvième homélie souligne le caractère invisible. Actant la recommandation de Heb 10, 22 de « nous approcher avec un cœur sincère, dans la plénitude de la foi », notre orateur ajoute :

> [...] car rien n'est visible ni le prêtre, ni le sacrifice, ni l'autel.

Qui est ce « prêtre invisible », sinon le Christ qui, tout en étant présent au sacrifice de la messe, siège dans la gloire céleste [13] ? L'éclairante contribution, déjà citée, du Père J. Lecuyer à propos de la doctrine du sacerdoce céleste dans notre *Commentaire* ne laisse plus, désormais, subsister le moindre doute à ce sujet. La question est à présent de savoir la relation qui existe entre le Christ, prêtre céleste et le prêtre de l'Église qui, ici-bas,

---

13. FIELD VII, 173 et 223 ; *PG* 63, 111 et 139.

offre l'eucharistie. Pour saint Jean Chrysostome, le Christ, prêtre céleste, est-il « oblateur » de l'eucharistie ? Selon que la réponse est affirmative ou négative, comment situer, dès lors, le rôle du prêtre de l'Église ?

Dans ces questions controversées, le Père J. Lecuyer nous paraît triompher des difficultés en recourant à deux passages parallèles, tirés des deux homélies *De proditione Judae*. Citons le plus explicite :

> Ce n'est pas un homme qui fait que les oblats (τὰ προκείμενα) deviennent corps et sang du Christ, mais ce même Christ qui a été crucifié pour nous. Le prêtre, accomplissant un rôle représentatif (σχῆμα πληρῶν), est debout (ἕστηκεν), prononce ces paroles, mais la puissance et la grâce (χάρις) sont de Dieu. « Ceci est mon corps », dit-il. Cette parole change les oblats (μεταρρυθμίζει τὰ προκείμενα). L'injonction du Seigneur « Croissez, multipliez-vous et remplissez la terre » (Gen 1, 28), quoique n'ayant été prononcée qu'une fois, a conféré indéfiniment à la nature humaine le pouvoir de se perpétuer. Ainsi, cette parole du Sauveur, une fois prononcée, a suffi et suffira pour opérer sur la table de toutes les églises, depuis la dernière Pâque de Jésus-Christ jusqu'à nos jours et jusqu'à son avènement, l'accomplissement du plus parfait des sacrifices [14].

Dans ce célèbre extrait, Chrysostome atteste que celui qui fait les oblats corps et sang du Christ, c'est le Christ lui-même. Il poursuit en signalant le prêtre de l'Église « debout » (ἕστηκεν), représentant (σχῆμα πληρῶν) le prêtre véritable et prononçant les paroles consécratoires qui transforment les offrandes.

Une lecture attentive de ce passage amène deux remarques et deux conclusions :

Les deux remarques

(1) Nous traduisons σχῆμα πληρῶν par « exerçant un rôle représentatif », en ce sens que, comme le mot σύμβολον, la notion de σχῆμα implique l'idée d'expression extérieure.

(2) Remarquons le parallélisme qu'établit Chrysostome entre la parole créatrice et les paroles consécratoires. De même que la parole créatrice n'a été prononcée qu'une fois mais conserve toujours son efficacité d'engendrer, de même les paroles consécratoires prononcées le jour de l'institution de l'eucharistie, gardent leur efficacité dans la bouche des prêtres, en raison de la puissance (δύναμις) que leur confère la grâce (χάρις).

14. Hom. 1 *De proditione Judae*, *PG* 49, 380.

Les deux conclusions

(1) Le Christ, le prêtre « véritable » siège au plus haut des cieux, mais il est présent, invisiblement, à l'autel de l'eucharistie. Celui qui le représente, c'est le prêtre de l'Église qui, debout, profère en son nom les paroles divines transformant les oblats en son corps et en son sang.

(2) Avec le Père Lecuyer, nous réalisons la précision décisive d'un tel texte et nous comprenons que, pour Chrysostome, le Christ, ayant prononcé une seule fois les paroles consécratoires, n'a pas besoin d'intervenir à nouveau personnellement, car celles-ci ont eu un effet définitif, aussi bien que les paroles de la Genèse manifestant la puissance du Créateur. Dès lors, si Jésus est encore le prêtre du sacrifice de la messe, ce n'est pas qu'il intervienne chaque fois en personne, ce qui serait incompatible avec sa session à la droite du Père. « C'est uniquement, conclut le Père J. Lecuyer, parce que c'est par sa puissance qui demeure, par sa délégation, par son autorité, que les prêtres (de l'Église) refont le sacrifice qu'il offrit le premier ». Si les prêtres offrent la mémoire du sacrifice de la Croix, ils offrent aussi le sacrifice céleste, la victime céleste, Jésus-Christ à présent glorifié dans le ciel.

C. *Sacerdoce ministériel et liturgie eucharistique*

Les éléments rituels constituent évidemment des « lieux » privilégiés de théologie sacramentaire. Avant d'acter le silence du commentaire sur l'épiclèse, relevons deux attestations (d'inégale importance), concernant notre propos.

La première présente sans doute un intérêt médiocre pour le sujet qui nous occupe, même si elle contient une expression très « sacerdotale » : l'offrande par le prêtre de prières pour les fidèles. Dans la quinzième homélie, notre orateur s'insurge contre la manie de s'étourdir dans le rire et de pousser l'outrecuidance sacrilège jusqu'à ne pas pouvoir se contenir durant l'action liturgique :

> Le prêtre de Dieu (ἱερεύς) se tient debout, offrant la prière de tous (τὴν πάντων εὐχὴν ἀναφέρων) et tu ris sans crainte ! Lui, en tremblant, offre pour toi des prières (ἀναφέρει) et tu n'as que du mépris [15].

Remarquons la solennité dont use Chrysostome pour mentionner le prêtre conduisant la prière des fidèles. De façon concluante, F. van de Paverd estime qu'il s'agit effectivement de la prière universelle [16].

---

15. FIELD VII, 192 ; *PG* 63, 122.

16. F. VAN DE PAVERD, *Zur Geschichte der Messliturgie in Antiocheia und Konstantinopel gegen Ende des vierten Jahrhunderts — Analyse der Quellen bei Johannes Chrysostomos*, Rome, 1970, p. 528-530.

La deuxième attestation est manifestement plus importante, tant du point de vue de l'histoire du rite eucharistique que de la théologie sacramentaire. Dans un long passage de la dix-septième homélie, Chrysostome évoque l'exercice du sacerdoce ministériel à un moment particulièrement important de la célébration où le prêtre, avec autorité, fait entendre sa voix pour rappeler aux fidèles la sainteté requise pour la réception de la communion. Sans doute ce texte fait-il allusion à l'exclusion des pénitents :

> Je dis ces choses, non pas pour vous empêcher d'approcher des saints mystères une fois l'an, mais bien plutôt pour que vous puissiez en approcher sans cesse. C'est pourquoi le prêtre élève alors la voix, appelant les saints et scrutant, par cette parole, les intentions de tous, afin que nul ne s'approche sans préparation. De même que dans un troupeau, où il y a des brebis en nombre qui sont saines et d'autres, nombreuses aussi, qui sont malades, il est nécessaire de séparer celles-ci de celles-là, ainsi dans l'Église, toutes les ouailles n'étant pas en bonne santé, le prêtre les sépare par cette parole, et, en faisant retentir autour de lui sa redoutable voix, appelle et invite les saints. En effet, il est impossible à un homme de connaître ce qui se passe en son prochain : « car, est-il écrit, qui chez les hommes connaît les secrets de l'homme, sinon l'esprit de l'homme qui est en lui ? » (1 Cor 2 11). C'est après que tout le sacrifice est accompli que cette voix se fait entendre pour que personne ne s'approche avec témérité et irréflexion de cette source spirituelle...

En reprenant la comparaison des brebis malades, privées, pour leur bien, de la nourriture saine et du grand air, notre orateur considère la formule solennelle *Sancta sanctis* comme un lien qui exclut les fidèles spirituellement inaptes : dès lors ceux-ci ne peuvent plus arguer de leur ignorance, car ils entendent clairement la raison de leur nécessaire abstention. Chrysostome précise :

> D'ailleurs, pour que tu ne puisses alléguer ce prétexte de l'ignorance, le prêtre, debout en un lieu éminent et levant la main, comme un héraut, crie à haute voix et d'un ton terrible. S'exclamant d'une voix forte au milieu d'un silence redoutable, il appelle les uns et repousse les autres. Il ne fait pas seulement un geste de la main, mais sa langue s'exprime plus clairement et plus ouvertement que son geste. Cette voix, pénétrant dans nos oreilles, est comme un bras puissant qui expulse les uns et les chasse dehors, tandis qu'il fait entrer et placer les autres.

Jean recourt ici à la comparaison du héraut intervenant aux Jeux Olympiques pour magnifier l'importance du héraut des consciences qu'est le prêtre : si le premier s'enquiert de la réputation humaine des candidats, alors qu'il s'agit ici d'exercices purement physiques, le second ne cherche à faire accuser personne mais il oblige les personnes à interroger leur conscience et à se condamner éventuellement elles-mêmes :

> Lorsqu'il dit « Les choses saintes sont pour les saints », il veut signifier : « Si quelqu'un n'est pas saint, qu'il se garde d'approcher ! » Il ne lui suffit pas d'être exempt de péché, il doit être saint. Il faut pour cela ne pas se contenter d'être dégagé de tout péché, mais posséder l'Esprit Saint et être riche en bonnes œuvres [17].

Le *Sancta sanctis* proféré avant la communion eucharistique constitue donc un rappel éloquent de la dignité exigée de ceux qui se présentent pour recevoir le sacrement et témoigne de l'autorité divine de lier et de délier octroyée au prêtre. Nous préciserons et approfondirons ce thème ci-après.

L'Esprit Saint serait-il oublié ?

Quant à la dimension pneumatologique de l'eucharistie, et particulièrement l'épiclèse, actons le fait qu'elle est totalement absente de notre *Commentaire* lorsque son auteur aborde le rôle du prêtre à la messe. Le contraste avec d'autres œuvres chrysostomiennes, telles que le *De Sacerdotio* et les homélies *De Sancta Pentecoste* est d'autant plus sensible que celles-ci contiennent des extraits très explicites à cet égard, et, à juste titre, très souvent cités [18].

2. *Le pouvoir de lier et de délier*

Dans l'extrait qui va suivre, Chrysostome décrit les différents aspects du pouvoir de lier et de délier. Nous le présentons ici, car il nous semble que cette évocation prenant place dans l'une des homélies du *Commentaire*, vise en premier lieu le ministère redoutable du prêtre qui exclut (« qui lie ») ou qui admet (« qui délie ») à la participation à l'eucharistie, mémorial de la Croix et sacrifice céleste.

Chrysostome reprend certains fidèles à propos de la manière, indigne des chrétiens, dont ils se comportent aux funérailles : par leurs lamentations exagérées, le recours aux pleureuses et autres pratiques mondaines, ils sont loin de témoigner de l'espérance de la résurrection et suscitent même la dérision des païens et des Juifs. Même s'ils appellent « les prêtres et les chantres », leurs attitudes aux obsèques sont en flagrante contradiction avec une participation à la liturgie qui devrait normalement contribuer à leur consolation. Aussi, l'orateur estime-t-il devoir joindre les actes à sa parole qui, malgré sa véhémence persuasive, n'obtient aucun changement de pratique chez ses auditeurs : il va être obligé d'user de son pouvoir de lier les consciences. Chrysostome s'explique dans la quatrième homélie :

> Si quelqu'un méprise les liens que nous voulons imposer, que le Christ l'instruise en ces termes : « Tout ce que vous aurez lié sur la terre sera lié dans le ciel et tout ce que vous aurez délié sur la terre sera délié dans le

17. FIELD VII, 210-211 ; *PG* 63, 132-134.
18. *Dialogue sur le sacerdoce*, S.C. 272, p. 142-147.

> ciel. » (Mt 8, 18.) Serions-nous des misérables, des hommes de rien, ne méritant que le mépris, comme, en effet, nous ne méritons pas autre chose, nous n'agissons pas par colère ou par vengeance, mais nous veillons à votre salut. Rougissez donc, je vous en conjure et soyez confus ! Car si l'on souffre la véhémence d'un ami qui nous fait des reproches, par égard pour le but qu'il se propose et pour la bienveillance dénuée de hauteur qui lui dicte ses paroles, à combien plus forte raison ne devez-vous pas supporter un maître qui vous réprimande, un maître d'ailleurs qui ne parle pas en vertu d'une autorité absolue ni au titre d'un chef, mais comme quelqu'un rempli de sollicitude. Si nous vous disons ceci, ce n'est pas dans le but de faire preuve d'autorité, puisque nous vous supplions de ne pas en arriver à une telle situation, mais nous vous plaignons et pleurons sur vous. Pardonnez-nous, mais que personne ne méprise les liens de l'Église (τὸν δεσμὸν τὸν ἐκκλησιαστικόν) ! Car ce n'est pas un homme qui lie, c'est le Christ qui nous a donné ce pouvoir (ἐξουσίαν) et qui a rendu des hommes détenteurs d'un tel honneur. Quant à nous, nous ne voudrions faire usage que du pouvoir de délier et non pas de celui qui s'avère nécessaire.
>
> Nous ne voudrions pas qu'il y eût quelqu'un de lié parmi vous : quoique nous ne soyons rien, nous ne sommes pas aussi vils et aussi misérables. Mais si nous sommes contraints, pardonnez-nous : ce n'est ni volontaire, ni de plein gré, c'est en souffrant plus que vous qui êtes l'objet d'une telle mesure que nous appliquons les liens (τὰ δεσμὰ περιβάλλομεν). Si quelqu'un devait mépriser ceux-ci, le jour du jugement viendra pour l'instruire. Je ne veux pas vous en dire davantage pour ne pas trop frapper votre esprit. Car, avant tout, nous vous prions de ne pas nous réduire à une telle nécessité. Mais si vous nous y forcez, nous faisons notre devoir, nous vous appliquons les liens. Si quelqu'un devait rompre ceux-ci, j'aurai fait ce qui dépend de moi et je ne serai pas en faute. Mais il vous faudra compter avec Celui qui m'a donné l'ordre de lier [19].

Les « divines longueurs » de saint Jean Chrysostome, particulièrement manifestes dans cet extrait significatif de son art oratoire, nous permettent de mieux saisir un aspect important de sa personnalité vibrante : notre auteur est avant tout un pasteur d'âme, soucieux de l'agir plus que de la pensée de son auditoire. Ainsi ses considérations doctrinales sont-elles brèves et apparemment banales tandis que se déploient somptueusement de longs développements dictés par son zèle pastoral.

Ici, en l'occurrence, nous sommes plus renseignés sur la situation concrète des chrétiens qui, selon notre orateur, méritent l'« excommunication » et sur les menaces et justifications pédagogiques proférées par celui qui se devra de les leur appliquer, que sur les précisions théologiques du pouvoir de délier. Remarquons néanmoins quelques points saillants :

---

19. FIELD VII, 60-61 ; *PG* 63, 45-46.

– Le prêtre est appelé διδάσκαλος, également dans ce contexte, qui n'est pourtant plus celui de la prédication ou de l'enseignement.

– Le sacerdoce ministériel, de par la volonté du Christ, est investi du pouvoir de lier et de délier en son nom. C'est donc le Christ lui-même qui, par le ministère de ses prêtres, exerce sa faculté toute-puissante de lier et de délier.

– Ce pouvoir ne se comprend et ne se justifie que comme ministère ecclésial. C'est donc à ce titre qu'il doit être accueilli dans l'obéissance de la foi tant par les fidèles que par les pasteurs.

– Ce pouvoir trouve sa légitimation dans le but qu'il poursuit : le salut des baptisés. Il constitue une sorte de pédagogie qui, dans certains cas, devra nécessairement s'appliquer négativement mais toujours en vue d'un bien positif.

Des questions néanmoins subsistent concernant les modalités concrètes de l'application de ce pouvoir, en l'occurrence. « Lier » signifie-t-il blâmer, ou infliger une peine, ou encore exclure des pénitents de l'eucharistie (selon la coutume existant à Antioche et à Constantinople) ? Quoi qu'il en soit, le rapport avec le refus ou l'admission à la communion sacramentelle ne semble faire aucun doute.

Remarque :

Le *De Sacerdotio,* quant à lui, comporte un beau passage [20] où le pouvoir de délier et de lier octroyé aux prêtres ici-bas vise les âmes et entraîne des répercussions célestes. Notons seulement que cet extrait, trop long pour être cité dans le cadre de cette communication, présente l'avantage d'associer deux réalités connexes : le pouvoir de lier et de délier et celui de remettre les péchés. Nous ne traitons pas ici de ce dernier parce qu'il ne comporte aucun trait formellement « sacerdotal ».

3. *Le ministère de la Parole, élément « sacerdotal »*

A. *Les silences du Commentaire...*

Notre commentaire ne contient aucune allusion directe au caractère « sacrificiel » du ministère ecclésiastique de la Parole, alors que, dans d'autres œuvres, cet élément « sacerdotal » est clairement attesté. Ainsi notre auteur considère-t-il ce ministère comme « le plus grand, le plus auguste, le plus excellent de tous les sacrifices » [21].

---

20. *Dialogue sur le Sacerdoce*, S.C. 272, p. 147-151.
21. *Homélie sur le Sacerdoce*, S.C. 272, p. 396-397.

Conscient à la suite de saint Paul, son modèle, de sanctifier, par sa parole, le peuple devenu ainsi offrande agréable à Dieu, Chrysostome s'écrie dans la vingt-neuvième homélie sur l'épître aux Romains :

> Mon sacerdoce est de prêcher, d'annoncer l'Évangile, voilà le sacrifice que j'offre [22].

B. *Ministère de la Parole et liberté d'expression*

Bien sûr dans la mesure où l'on considère que, selon notre *Commentaire*, le pouvoir de lier et de délier dont les prêtres sont investis s'exerce aussi en tant que ministère de la Parole, tout particulièrement lors de la prédication, celui-ci se rattache dès lors à la dimension proprement sacerdotale, sacrificielle et eucharistique de la fonction ecclésiale. Si cela. s'avère exact, on ne peut estimer négligeable la mention de la vingt-cinquième homélie, qui prône comme condition indispensable à l'accomplissement correct du ministère de la Parole, la liberté de s'exprimer (παρρησία), le « droit de blâmer ». Jean fait allusion à la situation pratique suivante : les aumônes émanant de personnes enrichies en raison de leur avarice ou de leur malhonnêteté entraînent nécessairement chez les pasteurs qui les acceptent, un manque de liberté alors que leur ministère exigerait des réprimandes et des exhortations salutaires :

> Mais les choses en sont arrivées à un tel degré de vice que des aumônes sont faites à partir de richesses mal acquises et que beaucoup les reçoivent. C'est pourquoi nous avons perdu notre liberté de parole et nous n'avons plus le droit de blâmer qui que ce soit. Maintenant du moins, fuyons le tort qui nous vient de là [23].

Cette liberté de parole, le prêtre doit la garder en toute circonstance, mais plus spécialement lors du strict exercice du ministère de la prédication.

IV. La dignité de vie exigée par le sacerdoce ministériel

1. *« Devenez ce que vous accomplissez »*.

La dignité fonctionnelle et la puissance spirituelle du prêtre s'exprimant éminemment dans le ministère eucharistique et le pouvoir de lier et de délier qu'il implique postulent la dignité de vie personnelle. Chrysostome évoque plus d'une fois dans son œuvre la tension qu'une telle exigence entraîne chez l'homme investi d'un si grand honneur. Nous trouvons un indice de cette préoccupation de notre auteur dans un extrait de l'homélie 24 sur l'épître aux Hébreux.

---

22. Hom. 29 sur Rm, *PG* 60, 655.
23. FIELD VII, 288 ; *PG* 63, 178.

Jean fustige l'avarice et la cupidité et appelle tous les chrétiens à la vigilance : puissent-ils ne jamais s'entendre dire : « Éloignez-vous de moi, vous qui commettez l'iniquité, je ne vous ai jamais connus ! (Mt 7, 23) ». Sans doute, estime Chrysostome, le Seigneur Jésus insinuait-il que ses disciples qui se glorifiaient des prophéties proférées et des prodiges accomplis en son nom, menaient, même alors, une vie coupable. Il poursuit :

> Dès le commencement, la grâce opérait par l'intermédiaire des gens indignes. Si elle agit en effet par Balaam, elle s'exerça bien plus encore par ces indignes, en faveur de ceux qui devaient en profiter. Les signes et les prodiges n'ont pu exempter du supplice (ceux qui les accomplissaient). Ainsi, quelqu'un qui serait revêtu de la dignité sacerdotale (ἀξιώματι ἱερατικῷ), serait-il arrivé à l'honneur suprême, la grâce eût-elle agi pour l'ordination (εἰς τὴν χειροτονίαν) et pour tous les autres actes du ministère dans l'intérêt de ceux qui ont besoin de l'œuvre du chef, pourrait, lui aussi, s'entendre dire : « je ne t'ai jamais connu, même alors que la grâce opérait par toi ! » [24].

L'état sacerdotal ne permet donc pas à celui qui le partage d'être assuré de son salut, quels que soient les bienfaits spirituels dont il a pu être l'intermédiaire. Nous savons, par ailleurs, l'importance que Chrysostome attache à la sanctification des prêtres en raison du caractère sublime de leur charge et du grand risque qu'entraîne, pour leur propre salut, l'exercice du ministère ecclésiastique.

Nous savons combien ces cas d'indignité dans les rangs du clergé, fréquents à l'époque de Jean, le préoccupent tant du point de vue théologique que moral. Ainsi que nous l'avons annoncé, nous n'aborderons pas ici l'attitude que prône, chez les fidèles, notre prédicateur, devant la situation pénible de mauvais ministres [25].

L'utilisation des notions d'ἀξίωμα, τιμή, προστατεία, χειροτονία, χάρις, ainsi que les relations que Chrysostome établit entre elles, n'aura pas échappé au lecteur attentif. Nous avons, du reste, déjà relevé la distinction entre la dignité fonctionnelle et la dignité de vie, très importante chez Chrysostome, tout autant que l'implication de l'une sur l'autre.

2. *Un ministère redoutable à ne pas briguer*

Les exigences du sacerdoce ministériel sont telles qu'il est insensé de briguer la fonction ecclésiastique. Un extrait de la trente-quatrième homélie fait écho à la visée première du *De Sacerdotio*. Dans ce Traité, le projet de notre auteur consiste à manifester le caractère sublime du sacerdoce

---

24. FIELD VII, 276-277 ; *PG* 63, 170-171.
25. J.-P. MONDET, *Le sacerdoce*, p. 239-240.

ministériel et, à ce titre, à contribuer à écarter les ambitieux, les ignorants et les débauchés qui, trop souvent, parviennent aux ordres. En outre, Chrysostome veut encourager les candidats compétents, humbles et pieux que la dignité de la prêtrise effraie, parce qu'ils sont trop conscients de leur indigence. Si Jean admet les scrupules de ces derniers, c'est avec vigueur qu'il réagira contre ceux qui se dérobent à leur vocation spirituelle après leur ordination. Le passage du *Commentaire sur l'épître aux Hébreux* que notre étude nous amène à mentionner est, à cet égard, des plus significatifs :

> Ciel ! Quel péril redoutable ! Que dire aux misérables qui se précipitent vers un tel abîme de supplices ? Tu rendras compte de tous ceux que tu diriges, hommes, femmes, enfants, c'est à ce terrible feu que tu exposes ta tête. Je m'étonne qu'un seul de ceux qui dirigent puisse être sauvé, surtout qu'en présence de telles menaces d'une part, d'une telle lâcheté d'autre part, j'en vois quelques-uns accourir encore et se jeter sous ce redoutable fardeau de la direction. Car s'il n'est point d'excuse et de pardon pour ceux-là mêmes qui y ont accédé par la nécessité lorsqu'ils administrent mal et se montrent négligents – Aaron fut contraint à assumer le pouvoir et connut le péril, Moïse aussi fut en danger, bien qu'ayant souvent refusé le commandement, Saül qui avait reçu un autre genre d'autorité malgré son refus, en connut le péril parce qu'il l'avait mal exercée –, à combien plus forte raison sont donc exposés ceux qui mettent tant d'âpreté à la conquérir et qui ont eu l'audace de s'y précipiter. Un tel ambitieux, bien plus que personne, se prive lui-même de tout pardon. Il faut craindre et trembler, et à cause du fardeau de la conscience, et à cause du fardeau de la charge ; il ne faut ni refuser une fois qu'on a été contraint, ni de soi-même s'y jeter si l'on n'est pas contraint ; au contraire, il faut même fuir en prévoyant la grandeur de la dignité, mais, d'autre part, si l'on est pris, il faut montrer sa piété. Qu'en rien, il n'y ait de l'excès, que tout se fasse dans l'ordre. Avant d'être informé, cache-toi, persuadé que tu es indigne de la charge ; si, par contre, tu es pris, sois également pieux ; partout, fais preuve de ta noblesse d'âme [26].

Peut-être faut-il clarifier les allusions à la contrainte qui ont de quoi surprendre dans le contexte de l'accession aux charges ecclésiastiques. Rappelons ici qu'à l'époque, il n'était pas rare que l'évêque voulût ordonner, même contre son gré, tel candidat qu'il avait choisi personnellement ou que le peuple avait désigné. S. Grégoire de Naziance constitue l'un des exemples illustres de cette pratique. Comme les anciens n'avaient pas un sens aigu de la liberté individuelle, il n'était pas possible d'échapper à cette contrainte, sinon en fuyant ou en faisant serment que jamais on ne se ferait ordonner.

---

26. FIELD VII, 378 ; *PG* 63, 233.

On aura remarqué une insistance spéciale sur un élément non strictement « sacerdotal » de la charge ecclésiastique : la responsabilité pastorale avec la tâche redoutable de direction qu'elle implique. Comme nous l'annoncions en commençant, les limites de cette communication nous obligent à ne pas aborder ici ce sujet.

En guise de conclusion

Il est temps de proposer la synthèse finale d'un article déjà trop long. Elle tiendra en trois conclusions qui viseront exclusivement les apports spécifiques du *Commentaire sur l'épître aux Hébreux* quant à la dimension « sacerdotale » du ministère des évêques et des prêtres, selon saint Jean Chrysostome.

(1) Le prêtre véritable de l'eucharistie, mémoire de la Croix et sacrifice céleste, est le Christ, invisible et présent à la fois sur l'autel terrestre et au ciel où il siège à la droite du Père. Le Christ au Calvaire était prêtre et victime. Actuellement glorifié, il n'exerce plus son sacerdoce au sens pénible du terme, il n'est plus dans un état victimal douloureux, il n'intervient même pas « activement » lorsque sont prononcées les paroles consécratoires de l'eucharistie. À la messe, il est « représenté » (cf. σχῆμα) comme prêtre par le prêtre de l'Église qui l'offre, en « faisant mémoire » du Sacrifice de la croix, en tant que victime céleste. C'est ainsi que l'eucharistie réalise le point de jonction entre le passé et l'avenir eschatologique en actualisant aujourd'hui la réalisation du salut obtenu pour l'humanité par le Christ, notre grand-prêtre. Si notre Commentaire n'exprime pas formellement tous les aspects de ces assertions (notamment les notions de σχῆμα ou de σύμβολον pour désigner le prêtre de l'Église), l'éclairage d'autres œuvres chrysostomiennes, telles que les célèbres homélies *De proditione Judae,* nous a permis, sans extrapoler, de dégager les implications des allusions, peu nombreuses, de nos homélies, au ministère ecclésiastique considéré prioritairement sous l'angle sacerdotal. C'est selon cet angle que nous devons comprendre le rôle du « héraut » des consciences dont le prêtre est divinement investi puisque c'est en vue de l'accession des fidèles au sacrifice eucharistique qu'il exerce son pouvoir de lier et de délier.

(2) L'honneur suprême dû à la grâce de l'ordination est tel qu'il entraîne nécessairement la dignité morale et la sainteté de vie, en plus des qualités humaines et spirituelles exigées par tous les aspects – même non strictement sacerdotaux – du ministère ecclésiastique. Or l'expérience montre qu'en dépit de la grâce reçue à l'ordination et de l'exigence de vie qui en découle, des ministres indignes existent, qui ne peuvent, pour leur salut, se prévaloir ni de l'honneur lié à la fonction ni des réalisations de la

grâce opérées par leur intermédiaire. Il est donc insensé de briguer le ministère sacerdotal, si redoutable pour le salut de celui qui l'exerce, étant donné la grande responsabilité liée à cette « charge d'âmes ». Mais une fois investi du sacerdoce ministériel, le prêtre doit conformer sa vie personnelle au caractère sublime de son état.

(3) Le mystère du sacerdoce ministériel trouve enfin dans notre Commentaire une approche assez inhabituelle : les prêtres de l'Église et les anges sont associés dans un ministère assez analogue, puisque leur service de Dieu se traduit de façon privilégiée dans leur collaboration commune à l'œuvre du salut de l'humanité. Certes, celle-ci se réalise d'abord par le Maître, le Christ, mais le Sauveur désire « avoir besoin » des anges et des prêtres pour l'accomplir dès ici-bas. Ce ministère comporte donc une dimension terrestre mais aussi une dimension céleste. Du reste, depuis la victoire pascale, le ciel n'est-il pas uni à la terre, le ciel n'est-il pas anticipé sur la terre ?

JACQUES DE JÉRUSALEM D'APRÈS LE ROMAN DU PSEUDO-CLÉMENT

Luigi CIRILLO

I.1 L'œuvre du pseudo-Clément

Cette œuvre existe en deux éditions, les *Homélies* et les *Reconnaissances*, qui dans certains passages se correspondent presque littéralement, alors que, dans d'autres, elles se séparent et traitent une matière semblable de façon différente.

La rédaction des *Homélies*, en grec, peut dater de la fin du IIIe siècle, sinon du début du IVe. En effet, le premier témoin de cet ouvrage est Eusèbe de Césarée, *Histoire ecclésiastique,* III, 38, 5. Les *Homélies* sont transmises par deux manuscrits, le *Parisinus gr.* 930 du Xe siècle (d'après les plus récents catalogues), incomplet, et le codex *Vaticanus Ottobonianus gr.* 443, daté du XVIe siècle, où elles sont précédées de trois documents : la *Lettre de Pierre* à Clément (Ép P), suivie de la réponse de Jacques, appelée *Diamartyria* ou *Contestatio* (D), un engagement solennel de Jacques, et la *Lettre de Clément* à Jacques (Ép Cl) [1].

Les *Reconnaissances* aussi étaient en grec, elles furent rédigées après les *Homélies*, vers le milieu du IVe siècle. Le premier témoin de ce texte est S. Basile de Césarée, mort en 379. Du texte grec des *Reconnaissances*, il ne reste que quelques maigres fragments. Nous possédons les *Reconnaissances* dans la traduction latine de Rufin d'Aquilée [2]. D'après la *Préface* à l'évêque Gaudentius, mise par Rufin en tête de sa traduction, le travail fut exécuté peu de temps avant l'an 406, sur la base d'un texte original en grec, appelé probablement Ἀναγνωρισμοί (correspondant au

---

1. B. REHM, *Die Pseudoklementinen* I. *Homilien* (GCS 42), 3e éd. par G. STRECKER, Berlin, 1992.

2. IDEM, *Die Pseudoklementinen* II. *Rekognitionen in Rufins Übersetzung* (GCS 51), 2e éd. par G. STRECKER, Berlin, 1994.

mot *Recognitiones* du texte latin, voir *Préface*, 8) [3]. Les manuscrits des *Reconnaissances* sont très nombreux, signe évident de leur grande diffusion dans les divers pays de l'Europe médiévale.

Il existait aussi une version syriaque des *Homélies* et des *Reconnnaissances*. Ce texte dans sa totalité est perdu. Ce qu'il en reste se trouve dans le manuscrit du British Museum (Add. 12. 150), copié à Édesse en l'an 411. Il s'agit des sections Hom X, 1 - XII, 24 ; XIII, 1 - XIV, 12 ; Rec I, 1 - IV, 1-4 [4]. La version syriaque est antérieure à la traduction latine des *Reconnaissances*.

I.2 L'Écrit de base

La plupart des chercheurs se rallient à la thèse selon laquelle les deux éditions, les *Homélies* et les *Reconnaissances*, dépendent d'un même texte primitif, dénommé « Écrit de base » (*Grundschrift*), qui ne nous est pas resté. Ce texte correspond vraisemblablement à un ouvrage attribué à Clément de Rome, disciple de Pierre, et appelé Περίοδοι, *Itinéraires* ou *Voyage*s (de Pierre) [5], comme on lit, pour la première fois, dans le chap. 23 de la *Philocalie*, qui se termine justement par une citation du livre 14 des Περίοδοι, assez proche du texte de Rec X, 10, 7 - 13, 1 [6]. Le chap. 23 de la *Philocalie* contient un extrait du troisième tome du *Commentaire* d'Origène *sur la Genèse*, le texte concerne l'interprétation de Gen. 1, 14 et le libre arbitre.

La datation de l'Écrit de base n'est pas certaine. Le *terminus a quo* serait l'an 222, date de la mort de Bardesane, dont le *Livre des lois des pays* (appelé par Eusèbe « Dialogue sur le destin », *Histoire ecclésiatique*, IV, 30, 2) est cité en Rec IX, 19-29 [7]. *Le terminus ad quem* demeure problématique. Si la citation de Rec X, 10, 7 - 13, 1 remonte à Origène lui-même, la rédaction de l'Écrit de base se situe avant l'an 232. Si la citation

---

3. Traduction André Schneider, dans *Les Reconnaissances du pseudo-Clément*. Traduction, introduction et notes par A. SCHNEIDER et L. CIRILLO, Turnhout, Brepols, 1999, p. 69-72.

4. W. FRANKENBERG, *Die syrischen Clementinen mit griechischem Paralleltext* (Texte und Untersuchungen, 48/3), Leipzig, 1937.

5. Une autre citation de l'ouvrage de Clément se trouve dans le traité d'Épiphane contre les hérésies, *Panarion,* XXX, 15, 1 (« Les Ébionites utilisent les soi-disant *Voyages de Pierre*, écrits par Clément »). L'ouvrage cité par Épiphane est mentionné par Jérôme, *Commentaire de la Lettre aux Galates,* I, 18 (« Clément dit dans les *Periodoi* »). Voir aussi Jérôme, *Contre Jovinien,* I, 26.

6. Voir E. JUNOD, *Origène, Philocalie* 21-27, Sur le libre arbitre (SC 226), Paris, 1976, introduction : p. 27-33, texte : p. 204-211.

7. Voir B. REHM, « Bardesanes in den Pseudoclementinen », *Philologus* 93 (1938), p. 241-247.

ne remonte pas à Origène, mais aux auteurs de la *Philocalie*, l'Écrit de base a vu le jour après 222 et avant la composition des *Homélies* [8]. Un argument en faveur de la seconde solution du problème serait fourni par une autre considération. D'après Eusèbe, *Histoire ecclésiastique*, IV, 30, 1, les dialogues de Bardesane furent traduits du syriaque en grec par ses disciples. Eusèbe ne dit pas quand, mais s'agissant d'une traduction faite pour défendre les doctrines de Bardesane contre les attaques de ses adversaires, la traduction se placerait vers la moitié du troisième siècle, au plus tôt.

L'activité de l'auteur de l'Écrit de base se situe très probablement en Syrie du Nord, en Célésyrie, ainsi que celle de l'auteur des *Homélies* et des *Reconnaissances*. En Célésyrie se trouvaient les Nazaréens d'Épiphane (cf. *Panarion*, XXIX, 7) et de Jérôme (*Les hommes illustres*, chap. 3). À Apamée résidait une communauté d'Elchasaïtes, d'où venait Alcibiade (cf. *Elenchos*, IX, 13, 1). Dans ce milieu, l'Écrit de base était une apologie de la foi judéo-chrétienne : le héros était l'apôtre Pierre, en tant qu'envoyé de Jacques de Jérusalem. La structure de cet Écrit, basé sur l'*Itinéraire* ou *Voyages* (de Pierre, voir *supra*), rappelait celle des *Actes de Pierre*, composés en Syrie vers la fin du IIe siècle [9].

I.3 L'œuvre de Clément d'après Rufin, *Préface* à Gaudentius

Aux versets 8-10 de cette *Préface*, Rufin nous apprend qu'à son époque il existait deux éditions et deux collections de livres (*duas editiones haberi et duo corpora librorum*) de l'œuvre de Clément en grec ; les deux éditions divergeaient en certains passages, mais s'accordaient en beaucoup d'autres. L'œuvre s'appelait (d'après le texte latin de Rufin) *Recognitiones* (d'où, en grec vraisemblablement Ἀναγνωρισμοί). D'après les auteurs modernes, les deux éditions et les deux collections de livres correspondent aux *Homélies* et aux *Reconnaissances*. D'autres renseignements, au sujet des livres de Clément, sont donnés par Rufin dans son traité, *De la falsification de l'œuvre d'Origène*, 3, l'œuvre s'appelait Ἀναγνωρισμός (au singulier) [10].

Les versets 12-15 de cette même *Préface* traitent de la *Lettre de Clément* à Jacques (Ép Cl). Rufin semble indiquer qu'elle appartenait à l'un des *duo corpora* (les *Reconnaissances*, qu'il a traduites en latin), mais il a renoncé à la « mettre en tête » de sa traduction, (a) parce qu'elle était

---

8. D'après B. POUDERON, la citation remonte à Origène lui-même, voir « Origène, le Pseudo-Clément et la structure des *Periodoi Petrou* », *Apocrypha* 12 (2001), p. 29-51.

9. Cf. G. POUPON, dans *Écrits apocryphes chrétiens*, Gallimard, Paris, 1997, p. 1043.

10. Edition : M. SIMONETTI, dans le *Corpus Christianorum, Series Latina*, XX, Turnhout, Brepols, 1961, p. 9.

postérieure, (b) parce qu'il l'avait déjà traduite et éditée [11]. L'Ép. Cl devait probablement circuler comme un texte séparé. La traduction latine de cette lettre ne se trouve que dans quelques manuscrits des *Reconnaissances*.

I.4 L'œuvre de Clément d'après le témoignage de Photius, *Bibliothèque*, cod. 112-113.

Photius, vers la moitié du IXe siècle, connaissait deux ouvrages de Clément de Rome, l'un était intitulé « Constitutions des apôtres » (les *Constitutions apostoliques*), l'autre était dédié sous forme de lettre à Jacques ; on y trouvait les soi-disant *Actes de l'apôtre Pierre*, les *Entretiens avec Simon le magicien* et la reconnaissance de Clément. C'est pourquoi cet ouvrage s'appelait, dans certaines copies, *Reconnaissance de Clément de Rome* (voir Rufin *supra* : Ἀναγνωρισμός). Toutefois, la lettre à Jacques n'était pas la même. Dans certains manuscrits, en tête de l'ouvrage, il y avait une lettre adressée par l'apôtre Pierre à Jacques (= Ép P), par laquelle l'apôtre envoie ses propres actes à Jacques sur sa demande. Dans d'autres, en tête de l'ouvrage il y avait une lettre envoyée par Clément à Jacques (= Ép Cl), par laquelle Clément envoie à Jacques les actes de Pierre, que Clément avait rédigés sur l'ordre de Pierre et envoyés à Jacques, après la mort de l'apôtre. Il n'y avait pas d'exemplaires qui avaient les deux lettres rassemblées. Photius en conclut qu'il y aurait eu deux éditions de l'ouvrage, la première était disparue, et celle de Clément avait survécu. En effet, dans toutes les copies qu'il avait vues se trouvait le même traité, qui commence par : « Moi Clément... » [12].

Les deux lettres ne figurent ensemble, pour la première fois, que dans les deux manuscrits des *Homélies*, le *Parisinus gr.* 830 et le codex *Vaticanus Ottobonianus gr.* 443. Or il est question de Jacques en trois endroits de l'œuvre de Clément : (1) Ép P, D, Ép Cl, (2) Rec I, 66, 2-71, (3) Hom XI, 35, 3-6 et Rec IV, 34-35. Ces trois sections remontent à des auteurs divers et à des époques différentes.

---

11. Pour la Lettre de Clément, cf. W. ULLMANN, « The Significance of the Epistula Clementis in the Pseudo-Clementines », *Journal of Theological Studies* 11 (1960), p. 295-317.

La lettre est « postérieure », dans le sens qu'elle fut rédigée en grec après l'œuvre, Ἀναγνωρισμός ou Ἀναγνωρισμοί, de Clément. D'après le Prof. Fedalto, de l'Université de Padoue, la lettre aurait été traduite par Rufin vers l'an 398 (avant les *Reconnaissances*), cf. G. FEDALTO, *Rufino di Concordia*, Città Nuova Editrice, 1990 (« Prospetto cronologico », à la fin du livre).

12. Voir Photius, *Bibliothèque*, tome II. Texte établi et traduit par René HENRY, Paris, « Les Belles Lettres », 1960, p. 82-84 ; cf. tome I, p. XIV et s.

II.1 Rec I, 66, 2 - 71, 6.

Ce texte est le plus ancien témoignage concernant Jacques dans l'œuvre pseudo-clémentine, il contient notamment un débat de Jacques avec les autorités du peuple juif au sujet de la venue du Messie.

Pour le grand prêtre Caïphe se posait la question de savoir si Jésus était le Prophète annoncé par Moïse (cf. Rec I, 36, 2 ; 43, 1). Car c'est sur ce seul point qu'il y avait divergence entre les Juifs croyants (les membres de l'Église de Jérusalem) et les Juifs incroyants (cf. Rec I, 43, 2).

Une délégation de prêtres, venant de la part de Caïphe, demande donc aux apôtres, réunis autour de Jacques, de se rendre au temple et de prouver, en présence des autorités juives, que Jésus est le Messie. Il s'ensuit un débat qui se déroule en deux temps. La première fois montent au temple les apôtres, ils discutent avec les représentants des sectes juives (Rec I, 55, 1 - 65, 5). La seconde fois Jacques, accompagné de son Église et du groupe des apôtres, se rend au temple, où il parle en présence de Caïphe, de Gamaliel et du peuple juif (Rec I, 66, 2 - 69, 8).

Rappelons l'essentiel concernant l'origine de ce texte et de la section, Rec I, 27-71, dont il fait partie. L'histoire de la recherche pseudo-clémentine est dominée par la question de la source, les *Prédications de Pierre* (Κηρύγματα Πέτρου), mentionnées dans les deux pièces d'introduction aux *Homélies* (Ép P et D), ou de deux sources, dont l'une est représentée par les Κηρύγματα Πέτρου et l'autre par les *Montées de Jacques* au temple (Ἀναβαθμοί Ἰακώβου), un ouvrage judéo-chrétien, qui est cité par Épiphane, *Panarion,* XXX, 16, 6-9. Un chapitre fondamental de la recherche concerne justement l'utilisation de la source ou des deux sources par l'auteur de l'Écrit de base [13]. D'après A. Hilgenfeld, il s'agit d'une seule source. Ce savant admettait que dans l'ouvrage pseudo-clémentin est utilisé un écrit très ancien, appelé Κήρυγμα Πέτρου, dont les idées primitives sont représentées tout spécialement par la section de Rec I, 27 72. D'après G. Strecker, par contre, dans la structure de l'Écrit de base, ont été utilisées deux sources judéo-chrétiennes. Suivant l'idée de G. Uhlhorn, G. Strecker a séparé la question des Κηρύγματα Πέτρου, mentionnés dans l'Ép P et en D, et celle des Ἀναβαθμοί Ἰακώβου, cités par Épiphane ; il a considéré cet ouvrage en tant que la deuxième source pseudo-clémentine, qui est représentée par le texte de Rec I, 33-71 [14]. Nous reviendrons sur la question concernant les Κηρύγματα Πέτρου. Nous nous

---

13. Voir F. STANLEY JONES, « The Pseudo-Clementines : A History of Research », Part I, dans *The Second Century*, p. 14 et s. ; 24 et s.

14. Cf. G. STRECKER, *Das Judenchristentum in den Pseudoklementinen*, Berlin, 1981, p. 221 et s.

occupons maintenant des Ἀναβαθμοί Ἰακώβου, les *Montées de Jacques* au temple, car ce titre rappelle le début de la section concernant le débat de Jacques avec les autorités juives, en Rec I, 66, 2 : « Jacques monta au temple ». Dans sa recherche, G. Strecker a précisé que la source utilisée dans l'Écrit de base n'est pas l'ouvrage même Ἀναβαθμοί Ἰακώβου, cité par Épiphane, mais son archétype. En effet, d'après la citation d'Épiphane, les *Montées de Jacques* parlaient (a) de la critique de Jacques contre la liturgie sacrificielle juive (XXX, 16, 7) et (b) de certaines calomnies dressées contre S. Paul (16, 8-9). Par contre, (a) en Rec I, 66, 2 - 69, 4, Jacques ne parle pas de liturgie, mais de la question messianique, (b) en Rec I, 70, Paul n'est pas calomnié, il est le persécuteur de l'Église de Jérusalem et de Jacques. C'est pourquoi, l'ouvrage judéo-chrétien, cité par Épiphane, n'est pas directement concerné dans le texte de Rec I. La piste ouverte par G. Strecker a été suivie par le Prof. G. Lüdemann [15]. L'auteur a démontré que la section de Rec I, 66, 2 - 69, 8, au sujet de Jacques, fait partie d'un ensemble de traditions provenant des communautés judéo-chrétiennes, traditions appelées par Lüdemann *Rekognitionen* I *Quelle* (source des Reconnaissances, I). On doit donc analyser la section indiquée de Rec I d'après la méthode de l'histoire de la tradition, en particulier en ce qui concerne Rec I, 70 et les différentes versions du martyre de Jacques, parmi lesquelles la plus importante est celle d'Hégésippe, citée par Eusèbe, II, 23, 10-18. F. Stanley-Jones, de son côté, exclut tout à fait les Ἀναβαθμοί Ἰακώβου en tant que source de l'Écrit de base [16]. Il relève que la plus grande partie du contenu de la citation d'Épiphane n'a pas d'éléments correspondants dans le texte pseudo-clémentin et que le contenu de la citation d'Épiphane s'explique par la tradition judéo-chrétienne, d'où dépendent également le texte d'Épiphane et celui de Rec I. Par conséquent, Stanley-Jones se dispense totalement des Ἀναβαθμοί Ἰακώβου et admet que la section, « Jacques monta au temple » dépend d'une source judéo-chrétienne, qui est citée en Rec I. Il s'agit du texte, Rec I, 27-71, qui contient une récapitulation de l'histoire du monde jusqu'à la naissance de l'Église de Jérusalem. En effet, le texte de Rec I, 27-71, par son style et son contenu, se détache du récit de Rec I. La dernière partie du texte indiqué concerne les origines de l'Église sous la direction de Jacques, un récit d'ailleurs différent de celui de Luc dans les premiers chapitres des *Actes des Apôtres*, notamment en ce qui concerne la chronologie. Ainsi, par

15. G. LÜDEMANN, *Paulus, der Heidenapostel,* Band II. *Der Antipaulinismus im frühen Christentum*, Göttingen, 1983, p. 228 et s.

16. F. STANLEY JONES, *An Ancient Jewish Christian Source on the History of Christianity. Pseudo-Clementine Recognitions* I, 27-71 (Texts and Translations, 37, Christian Apocrypha Series, 2), Atlanta, 1995.

exemple, la montée de Jacques au temple se passe à la fin d'une « semaine d'années, depuis la Passion du Seigneur » (Rec I, 43, 3) [17]. Le texte, cité dans la composition de l'Écrit de base, fut utilisé par l'auteur des *Reconnaissances* et omis par l'auteur des *Homélies*.

L'auteur de cette source est sûrement un judéo-chrétien. Il appelle Abraham l'ancêtre de « notre race », celle des Hébreux (Rec I, 32, 1) et dit que Jésus « a pris un corps juif » (Rec I, 60, 7). Cet auteur écrivait après les événements de la seconde révolte juive contre Rome (132-135), et après Hégésippe, source principale du martyre de Jacques [18] ; il écrivait donc vers la fin du IIe siècle.

En Rec I, 69, 1-4.8, Jacques, en présence de Caïphe, de Gamaliel et du peuple juif, démontre que Jésus est le Messie, annoncé par les Prophètes et dans la Loi. Ensuite, il persuade les Juifs et le grand prêtre de demander le baptême. Alors qu'ils sont prêts à venir se faire baptiser, arrive « un homme ennemi » (Saul/Paul), il provoque un grand tumulte parmi le peuple (Rec I, 70). Puis il attaque directement Jacques et le précipite du haut de l'escalier du temple. Le croyant mort, il renonce à s'acharner davantage sur lui. Ce tumulte et l'attaque porté à la personne de Jacques sont, d'après l'auteur du texte, un aspect de la persécution de Saul contre l'Église (cf. Ac 8, 1.3).

Jacques ne meurt pas, il est secouru par ses amis juifs et emporté chez lui, où se rendent aussi les apôtres (Rec I, 71). Le lendemain, la communauté chrétienne, formée d'environ cinq mille personnes (cf. Ac 4, 4), Jacques, les apôtres et l'Église de Jérusalem se réfugient à Jéricho, à l'abri de la persécution. Entre-temps, Saul, muni des lettres de Caïphe, doit se rendre à Damas, dans le but de poursuivre les judéo-chrétiens de là-bas (cf. Ac 9, 1-2), où il pense trouver Pierre aussi. Pour atteindre Damas, Saul prend la route qui, de Jérusalem, descend à Jéricho. Mais les Chrétiens, qui étaient arrivés de Jérusalem, n'étaient pas à Jéricho, car ils étaient allés visiter les sépulcres de deux de leurs frères, qui chaque année se blanchissaient d'eux-mêmes. Il s'agit de la légende de Jacques, d'origine judéo-chrétienne, née dans un contexte antipaulinien. L'autorité exceptionnelle de Jacques dans la communauté juive de Jérusalem et son rôle auprès des Juifs incroyants étaient mis en relief dans la source. Sans la

---

17. Il s'agit de la période la plus ancienne de la vie de la communauté chrétienne de Jérusalem, avant la conversion de saint Paul. Le *Livre des Jubilés* est probablement à la base de cette chronologie, qui divisait les périodes de l'histoire par jubilés et septénaires.

18. Texte cité par Eusèbe, *Histoire ecclésiastique*, II, 23, 10-18.

persécution de Saul, Jacques aurait associé les Juifs bien disposés aux fidèles judéo-chrétiens et formé une seule Église [19].

II.2 Hom XI, 35, 3-6, et texte parallèle, Rec IV, 34-35

Ces deux textes appartiennent au stade successif de la légende pseudo-clémentine de Jacques de Jérusalem. Se trouvant à Jéricho avec les apôtres et toute l'Église, Jacques envoie Pierre à Césarée, pour réfuter les doctrines de Simon le magicien, qui s'était établi dans cette ville. L'auteur des *Reconnaissances* (cf. Rec I, 72) a rattaché la mission de Pierre à Césarée au récit de la source judéo-chrétienne. La mission de Pierre, qui commence à Césarée, remonte à la composition de l'Écrit de base, *Itinéraire* ou *Voyages de Pierre* (*supra*). Essentiellement, ce texte était une apologie de la foi contre les doctrines gnostiques de Simon le magicien, l'ancêtre de toutes les hérésies, d'après Irénée, *Contre les hérésies*, I, 23, 2. Il est surprenant de constater que certaines doctrines de Simon remontent à Marcion (voir en effet Rec II, 47-60). De ce fait, l'Écrit de base devait être une apologie de la foi contre l'hérésie simonienne et marcionite, répandue dans les territoires de la Syrie au IIIe siècle [20]. Pierre était un missionnaire, l'envoyé de Jacques, et Jacques celui qui ouvre la mission judéo-chrétienne aux païens. Le statut de la mission de Pierre était le décret de l'Assemblée de Jérusalem, qu'on appelle le décret de Jacques (voir les clauses du décret, en Ac 15, 23-29).

Le rôle de Jacques dans la mission est indiqué par Pierre, au terme de son discours à l'Église de Tripolis : Hom XI, 35, 3-6 et Rec IV, 34-35. On s'aperçoit ici qu'un grand nombre d'apôtres, docteurs et prophètes itinérants, de provenance diverse, parcourent les régions de Syrie, pour prêcher leur propres doctrines. Il doit s'agir surtout de représentants de l'église

---

19. Relevons un autre élément de la légende : Jacques fut « ordonné évêque par le Seigneur » (cf. Rec I, 43, 3). Par contre, d'après une tradition, qui est rapportée par Clément d'Alexandrie, dans le sixième livre des *Hypotyposes*, et citée par Eusèbe, *Histoire ecclésiastique*, II, 1, 3, les apôtres, Pierre, Jacques et Jean, choisirent Jacques le Juste comme évêque de Jérusalem. La version de Rec I, 43, 3 est plus proche de la renommée de Jacques, appelé en Ga 1, 19, « frère du Seigneur ». D'après une autre tradition de Clément, rapportée dans le septième livre des *Hypotyposes* et citée par Eusèbe, II, 1, 4, le Ressuscité donna la révélation (appelée ici « gnose ») à Jacques le Juste, à Jean et à Pierre, ceux-ci la transmirent aux autres apôtres et aux disciples. Les textes sur Jacques, en Rec I, et ceux de la tradition primitive, transmise par Clément d'Alexandrie, présupposent l'histoire de Jacques, indiquée dans l'*Épître aux Galates*, 1, 18-19 ; 2, 9 et 2, 12, et dans les *Actes* canoniques de Luc, 12, 17 ; 15 et 21, 18.

20. Cf. la thèse de H. J. W. DRIJVERS, dans son article, « Adam and the True Prophet in the Pseudo-Clementines », dans *Festschrift für C. Colpe*, Wurzburg, 1990, p. 314-323.

marcionite. Face à cette situation, Pierre dit qu'il faut fuir tout apôtre, docteur ou prophète qui n'aura pas auparavant soumis sa prédication à Jacques et qui ne se présentera pas devant la communauté avec des lettres qui attestent qu'il a été envoyé par Jacques de Jérusalem [21]. Le texte parallèle des *Reconnaissances* ne s'arrête pas à Jacques lui-même, ce texte prévoit qu'un apôtre véritable puisse être envoyé par le successeur de Jacques. Il y a donc une succession de Jacques dans l'Église judéo-chrétienne et ce n'est que cette Église qui peut assurer l'orthodoxie contre la propagande simonienne-marcionite.

II.3 La Lettre de Pierre et la Diamartyria de Jacques

Ces deux textes d'introduction au corpus des *Homélies* présentent un autre aspect du rôle de Jacques par rapport à l'Écrit de base : Jacques n'est pas seulement le garant de la vraie foi, au temps de la mission de Pierre, il doit aussi sauvegarder la correcte interprétation de la pensée de Pierre.

D'après l'Ép P, Pierre invite Jacques à prendre des précautions au sujet des livres de ses prédications (Κηρύγματα Πέτρου), qu'il lui a envoyés, pour que ces livres ne soient pas falsifiés. Il ne faut pas les donner à un païen, ni à un Juif avant que celui-ci n'ait été trouvé digne de les recevoir. Il faut suivre l'exemple de Moïse, lorsqu'il transmit la Loi aux soixante-dix Anciens (Ex 24, 1, 9 et Nb 11, 16, 17, 24, 25). Le fruit des précautions, prises par Moïse, se voit encore aujourd'hui : les hommes de sa nation, dans le monde entier, gardent la règle concernant la « monarchie » (divine = le dogme de l'unité de Dieu) et la manière de vivre, et ils ne s'éloignent pas de la voie indiquée par les Écritures.

Dans sa réponse, en D, Jacques avec les presbytres de Jérusalem s'engage, de manière solennelle, à ne donner les livres des prédications de Pierre (les Κηρύγματα Πέτρου) qu'aux Judéo-chrétiens, au sens strict (les Chrétiens nés juifs et circoncis), après les avoir été mis à l'épreuve pendant plusieurs années et à la suite d'un serment, prêté selon le rituel elchasaïte, que l'auteur de ce texte devait bien connaître (cf. D, 2, 1 et 4, 1). Cela nous permet de penser que l'auteur de D (Ép P et D) écrivait en Célésyrie, du côté d'Apamée, où vraisemblablement se trouvait une communauté d'Elchasaïtes [22].

---

21. Les trois degrés de la hiérarchie itinérante, apôtre, docteur, prophète, sont ceux de la *Didaché*, XI-XIII. Les noms de ces ministres devaient être communs à ceux de l'Église marcionite.

22. À ce sujet, cf. *Elenchos*, IX, 15, 2, et Épiphane, *Panarion*, XIX, 1, 6. C'est à la communauté elchasaïte d'Apamée qu'appartenait le missionnaire Alcibiade, qui vint à Rome au début du IIIe siècle ; cf. *Elenchos*, IX, 13, 1. Voir, à ce sujet, « Livre de la

Comme on le sait très bien, la thèse concernant les Κηρύγματα Πέτρου, en tant que source judéo-chrétienne primitive des Pseudo-Clémentines, est basée essentiellement sur l'Ép P et la D[23]. Or la critique contemporaine met en doute la thèse ancienne (ou bien, la rejette totalement), elle attribue l'Ép P et D à l'auteur des *Homélies* et admet que les Κηρύγματα Πέτρου sont une fiction littéraire de cet auteur[24]. La thèse de l'existence de ces Κηρύγματα, en tant que source judéo-chrétienne indépendante, ne peut pas se défendre. D'une part, en effet, du point de vue littéraire, la *Lettre de Pierre* ne se distingue pas du vocabulaire des *Homélies* et, d'autre part, dans la littérature chrétienne ancienne, il n'y a aucune trace d'un ouvrage appelé Κηρύγματα Πέτρου. Les « livres des prédications de Pierre » (mentionnés dans l'Ép P et en D), que Pierre lui-même a envoyés à Jacques, ne sont rien d'autre que les prédications de Pierre, d'après le récit de l'Écrit de base. L'unique source judéo-chrétienne des pseudo-Clémentines, dont on peut parler aujourd'hui, est celle qui est citée en Rec I, 27-71 (voir *supra*).

La question de l'Ép P concerne la falsification de la doctrine de Pierre par « certains » , qui proviennent du monde païen (ce sont donc des Pagano-chrétiens). Ils ont rejeté la prédication de Pierre, conforme à la Loi, pour adopter la doctrine contraire à la Loi et frivole de l'« homme ennemi » (cf. Ép P, 2, 3). Il n'y a aucun doute que l'« ennemi » soit Paul (cf. Rec I, 70). Par conséquent, les Pagano-chrétiens qui ont adopté la doctrine de l'« ennemi », contraire à la Loi, sont des pauliniens, vraisemblablement des marcionites[25]. Pierre, comme s'il était un prophète, connaît déjà la commencement de leur activité. *Dès son vivant* même, certains Pagano-chrétiens ont essayé de « transformer » (μετασχηματίζειν) le sens de ses paroles, en vue de l'abolition de la Loi, comme s'il pensait ainsi et qu'il n'osait pas le dire ouvertement (Ép P, 2, 2-4). La fiction littéraire et historique apparaît très claire : (a) Pierre connaît déjà la transformation de sa pensée, que les Pagano-chrétiens, vraisemblablement les marcionites,

---

révélation d'Elkasai », dans *Écrits apocryphes chrétiens*, Gallimard, Paris, 1997, p. 842 et s.

23. Cf. H. WAITZ, *Die Pseudoklementinen, Homilien und Rekognitionen. Eine quellenkritische Untersuchung* (T U 25, 4), Leipzig, 1904, p. 78 et s. ; 169 et s. G. STRECKER, *Das Judenchristentum in den Pseudoklementinen*, Akademie-Verlag, Berlin, 1981, p. 137 et s. ; 221 et s.

24. Cf. J. WEHNERT, « Literarkritik und Sprachanalyse. Kritische Anmerkungen zum gegenwärtigen Stand der Pseudoklementinen-Forschung », *ZNW* 74 (1983), p. 269-301, voir p. 294-298.

25. Cf. H. J. W. DRIJVERS, cité en note 20. D'après Irénée, *Contre les hérésies*, III, 13, 1, les marcionites affirment : *Solus Paulus ueritatem cognouit, cui per reuelationem manifestatum est mysterium*, texte cité par A. HARNACK, *Marcion : Das Evangelium vom fremden Gott*, Leipzig, 1921, p. 82.

sont en train de faire, (b) le commencement de l'activité des Pagano-chrétiens remonte aux faits d'Antioche, d'après l'épître aux Galates, 2, 11-16. On se demande maintenant quelle est l'origine de la fausse interprétation de la pensée de Pierre et de la falsification de sa doctrine primitive. Il doit s'agir, sans doute, des mots de Paul, en Ga 2, 16, la réprimande adressée à Pierre, à cause de son comportement hypocrite à l'arrivée des envoyés de Jacques : « Nous savons cependant que l'homme n'est pas justifié par les œuvres de la Loi, mais seulement par la foi en Jésus Christ. » Or ces mots (voir en effet le pronom « nous »), présupposent que Pierre pensait comme Paul, c'est-à-dire que l'homme n'est pas justifié par l'observance des préceptes de la Loi juive. Toutefois, dans sa lettre à Jacques, Pierre dit que cette interprétation serait totalement fausse. Pierre, en effet, s'est comporté toujours en conformité avec l'enseignement du Christ, lequel a affirmé la durée éternelle de la Loi donnée par Moïse (d'après la citation combinée de Mt 24, 35 et Mt 5, 18, en Ép P 2, 5) [26]. Le pire, conclut Pierre, c'est que certains Pagano-chrétiens s'efforcent d'interpréter mes paroles dans un sens plus raisonnable (φρονιμώτερον) et enseignent ainsi à leurs catéchumènes, comme s'il s'agissait de ma pensée secrète : un point de vue, cependant, que je n'ai jamais eu (Ép P, 2, 6).

En D, Jacques et les presbytres s'engagent à prendre toutes les précautions, afin que les livres des prédications de Pierre ne soient pas détournées de leur sens primitif « par quelques hommes audacieux » (5, 2), les Pagano-chrétiens de la *Lettre de Pierre*. Le sens antipaulinien de ce contexte est confirmé par le milieu judéo-chrétien elchasaïte de la Diamartyria de Jacques (*supra*, note 22).

La *Lettre de Pierre* et la *Diamartyria* concernent donc un débat qui se déroulait entre les Judéo-chrétiens et les Pagano-chrétiens, vraisemblablement des marcionites de Syrie. Il s'ensuit que la célèbre question pseudo-clémentine, la contrapposition entre le pétrinisme et le paulinisme, qu'on a rattachée à la prétendue source, Κηρύγματα Πέτρου, remonte en effet à l'auteur des *Homélies*.

III.4 La *Lettre de Clément* à Jacques

Ce texte est un complément de l'Itinéraire de Pierre, qui s'arrête brusquement à Laodicée. Dans l'Ép Cl, Clément notifie à Jacques que Pierre est arrivé à Rome, d'après son plan (cf. Hom I, 16, 5 et Rec I, 13, 2), qu'il est mort de mort violente et qu'avant sa mort, il l'avait ordonné évêque, en le constituant son successeur direct à la chaire de l'Église de Rome. Pierre a aussi établi à Rome les trois degrés de la hiérarchie

26. Cf. G. LÜDEMANN, *Paulus, der Heidenapostel*, vol. II, p. 251 et s.

ecclésiastique. Clément est chargé par Pierre de faire un bref compte-rendu (cf. Ép Cl 19, 2 : « un épitomé ») de tous les événements qui se sont déroulés, depuis la conversion de Clément jusqu'à la mort de Pierre, de faire un abrégé notamment des prédications de Pierre et de son activité, et de l'envoyer à Jacques. Or, d'après l'Ép P, 1, 2 ; 3, 1 (cf. D, 1, 1), Pierre avait déjà envoyé à Jacques les livres de ses prédications, c'est-à-dire, des enseignements qu'il avait donnés de ville en ville dans son Itinéraire. L'auteur de l'Ép Cl donc connaisait l'Ép P. En effet, Clément dit qu'il a rédigé, sur l'ordre de Pierre, un résumé des prédications de Pierre, après que Pierre lui-même avait mis par écrit les livres de ses discours et les avait envoyés à Jacques (Ép Cl, 20). Pourquoi une nouvelle rédaction des prédications de Pierre de la part de Clément ? Pour compléter justement l'Itinéraire des voyages de Pierre jusqu'à la mort de celui-ci à Rome et, tout spécialement, pour présenter Clément en tant que successeur direct de Pierre à la chaire de l'Église de Rome [27], et parler de l'organisation hiérarchique de cette Église. En ce qui concerne Clément, Jacques se réjouira d'apprendre que le successeur de Pierre est un homme qui connaît la discipline de l'Église (ἐκκλησίας κανόνα) (Ép Cl, 19, 4). Ces mots rappellent la tradition apocryphe, qui attribue à Clément de Rome les *Constitutions apostoliques* [28], et relient la question pseudo-clémentine des prédications de Pierre à celle qui concerne strictemet l'histoire de l'Église de Rome et le problème de la succession de Pierre. En effet, l'histoire de l'Église de Rome concerne la quasi-totalité de l'Ép Cl (1, 1 - 18, 4) ; ce n'est que vers la fin de la lettre (19, 1 - chap. 20) qu'il est question de l'« épitomé » des prédications de Pierre. Cela fait penser que l'Ép Cl a été composée après la rédaction du roman pseudo-clémentin, comme avait bien vu Rufin, dans sa Préface à Gaudentius (voir *supra*). L'Ép Cl devait circuler comme un texte séparé des *Homélies* et des *Reconnaissances*. Au IXe siècle, d'après le témoignage de Photius (voir *supra*), l'Ép Cl était intégrée au corpus des *Homélies*. Mais cette lettre peut difficilement remonter à l'auteur des *Homélies* [29].

---

27. L'auteur de l'Ép Cl corrige la thèse d'origine romaine, qui est citée par Irénée, III, 2, 2-3 (d'après laquelle Clément serait le troisième successeur de Pierre à Rome) et fait bien comprendre que le rôle de Pierre, en tant que fondement de l'Église, et le pouvoir de Pierre de « lier et de délier », d'après Mt 16, 17 et 19, passent à Clément.

28. Voir F. X. FUNK, *Didascalia et Constitutiones Apostolorum*, livre VI, 18, 11, p. 347 et le témoigage de Photius, *Bibliothèque*, cod. 112-113 (cité plus haut). La question est traitée par W. ULLMANN, « The Significance of the *Epistula Clementis* in the Pseudo-Clementines » (article cité en note 11).

29. Malgré le fait que l'ordination de Clément à Rome soit un doublet de l'ordination de Zachée à Césarée (cf. Hom III, 60 et s.).

LES MINISTÈRES DANS LES PASTORALES

Édouard COTHENET

Il m'est très agréable d'offrir en hommage de gratitude ce modeste exposé à notre collègue et ami, Julien Ries, avec lequel j'ai eu tant d'occasions de travailler pour le *Dictionnaire des Religions*, paru aux P.U.F. Dans l'ensemble du Nouveau Testament, les épîtres de Paul à Timothée et à Tite constituent le document le plus important pour l'étude des ministères aux origines de l'Église. Il convient de les situer sur une trajectoire qui part des épîtres incontestées de Paul et aboutit à l'organisation du triple ministère ordonné, tel que l'atteste Ignace d'Antioche pour la Syrie et l'Asie Mineure, au début du IIe siècle. La critique attribue ces trois épîtres dites Pastorales à un disciple de Paul qui, selon le procédé bien connu de la pseudépigraphie, écrit au nom de son maître pour actualiser sa doctrine. Il existe cependant une différence entre I Timothée et Tite qui, formellement, contiennent de nombreux développements sur les ministères déjà existants ou à instituer et la *Seconde épitre à Timothée* qui ressemble bien davantage à un testament spirituel avec une forte connotation affective. J. Murphy-O'Connor a donc proposé de disjoindre du groupe 2 Tm et situe sa rédaction lors du dernier procès de Paul à Rome [1]. Sans nous prononcer sur ce point en discussion, 2 Tm nous servira surtout quand il s'agira de retrouver l'idéal apostolique, dans le sillage de Paul. S'impose en premier une étude sur le vocabulaire ministériel de nos épîtres puis sur les orientations qu'elles manifestent. Nous pourrons ensuite présenter les différentes formes de ministère qui y sont attestées

I. Vocabulaire

Une première observation s'impose. Les termes employés sont loin de présenter la précision qu'ils connaîtront par la suite et sont à situer dans une

1. « 2 Timothy Contrasted with I Timothy and Titus », *RB* 98 (1991), p. 403-418.

évolution qui, sans aucun doute, n'a rien eu de rectiligne. Partons de la triade primitive : apôtres, prophètes, didascales (I Co 12, 28), où l'on peut trouver un reflet de la situation d'Antioche (Ac 13, 1-3), centre majeur de l'expansion chrétienne [2].

᾿Απόστολος : le terme est réservé à Paul dans chacun des en-tête de nos lettres [3] ; il apparaît lui-même ainsi comme la norme de la tradition. Il faudra cependant tenir compte de toutes les formules traditionnelles, reprises dans les Pastorales, qui assurent le lien avec la tradition apostolique commune.

Προφήτης : dans l'Église primitive, les prophètes viennent en seconde position après les apôtres (I Co 12, 28). Par contre, dans les Pastorales, on ne trouve aucune mention de prophètes en activité ; la situation est toute différente de celle de l'Apocalypse. Le seul emploi de προφητεία (I Tm 1, 18 ; 4, 14) se rapporte, nous semble-t-il, à une formulation liturgique. Nous en reparlerons à propos de l'ordination.

Διδάσκαλος : Paul est lui-même didascale des nations (I Tm 2, 7; 2 Tm 1, 11). La fonction de l'enseignement tient beaucoup de place dans les Pastorales, mais les ministres chrétiens ne reçoivent pas formellement ce titre.

Si nous partons de la liste élargie d'Ep 4, 11, qui comporte en plus de celle de I Co 12, 28 les fonctions d'évangélistes et de pasteurs, nous notons que Timothée doit accomplir la tâche d'évangéliste (2 Tm 4, 5). Le titre de pasteur et les mots de même racine (ποιμαίνειν, ποίμνη) manquent dans les Pastorales, bien que la tâche de diriger la communauté soit tellement mise en relief.

Relevons maintenant les autres termes qui apparaissent dans les Pastorales, comme dans les Actes des Apôtres :

᾿Επίσκοπος : le terme est fréquent en grec classique pour désigner des hommes ayant un rôle de surveillance. On a proposé de rapprocher l'ἐπίσκοπος du *mebaqqer,* qui à Qumrân a la responsabilité des camps (ainsi IQS VI, 12 ; CD XIV, 8). Pas plus que διάκονος, le terme ἐπίσκοπος n'apparaît dans des textes significatifs de la LXX (exception Is 60, 17). Bien qu'il soit employé au singulier (I Tm 3, 2; Tit 1, 7) on ne peut traduire par évêque, en raison de la difficulté d'établir la distinction entre ἐπίσκοπος et πρεσβύτερος.

---

2. E. COTHENET, art. « Prophétisme dans le Nouveau Testament », *DBS* t.VIII, c. 1284 et s. et c. 1291-1293.

3. Ajouter I Tm 2, 7 et 2 Tm 1, 11.

Πρεσβύτερος, ancien, est employé au sens de âgé en I Tm 5, 1.2 et au sens ministériel en I Tm 5, 17.19 ; Tt 1, 5. La fonction des Anciens est traditionnelle dans le monde sémitique. Dans les synagogues, le collège des Anciens exerce la responsabilité. Rien d'étonnant donc à ce que les πρεσβύτεροι apparaissent très tôt dans les communautés judéo-chrétiennes (Ac 11, 30 ; 15, 2...). Par contre on ne les trouve pas mentionnés dans les grandes épîtres de Paul. À l'époque de Luc, selon nous la même que celle des Pastorales, les fonctions de l'ἐπίσκοπος et des πρεσβύτεροι ne sont pas clairement distinguées, comme le montre un passage des Actes. S'adressant aux πρεσβύτεροι d'Éphèse, Paul leur dit : « Prenez soin de vous-mêmes et de tout le troupeau dont l'Esprit Saint vous a établis ἐπισκόπους (Ac 20, 28). » Selon toute vraisemblance, un membre du collège jouera un rôle prédominant : l'ἐπίσκοπος qui deviendra l'évêque monarchique du temps d'Ignace d'Antioche.

Διάκονος : ce terme, caractéristique du vocabulaire paulinien, n'évoque pas seulement le service des tables comme on le déduit trop rapidement d'Ac 6, 1-6, mais aussi celui de la transmission de la parole. À la suite de John N. Collins, C. Perrot soutient en effet que, dans le grec classique et hellénistique, la racine « appelle d'abord l'idée d'un lien, d'une transmission ou d'une médiation opérée par l'entremise de la parole » [4]. C'est en ce sens que Timothée doit être un bon serveur du Christ Jésus (I Tm 4, 6). Les qualités requises sont indiquées en I Tm 3, 3 et 12.

II. Le point de vue des Pastorales

Même si l'on peut rapprocher les Pastorales des futures constitutions ecclésiastiques, on ne saurait leur demander une précision de type canonique. L'objectif n'est pas tant d'ordonner les structures institutionnelles que de veiller à la pureté de la foi et à sa transmission. Deux citations sont éclairantes :

> O Timothée, garde le dépôt, évite les bavardages impies et les objections d'une pseudo-gnose (τῆς ψευδωνύμου γνώσεως). (1 Tm 6, 20.)

> Ce que tu as appris de moi en présence de nombreux témoins, confie-le à des hommes fidèles qui seront eux-mêmes capables de l'enseigner encore à d'autres. (2 Tm 2, 2)

Il apparaît que ces lettres font face à une situation de crise, provoquée par le développement de courants doctrinaux stigmatisés comme une pseudo-gnose. Selon un cliché de la littérature « testamentaire », les derniers temps, ceux dans lesquels vit l'auteur, sont caractérisés comme

---

4. C. PERROT, *Après Jésus. Le ministère chez les premiers chrétiens*, Paris, éd. de l'Atelier, 2000, p. 230.

particulièrement corrompus (ainsi 2 Tm 3, 1 ; 4, 3). De multiples études sont consacrées à la détermination exacte des erreurs visées, en particulier le lien possible avec le gnosticisme qui se développera tout au long du IIe s., un phénomène auquel notre collègue J. Ries a consacré tant de savantes études. Relevons seulement ici que l'interprétation des Écritures tient une bonne place dans ces spéculations, comme le montre entre autres la lettre de Ptolémée à Flora. À l'élitisme de la gnose s'oppose l'enseignement des Pastorales sur l'universalité de l'appel au salut (I Tm 2, 4).

Dans les Pastorales les indices manquent pour de plus grandes précisions. Plusieurs termes indiquent que sont visées des spéculations d'origine juive avec le goût pour les discussions sur la Loi (I Tm 1, 4.9), les légendes et généalogies sans fin, comme dans la littérature midrashique de l'époque. Par contre, l'affirmation que la résurrection a déjà eu lieu (2 Tm 2, 18) nous oriente vers des ultra-pauliniens qui, dans la ligne d'Éphésiens [5], insistent tellement sur le déjà là qu'il n'y a plus à attendre une transformation radicale de l'existence. Dans la ligne du spiritualisme grec et du gnosticisme du IIe s., on voit bien que la résurrection fait difficulté [6].

Aux divagations des faux docteurs s'oppose la tradition apostolique présentée comme un dépôt à garder précieusement. Ce terme de παραθήκη, caractéristique des Pastorales (I Tm 6, 20 ; 2 Tm 1, 12.14), sera appelé à une grande fortune théologique, comme on le voit avec le *Commonitorium* de Vincent de Lérins. L'emploi de l'image met en valeur la continuité dans la doctrine à transmettre : ne doit-on pas restituer un dépôt, tel qu'il a été confié ? Ajoutons que, à l'opposé d'une conception mécanique de la transmission, la mention de l'Esprit Saint en 2 Tm 1, 14 introduit la dimension de la vie et ouvre la voie vers les nécessaires adaptations.

À la différence des premiers écrits chrétiens, les Pastorales se placent non dans la perspective d'une parousie prochaine, mais d'une Église qui doit durer, faire face à l'épreuve du temps. La chaîne des relais doit se prolonger : après Paul, Timothée, Tite, des hommes capables d'enseigner à leur tour (2 Tm 2, 2).

5. « Dieu nous a ressuscités et fait asseoir dans les cieux, en Jésus Christ (Ep 2, 6). »

6. Plusieurs traités de Nag Hammadi sont consacrés à la nature spirituelle de la résurrection. Ainsi le *Traité sur la Résurrection*, traduit par J. E. Ménard dans *BCNH* 12 (1983).

III. Les ministères dans les églises des Pastorales

Une figure domine nos trois lettres, celle de Paul dont l'autorité s'impose comme décisive. En quelque sorte, il cumule tous les titres, toutes les fonctions : il a été établi comme héraut et apôtre, docteur des nations dans la foi et la vérité (1 Tm 2, 7)[7]. Certes, il a commencé par être « blasphémateur, persécuteur et violent » (I Tm 1, 12), mais sa conversion est le signe de la gratuité du salut et de la toute-puissance de la grâce. Le cas de Paul sert ainsi d'illustration à cette proclamation fondamentale : « Christ Jésus est venu dans le monde pour sauver les pécheurs (I Tm 1, 15). »

« Apôtre des nations », Paul exerce un ministère itinérant : plusieurs localités sont indiquées, Éphèse d'abord, puis Antioche, Iconium et Lystres (2 Tm 3, 11), villes mentionnées dans les Actes de Luc et dans les Actes apocryphes de Paul. Il y a subi de nombreux sévices. Dans son endurance au service de l'Évangile, Paul ne craint pas de se présenter comme modèle. Nous reviendrons en finale sur cet aspect.

À côté de Paul, voici deux fidèles, Timothée et Tite : ce sont deux des coéquipiers de l'Apôtre, dont il est souvent question dans ses lettres, et en ce qui concerne Timothée, dans les Actes[8]. D'après les Pastorales, un lien tout particulier les attache à Paul. Ce sont ses « enfants » (I Tm 1, 2 ; Tt 1, 4), auxquels il confie des missions délicates et pour qui il prodigue ses recommandations. Le ministère de Timothée et de Tite apparaît comme itinérant ; l'un et l'autre assurent le lien entre la tradition de Paul et les communautés déjà bien implantées ; ils maintiennent aussi l'unité entre communautés. Ainsi les instructions de Paul doivent-elles orienter la mission de Timothée « dans la maison de Dieu, qui est l'Église du Dieu vivant, colonne et soutien de la vérité » (I Tm 3, 15). Tite reçoit une mission difficile parmi les Crétois, « perpétuels menteurs, bêtes méchantes, panses fainéantes » (Tt 1, 12). Le remède contre de tels désordres, ce sera l'installation des Anciens (Tt 1, 5).

*La charge de l'*ἐπισκοπή

Relevons d'abord cette recommandation : « Si quelqu'un aspire à l'ἐπισκοπή, c'est une belle tâche qu'il désire (I Tm 3, 1). » Cette recommandation laisse entendre que les candidats ne sont pas si nombreux ! Suit le catalogue des vertus requises pour le ministère de presbytre, ce qui montre bien l'équivalence sémantique entre ἐπίσκοπος et πρεσβύτερος,

7. R. F. COLLINS, « The Image of Paul in the Pastorals », *Laval théologique et philosophique* 31 (1975), p. 147-173.

8. On s'étonne que Tite ne figure jamais dans les Actes.

comme nous l'avons déjà relevé. D'après la tonalité générale des Pastorales, la tâche principale consiste à maintenir la cohésion de la communauté, cohésion doctrinale dans la fidélité à la tradition reçue, cohésion sociale, chacun devant rester à sa place. Ainsi s'expliquent les instructions très restrictives relatives aux femmes à qui il est interdit d'enseigner dans l'église [9] et aux esclaves, auxquels est prescrite une soumission sans condition à leurs maîtres (I Tm 6, 1-3 ; Tite 2, 9-10) [10]. Le souci de respectabilité, à savoir la réputation de la communauté auprès des gens du dehors, l'emporte sur toute autre considération (I Tm 6, 1). Il s'agit donc de faire reconnaître les communautés par souci d'inculturation. L'Apocalypse prendra une orientation bien différente.

On trouve dans les Pastorales plusieurs indications relatives à la prière publique (I Tm 2, 1-6), ainsi que des extraits d'hymnes primitifs [11]. Les uns sont adressés au Christ, ce qui corrobore le renseignement fourni par Pline le Jeune : *carmen Christo quasi deo dicere* (*Epist.*, X, 96). Par contre, on trouve peu d'indications sur les rites liturgiques : une référence certaine au baptême en Tt 3, 5, une allusion possible à un rituel d'ordination (I Tm 6, 11 et s.), rien d'explicite sur l'eucharistie. La rectitude de la doctrine prime sur les préoccupations rituelles. Ajoutons que, dans ses lettres, Ignace d'Antioche consacrera de beaux passages sur le pain de Dieu (*aux Ephésiens* V, 2 ; *aux Romains* VII, 3) et déclarera que seule l'eucharistie présidée par l'évêque ou son délégué est valide (*aux Smyrniotes* VIII, 1).

Choix des πρεσβύτεροι *et qualités requises*

Selon I Tm, l'institution des πρεσβύτεροι est déjà ancienne, car ils ne doivent pas être des néophytes (I Tm 3, 6). De leur côté, les diacres doivent avoir fait leurs preuves (I Tm 3, 10). Tel ne pouvait être le cas dans de très jeunes communautés, où Paul choisissait les prémices (ἀπαρχή) pour leur confier des responsabilités (Rm 16, 5 ; I Co 16, 15). Autre indice non négligeable : est envisagé le cas de plaintes dirigées contre eux (I Tm 5, 19). En ce cas Timothée doit se montrer circonspect, en exigeant la déposition de deux ou trois témoins, selon les prescriptions de la Loi de

9. 1 Tm 2, 12. Il y a sans aucun doute une différence entre le point de vue beaucoup plus ouvert de Paul et celui des Pastorales. Pour comprendre la sévérité des Pastorales, il faut tenir compte des circonstances : priorité donnée à la lutte contre les faux docteurs qui trouvaient des oreilles complaisantes auprès des femmes de vie aisée, ayant du temps disponible (1 Tm 5, 13). Plus tard, Irénée déplorera le succès des gnostiques auprès des femmes (*Adv. Haer.* I, 13, 3).

10. Voir M.-F. LAMAU, *Des chrétiens dans le monde. Communautés pétriniennes au* Ier *siècle* (Lectio divina, 134), Paris, Cerf, 1988.

11. E. COTHENET, *Cahiers Évangile* 72, p. 32-39.

Moïse (Dt 17, 6). Par contre, en Crète, une île dont nous ignorons les circonstances de l'évangélisation, Tite reçoit mission d'établir des collèges de πρεσβύτεροι.

Deux listes concernent les qualités requises (I Tm 3, 1-7 et Tt 1, 6-9), analogues à celles demandées pour les διάκονοι (I Tm 3, 8-10). Relevons dans chaque cas l'importance donnée aux vertus familiales. Presbytres et diacres doivent être « maris d'une seule femme » (μιᾶς γυναικὸς ἄνδρα). Comment comprendre l'expression ? À l'époque des Pastorales, la polygamie est exclue dans le monde juif et le monde gréco-romain, mais non le remariage après divorce. Qu'en est-il dans le cas du décès de la première épouse ? Dans les inscriptions, le terme *univira* (femme d'un seul mari) s'emploie pour qualifier la femme non divorcée [12], mais on ne connaît pas de terme équivalent pour l'homme. Paul interdirait-il le remariage aux responsables d'église ? Il est difficile de trancher la question. Par opposition aux hérétiques qui condamnent le mariage (I Tm 4, 3) Paul enjoint aux jeunes veuves de se remarier (I Tm 5, 14). Le second mariage ne semble donc pas comporter le blâme dont il sera entouré dans de larges courants du christianisme oriental.

En tout cas, une chose est sûre : le candidat à une charge ecclésiale doit s'être montré bon père de famille, en ayant élevé correctement ses enfants. « Quelqu'un qui ne saurait gouverner (προστῆναι) sa propre maison, comment prendrait-il soin d'une Église de Dieu (I Tm 3, 5) ? » Relevons l'emploi de ce verbe προιστάναι qui indique une charge de présidence et donc du maintien de l'ordre et de la cohésion au sein de la communauté [13]. Quant aux qualités « irréprochable, sobre, pondéré, de bonne tenue, ni buveur, ni batailleur, mais doux, ni querelleur, ni cupide », elles relèvent du code social de l'époque. Nous assistons à une inculturation du christianisme dans le monde gréco-romain, comme l'atteste entre autres l'idéal de vie chrétienne envisagé en Tt 2, 12 : « vivre dans le temps présent avec réserve (σωφρόνως), justice et piété ». Ce qui surprend dans nos listes, c'est l'absence des vertus typiquement évangéliques, telles qu'elles sont mentionnées dans le code pastoral de I Pt 5, 1-4 où l'esprit de service et l'humilité caractérisent la fonction.

La charge de l'enseignement n'est pas mise autant en relief qu'on pourrait le croire dans des épîtres si préoccupées de maintenir la saine doctrine.

12. Références dans C. SPICQ, *Les Épîtres pastorales*, t. I, p. 402, 430.

13. Cf. I Th 5, 12 avec la mention des προισταμένους auxquels la communauté doit considération.

Ainsi sur les douze qualités énumérées en I Tm 3, 3 [14], le terme « capable d'enseigner » (διδακτικόν) se trouve placé entre hospitalier et non buveur. La liste parallèle de Tite I, 6-9 est plus explicite : chaque ancien « doit être fermement attaché à la Parole digne de foi, qui est conforme à l'enseignement. Ainsi sera-t-il capable d'exhorter (παρακαλεῖν) dans la saine doctrine et de réfuter (ἐλέγχειν) les contradicteurs » (Tt 1, 9). Ailleurs une place à part est accordée aux presbytres qui peinent au ministère de la parole et à l'enseignement (I Tm 5, 17) : ils ont droit à un double honneur (διπλὴ τιμή) [15]. Τιμή, un terme que Paul n'employait pas à propos des ministères. S'agit-il seulement d'une marque d'honneur ou correspond-il à une contribution financière de la communauté ? Paul lui-même avait reconnu que l'ouvrier a droit à son salaire (I Co 9, 14) [16], alors qu'il s'est abstenu d'user de ce droit pour ne créer aucun obstacle à l'Évangile du Christ (I Co 9, 12). L'hospitalité représente une charge financière, si l'on pense aux problèmes que posaient les itinérants (ainsi 3 Jn ; *Didachè* XII). Hermas de son côté insistera sur cet aspect (*Sim* IX, 27, 2). L'enseignement auquel les presbytres doivent s'appliquer repose sur la doctrine transmise par Paul et sur l'Écriture qu'il faut savoir interpréter correctement (I Tm 4, 13) : « Toute Écriture est inspirée de Dieu et utile pour enseigner, pour réfuter, pour redresser, pour éduquer dans la justice (2 Tm 3, 16). » À la différence des spéculations aventureuses auxquelles se livreront les gnostiques, cette utilisation de l'Écriture nous apparaît avant tout finalisée par la vie morale des fidèles. L'exhortation tient donc beaucoup de place, alors que nos lettres ne prennent pas la peine de préciser les fausses doctrines visées ni de les réfuter point par point.

Relevons enfin l'importance donnée à la considération sociale ; les presbytres doivent s'imposer au respect même des gens du dehors (I Tm 3, 6). Quant aux διάκονοι, mentionnés seulement en I Tm 3, 8.12, la liste des qualités requises est un peu plus courte, sans rien comporter de spécifique dans l'ordre caritatif. On ne sait quelles sont leurs fonctions propres dans la communauté, à la différence de la situation au temps d'Ignace d'Antioche où le diacre apparaît directement comme l'auxiliaire de l'évêque monarchique.

Peut-on parler de diaconesses ? On discute beaucoup sur le sens à donner à I Tm 3, 11 : « Les femmes, pareillement (ὡσαύτως), doivent être dignes, point médisantes, sobres, fidèles en toutes choses. » On pourrait

---

14. « Aussi faut-il que l'épiscope soit irréprochable, mari d'une seule femme, sobre, pondéré, de bonne tenue, hospitalier, capable d'enseigner, ni buveur, ni batailleur, mais doux ; qu'il ne soit ni querelleur, ni cupide. » (Trad. de la TOB.)

15. À comparer avec le beau rang mérité par des διάκονοι, 1 Tm 3, 13

16. Selon le principe évangélique (Lc 10, 7).

comprendre : les femmes des diacres, mais ne faudrait-il pas un αὐτῶν après γυναῖκας ? L'emploi de l'adverbe ὡσαύτως, qui se trouve normalement en tête d'une catégorie, fait penser à un groupe spécial, les *ministrae* dont parle Pline le Jeune dans son célèbre rapport à Trajan sur les chrétiens de Bithynie [17]. Au chapitre 5, nous trouverons un long directoire sur les veuves, motivé par des expériences malheureuses (I Tm 5, 11-15). L'auteur en tire les conséquences : s'il faut honorer les veuves, que Polycarpe présentera comme l'autel du Christ (*aux Philippiens* IV, 2), il faut écarter les jeunes et les inviter à se remarier (I Tm 5, 14).

Imposition des mains

L'entrée en fonction du grand prêtre juif était marquée par la remise des offrandes dans sa main. Le terme technique dans la LXX est τελείωσις, terme marquant dans l'épître aux Hébreux l'investiture céleste du Christ comme grand prêtre des biens à venir [18]. On ne le trouve pas dans les Pastorales qui, d'une manière générale, n'utilisent pas le vocabulaire sacerdotal.

Par contre, comme dans les Actes, le geste caractéristique est celui de l'imposition des mains. Il n'est pas mentionné directement dans le directoire sur le choix des πρεσβύτεροι, mais dans une remarque annexe : « N'impose hâtivement les mains à personne, ne participe pas aux péchés d'autrui (I Tm 5, 22). » Ce rite d'investiture concerne les πρεσβύτεροι, non les diacres. On a voulu en éclairer le sens par un geste analogue pour les rabbins, mais les textes sont plus tardifs et un bon connaisseur, comme C. Perrot [19], renonce à chercher dans le rabbinisme une analogie signifiante. On ne saurait pourtant négliger deux textes de l'Ancien Testament. Selon Nb 11, 25, Dieu prit un peu de l'esprit qui était sur Moïse pour le donner aux soixante-dix anciens, dont Josué. Selon Dt 34, 9, Josué était rempli de l'esprit de sagesse, car Moïse lui avait imposé les mains. Le développement attesté dans plusieurs textes rabbiniques [20] mérite d'être relevé : Dieu fit croître l'esprit de Moïse, pour que, de cette communication, il ne ressente aucune diminution. À la suite de Philon d'Alexandrie (*de Gig.* VI, 25), Origène développera la comparaison de la

17. La Commission Théologique Internationale dans son rapport sur *Le Diaconat* laisse la question ouverte (texte dans la *Documentation Catholique* n° 2284, p. 68).

18. A. Vanhoye a mis en relief l'importance de ce terme technique : « La *téleiôsis* du Christ : point capital de la christologie sacerdotale d'Hébreux », *NTS* 42 (1996), p. 321-338.

19. *Après Jésus*, p. 170-173.

20. Références dans R. LE DÉAUT, *Targum du Pentateuque* III *Les Nombres* (S. C. n° 261), p. 108.

lampe à laquelle en sont allumées d'autres [21]. Quelle valeur attribuer à cette imposition des mains ? Deux textes relatifs à Timothée lui-même nous éclairent : « Ne néglige pas le don de la grâce (χάρισμα) qui est en toi, qui te fut conféré par une intervention prophétique (διὰ προφητείας), accompagnée de l'imposition des mains par le collège des presbytres (I Tm 4, 14). » « Je te rappelle d'avoir à raviver le don de Dieu (χάρισμα) qui est en toi depuis que je t'ai imposé les mains (2 Tm I, 6). » Comment comprendre cette mention de προφητεία dans le premier de ces textes ? S'agirait-il de l'intervention d'un prophète pour désigner le candidat, un peu à la manière dont Barnabé et Paul furent choisis pour la mission (Ac 13, 1-3) ? L'emploi de διά au sens instrumental fait plutôt penser à des paroles inspirées de l'Esprit pour transmettre le don spirituel, désigné comme χάρισμα, un don qui perdure, puisque Timothée sera invité à le raviver par un ministère plus fervent (2 Tm I, 6).

L'emploi de χάρισμα, terme éminemment paulinien, est significatif. Il ne s'agit pas ici d'un don particulier, comme ceux dont étaient gratifiés les fidèles de Corinthe, mais d'un don stable, lié à un geste d'investiture, dans une prière suscitée par l'Esprit Saint. Don gratuit, le χάρισμα n'en appelle pas moins à la responsabilité de celui qui le reçoit, comme Timothée invité à se laisser pénétrer par l'esprit de force, d'amour et de maîtrise de soi (2 Tm 1, 7). C'est toute la suite qu'il faudrait ici commenter, comme nous le ferons en finale.

Devant cette conception caractéristique du *Frühkatholizismus*, E. Käsemann a élevé de vives critiques [22] : l'auteur des Pastorales confisquerait ainsi le don de l'Esprit au profit de l'institution ! Certes, la pneumatologie des Pastorales n'est guère développée. On ne saurait oublier pourtant la valeur éducatrice donnée à la χάρις de Dieu dans ce beau texte de Tite qui vaut pour tous les fidèles : « Elle s'est manifestée, la grâce de Dieu, source de salut pour tous les hommes, nous éduquant (παιδεύουσα) à renoncer à l'impiété et aux désirs de ce monde pour que nous vivions dans le temps présent avec réserve, justice et piété... » (Tt 2, 11 et s.) Quant à Timothée, c'est grâce à « l'Esprit habitant en nous » qu'il doit accomplir sa mission de garder le dépôt de la foi (I Tm 1, 14).

Qui impose les mains ? Selon 2 Tm 1, 6, Paul se met seul en scène, ce qui correspond bien à la tonalité générale de ce testament spirituel. Par

21. « L'éclat de la première lumière s'est étendu à elles, sans que la source ait été appauvrie par cette communication (*Hom. Nb* 6, 3). » Voir la note dans l'édition des S. C. n° 29, p. 124.

22. E. KÄSEMANN, « Paul et le précatholicisme », dans *Essais Exégétiques*, Neuchâtel, Delachaux et Niestlé, 1972, p. 256-270.

contre, il est question du collège des presbytres en I Tm 4, 14, ce qui déterminera la liturgie d'ordination.

Une brève recommandation à Timothée manifeste le souci d'assurer la continuité dans la vie des communautés chrétiennes : « Ce que tu as appris de moi en présence de nombreux témoins, confie-le (παράθου) à des hommes fidèles qui seront eux-mêmes capables de l'enseigner encore à d'autres (2 Tm 2, 2). » Ainsi est assurée la transmission de la tradition (παράδοσις) apostolique, tradition publique par opposition aux révélations secrètes que cultivera le gnosticisme. En son temps, Irénée s'opposera vigoureusement à une telle prétention (*A.H.*III, 2) et établira les normes de la règle de vérité (III, 3).

IV. L'idéal apostolique

À s'en tenir aux qualités requises des πρεσβύτεροι ou διάκονοι, on pourrait retenir l'appellation de « fonctionnaires de Dieu ». Rien ne concerne une action de type missionnaire : l'objectif semble limité aux communautés déjà existantes. Cependant, il n'est pas possible d'isoler ces éléments de tout l'ensemble, dominé par la figure de Paul, l'apôtre par excellence, et par les exhortations adressées à ses auxiliaires. Au soir de sa vie, Paul peut établir le bilan de son activité : il évoque la patience, l'amour et la persévérance dont il a fait preuve, les persécutions qu'il a subies (2 Tm 3, 11 et s.). En un mot, il a combattu le beau combat et gardé la foi (2 Tm 4, 7). C'est donc en connaissance de cause qu'il peut dire à Timothée : « Supporte la souffrance, fais œuvre d'évangéliste, remplis ton ministère (διακονία). » Ces conseils d'endurance ne se placent pas au simple niveau des vertus humaines ; elles se basent sur l'action du Christ Jésus qui ne laisse pas seuls ses envoyés (2 Tm 4, 17) et sur le χάρισμα reçu lors de l'imposition des mains (2 Tm 1, 6). Les qualités requises de Timothée sont dans le droit fil de l'expérience apostolique de Paul : « Souffre avec moi pour l'Évangile, comptant sur la puissance de Dieu... (2 Tm 1, 8) » Ce thème de la souffrance, qui n'était pas exprimé dans les catalogues de vertus requises des presbytres et des diacres, apparaît d'un bout à l'autre de la *Seconde lettre à Timothée* : « Prends ta part de souffrance en bon soldat du Christ Jésus (2, 3). » « Sois sobre en toutes choses, supporte la souffrance, fais œuvre d'évangéliste, remplis ton ministère (4, 5). » Quelle insistance !

Ces recommandations prennent d'autant plus de poids que, selon un schéma apocalyptique bien connu, Paul prévoit des temps difficiles (2 Tm 3, 1 et s. ; 4, 2 et s.). Plus encore que sur le front extérieur, le combat se déroulera à l'intérieur même des communautés : « L'Esprit le dit expressément : dans les derniers temps, certains renieront la foi, s'attacheront à des esprits séducteurs et à des doctrines inspirées par les démons... (I Tm 4, 1) » « Viendra un temps où certains ne supporteront plus la saine doctrine, mais au gré de leurs propres désirs et l'oreille leur démangeant, s'entoureront de quantité de maîtres... (2 Tm 4, 3) » On comprend, dans ces conditions, l'insistance toute spéciale sur la saine doctrine (Tt I, 9.13).

*

* *

En conclusion, le dossier des Pastorales nous conduit à reconnaître une double forme du ministère : l'un sédentaire, marié, en relation avec les communautés déjà constituées, l'autre itinérant de type apostolique dans la ligne de Tite et Timothée. Nous avons relevé d'une part le souci de l'inculturation du christianisme dans le monde des cités gréco-romaines d'alors avec l'importance des vertus familiales et l'idéal de mesure et de justice, et d'autre part le souffle évangélique, fait de courage dans l'épreuve, dont Paul a fait preuve tout au long de sa vie et qu'il inculque à ses disciples, Timothée et Tite.

Dans un cas comme dans l'autre, il convient de valoriser cette recommandation : « Souviens-toi de Jésus Christ, ressuscité d'entre les morts, issu de la race de David (2 Tm 2, 8). » Tout ministère dans l'Église ne peut s'exercer qu'en relation intime avec le Christ, l'unique médiateur (I Tm 2, 5) et sous l'action de l'Esprit « demeurant en nous » (2 Tm 1, 14), dispensateur de la grâce éducatrice des consciences (Tt 2, 11). Dans les problèmes graves que connaissent nos églises, où la question des ministères est si aiguë, n'aurait-on pas avantage à prendre en considération l'enseignement des Pastorales, plus ouvert aux adaptations nécessaires qu'une exégèse trop juridique ne le laisserait penser ?

Bibliographie

Nous relevons seulement les ouvrages fondamentaux, où l'on trouvera toutes les références utiles.

R. E. BROWN, *L'Église héritée des apôtres* (Lire la Bible, 76), Paris, Cerf, 1987, p. 46-71.

R. E. BROWN, *Que sait-on du Nouveau Testament* ?, Paris, Bayard, 2000, p. 689-732.

E. COTHENET, *Les épîtres Pastorales* (Cahiers Évangile, 72), 1990.

J. DELORME (éd.), *Le ministère et les ministères selon le Nouveau Testament* (coll. Parole de Dieu), Paris, éd. du Seuil, 1974.

C. PERROT, *Après Jésus. Le ministère chez les premiers chrétiens*, Paris, éd. de l'Atelier, 2000.

C. SPICQ, *Les Épîtres Pastorales* (Études Bibliques), 4e éd., 2 t., Paris, Gabalda, 1969.

Y. REDALIÉ, *Paul après Paul. Le temps, le salut, la morale selon les épîtres à Timothée et à Tite* (coll. Le temps de la Bible), Genève, Labor et Fides, 1994.

HOMMAGE À L'ABBÉ JULIEN RIES

Lambros COULOUBARITSIS

Cette séance d'hommage, consacrée à l'abbé Julien Ries, fait suite à cinq autres manifestations qui ont été organisées en son honneur. La première eut lieu à Liège à l'occasion du cinquième Colloque réalisé par les Centres d'histoire des Religions des Universités de Liège et de Louvain. Les deux suivantes ont été organisées à l'UCL, l'une, à l'issue de la clôture d'une Chaire Francqui, l'autre à l'occasion du Congrès de la Société Internationale des Études manichéennes, auxquelles l'abbé Ries a consacré une bonne partie de sa jeunesse scientifique. Le quatrième hommage est l'œuvre de la Société belge d'Études orientales, peu avant que Luxembourg prenne le relais. Aujourd'hui c'est Namur qui s'est mis, si j'ose dire, à l'école de Julien Ries, avec un thème hautement symbolique, celui de la figure du prêtre – c'est-à-dire de cette figure qui exprime peut-être le mieux l'*homo religiosus*, son ambivalence théorique et active. Cette sixième séance d'hommage me semble particulière, non seulement parce qu'elle révèle qu'il y a toujours un lieu et un temps pour honorer la personnalité et l'œuvre de Julien Ries, mais parce que Namur a joué et joue encore un rôle important dans sa vie.

Faut-il rappeler que l'abbé Ries a suivi quatre années d'études de théologie au Séminaire de Namur, avant d'être ordonné prêtre le 12 août 1945 par Mgr Charue, évêque de Namur ? Faut-il également se souvenir qu'après ses études de théologie, de philologie et d'histoire orientales à Louvain, qui se sont achevées par une thèse de doctorat et ont été suivies par quelques années d'enseignement, il reçut une charge pastorale à Suarlée, un village du Namurois ? Son insertion dans le corps académique de l'UCL à partir de 1960 n'a jamais affecté son enracinement namurois. Ce qui a sans doute changé, c'est que cet enracinement s'est accompagné d'ondes d'expansion de plus en plus nombreuses vers l'extérieur, qui font de l'abbé Ries un citoyen du monde, partout présent et partout connu, grâce à ses multiples activités et à une œuvre considérable constituée de nombreux livres et de cent cinquante études. Ses participations à d'innombrables colloques et manifestations internationales, sa présence dans un nombre considérable d'organisations internationales témoignent suffisamment d'un courage à toute épreuve et d'une vitalité sans relâche. Parmi ses activités, peut-être les moins connues, mais non moins essentielles, il faut rappeler son apport logistique dans l'organisation des bibliothèques et des études de sciences religieuses de Louvain, ainsi que ses initiatives éditoriales en Belgique et en Italie, sans oublier son rayonnement académique auprès des étudiants. Je devrais sans doute analyser en détails ces différents axes de sa vie, mais je ne souhaite pas vous infliger ici une énumération qui risque de donner l'impression d'une liturgie sans fin. J'ai préféré choisir un autre chemin, sans doute plus rapide mais sûrement plus difficile, plus redoutable : porter un regard sur quelques orientations de sa pensée. Cette tâche est certes subjective, mais elle me semble plus féconde qu'une mise en forme d'une liste d'exploits, pour la plupart déjà connus. Je tenterai donc de circonscrire ce qui me paraît constituer l'apport incontournable de l'abbé Julien Ries à l'étude des religions.

Je crois discerner dans son travail de recherche deux périodes distinctes, mais complémentaires. Il y a d'abord, la période que j'ose qualifier de « manichéenne » de son œuvre, puis la période de sa conversion à l'idée même de l'*homo religiosus*. Comme l'abbé Ries n'a pas encore écrit ses « Confessions », je ne sais pas quelles sont les circonstances de cette conversion, et moins encore si elles ont été suivies de « rétractations ». Ce cheminement serait-il le résultat de quelques événements de son époque romaine, entre 1979-1985, lorsqu'il fut consultant au Secrétariat romain pour les religions non chrétiennes ? Ces événements l'auraient-ils poussé à transcender ses recherches sur le manichéisme au profit de celles qui visent à affronter plus directement le fait religieux ? Ou bien cette conversion serait-elle, auparavant déjà, le fruit de son insertion dans le milieu louvaniste ? Je n'ai malheureusement pas eu le temps d'amorcer une enquête susceptible d'apporter une réponse à ces questions et de découvrir les secrets de l'abbé Ries. En revanche, je soupçonne que sa dissertation doctorale et son travail considérable sur le manichéisme depuis les Controverses de la Réforme jusqu'au renouveau du XXe siècle (qu'on peut découvrir dans *Les Études manichéennes* de 1988), lui ont ouvert un horizon de recherche sans fin.

En effet, j'ai le sentiment que les recherches sur le manichéisme constituent une bonne école pour maîtriser l'ampleur et les difficultés de l'étude de la religion. Du reste, il est certain que la découverte des textes coptes manichéens à Médînets Mâdi, dans le Fayoum (1930), a joué à l'époque le rôle d'un stimulant incomparable pour un jeune chercheur. Il s'agit d'un de ces événements rares que peu de savants ont la chance de vivre activement et qui poussent tout chercheur perspicace à saisir le moment propice pour engager des recherches nouvelles et fécondes. C'est justement ce qu'a fait le Père Ries. Il a senti sans doute l'ampleur de la figure de Mani qui, par ses prétentions à l'universalité, ne pouvait qu'amplifier les motivations d'un chercheur conscient qu'on ne saurait dissimuler l'importance du mythe et du rite, de l'organisation ecclésiastique, de l'élection, de la mission et d'autres phénomènes semblables. Ce contexte était particulièrement propre à alimenter l'intérêt que nourrissait l'abbé Ries pour la religion universelle, celle qui s'accorderait à l'essence de l'homme. Dès lors qu'on saisit une telle origine, on comprend peut-être mieux qu'une fois devenu professeur d'histoire des religions, l'abbé Ries traça son chemin et ouvrit la voie d'études comparées des religions. Mieux, cette ouverture le conduisit sur de nouvelles voies de recherche et l'aida à s'engager d'une façon plus décisive sur le chemin de l'internationalisation de ses intérêts et de son activité. En tout cas, je constate que ces chemins ont débouché sur une grande thématique, celle de l'*homo religiosus* – thème qui trouve également son sceau dans la célèbre collection dont il fut le fondateur et l'animateur. C'est par cette seconde phase de sa pensée que j'achèverai mes réflexions.

La première fois que j'ai pris conscience de l'importance de cette thématique, c'était à l'UCL, lorsque j'ai vu et entendu pour la première fois l'abbé Ries, au Colloque commun de Liège et de Louvain-la-Neuve, consacré au *mythe, son langage et son message*. C'était en 1981, à une époque où, après de longues années de travail sur la pensée d'Aristote, j'ai senti le besoin de m'aventurer vers de nouveaux horizons, là où la rationalité scientifique et occidentale se heurtait à une autre forme de pensée. J'avais commencé la rédaction de mon livre *Mythe et philosophie chez Parménide* (dont la première édition parut en 1986). Influencé par les méthodes structurales (telle qu'elles étaient appliquées par Claude Lévi-Strauss, Jean-Pierre Vernant, Marcel Detienne, Luc de Heusch et d'autres encore), j'ai senti, face à la profusion des méthodes que nous présentait l'abbé Ries, que les choses n'étaient pas simples. Parmi les nouvelles perspectives que j'ai ainsi rencontrées, celle sur laquelle l'abbé Ries insistait le plus, à savoir l'importance du sacré et la dimension religieuse de l'homme (l'*homo religiosus*), m'a semblé la plus téméraire.

Même si mes réflexions sur cette opposition entre ceux qui soulignent l'importance des structures dans la question du mythe et du rite, et ceux qui portent l'accent sur le sacré m'ont conduit rapidement à distinguer (du moins sur le plan méthodologique) mythe et religion, j'ai au moins retenu de l'approche historique et phénoménologique de Julien Ries, une intention intéressante, celle de promouvoir un humanisme en accord avec la religion. Étant moi-même attaché à la constitution d'un humanisme – il est vrai surtout laïque (mais peu importe) –, il était naturel que je rencontre un jour les intentions du travail de l'abbé Ries. Un humanisme où le religieux tient une certaine place n'est pas sans pertinence, car il peut couvrir les aspirations de tous ceux sur notre planète qui vivent leur foi en la rapportant à un Dieu ou à des divinités transcendantes et s'accordent avec l'une ou l'autre religion. En tout cas, la question me semble importante, même si je ressens des réticences à m'engager moi-même dans une telle voie.

En revanche, il me semble évident que les sciences humaines doivent ménager une place importante au fait religieux, au risque d'oblitérer divers exercices spirituels de l'humanité. C'est pourquoi la volonté de l'abbé Ries de circonscrire dans l'histoire de l'homonisation un espace où émerge et s'impose l'*homo religiosus*, créateur et utilisateur de l'ensemble symbolique du sacré, ne saurait nous laisser indifférents. Il faut rappeler ici que plus de dix ans de travail dans cette direction se sont cristallisés dans de nombreuses publications, et plus spécialement dans ces deux synthèses importantes que sont *Les chemins du sacré dans l'histoire* (1982 en version italienne, traduite en français en 1985) et *Le sacré comme approche de Dieu et comme ressource de l'homme* (1983).

Les titres de ces ouvrages sont par eux-mêmes révélateurs d'un projet philosophique : il s'agit d'élucider le rôle du sacré dans la réalisation d'une proximité avec Dieu, et de faire prévaloir sa fonction créatrice en l'homme. Là où certains auraient exploré les différentes voies de la mystique pour réaliser cette proximité, l'abbé Ries y décèle une autre dimension : celle du sacré. Là aussi où d'autres discernent la pratique du mythe et ses fonctions régulatrices comme fondements de l'activité primordiale, originaire de l'homme, l'abbé Ries recourt une fois encore au sacré. L'*homo religiosus* se tient bien au cœur de sa pensée, en tant qu'il s'identifierait à l'essence de l'homme. Cependant cela ne signifie pas que, pour Julien Ries, l'homme serait réductible à une activité univoque du sacré. Il se manifeste selon de multiples figures du sacré régissant sa vie individuelle et sociale, sa pensée et son action, sa volonté et ses productions. L'histoire humaine, par ce qu'elle donne à voir, serait révélatrice de cette multiple fonctionnalité du sacré.

M'adressant à présent plus directement à l'abbé Julien Ries, j'espère qu'il ne trouvera pas que mes propos ont trahi sa pensée. Je sais que toute interprétation recèle toujours quelque trahison. C'est le lot qui nous est imparti dans cette société de chercheurs qui nous rassemble, comme ici, autour d'un thème qui cherche à la fois à faire progresser les sciences humaines et à rendre hommage à l'un de ses plus éminents savants. Si je ne suis pas parvenu à rendre convenablement l'une ou l'autre de ces tentatives, dans un laps de temps aussi court, je peux au moins clamer mon admiration pour le travail de l'abbé Julien Ries.

Quant aux thèmes traités lors du colloque, ils ont abordé de multiples aspects du sacerdoce, son rôle relatif à l'invisible et ses rapports au visible, au politique. Ce colloque fut sans aucun doute une réussite par la valeur des communications et la variété des thèmes traités. Mais sa plus grande réussite réside dans l'idée d'associer à un travail scientifique rigoureux une figure humaine à la fois attachante et savante. Je suis sûr que ce sixième hommage ne sera pas le dernier. C'est pourquoi je préfère laisser cette conclusion du colloque inachevée, sans clore mon discours par un point final. Le temps, l'avenir demeure pour l'abbé Ries et pour chacun d'entre nous inconnu et ouvert, en attente d'une prochaine rencontre et - pourquoi pas ? - d'un hommage supplémentaire à Julien Ries, pour évaluer l'itinéraire de ses œuvres actuelles.

BIBLIOGRAPHIE DE JULIEN RIES

Deuxième partie : 1992-2002

Anne VANDERMUNTERT

Rédigée et présentée selon un ordre systématique par Anne Vandermuntert et Aloïs van Tongerloo, la première partie de la bibliographie du professeur Julien Ries a été publiée dans le volume *Manichaica Selecta, Studies Presented to Professor Julien Ries on the Occasion of his Seventieth Birthday*, édité par Aloïs VAN TONGERLOO et Søren GIVERSEN, Lovanii, Lundae, 1991, 402 p. Elle couvre les pages XXI à XLIV et comporte les années 1957 à 1990, date de son éméritat à l'Université catholique de Louvain à Louvain-la-Neuve. Ce volume ouvre la *Collection Manichaean Studies* publiée par Brepols à Turnhout.

Complétée par l'ajout des travaux de 1991, cette bibliographie est publiée une seconde fois dans le volume *Humana condicio*, *La condition humaine*, édité par Aristide THÉODORIDÈS, Paul NASTER et Aloïs VAN TONGERLOO, Bruxelles, Louvain-la-Neuve, Leuven, 1991, *Coll. Acta Orientalia Belgica*, VI. Elle couvre les pages 13 à 30, diffusion Centre d'Histoire des religions, 2, Chemin du Cyclotron, 1348 Louvain-la-Neuve. Le volume de 402 p. est dédié à Julien Ries, vice-président de la Société belge des études orientales.

La deuxième partie de la bibliographie va détailler, année par année, les travaux publiés entre 1992 et 2002. En vue d'orienter le lecteur, nous donnons les lignes principales de la recherche entreprise durant cette décennie.

Libéré de son enseignement académique, J. Ries a poursuivi ses travaux sur « l'*homo religiosus* et son expérience du sacré au cours de l'histoire ». Avec la collaboration d'une équipe internationale de spécialistes, il a publié les cinq premiers volumes du *Traité d'anthropologie du sacré* (éd. princeps par Jaca Book de Milan). Autour du *Traité* gravitent de nombreux articles ainsi que des textes de conférences, de colloques et de congrès.

Ensuite viennent les publications relatives à l'histoire des religions : origine des religions, religion de la préhistoire, religions comparées, méthodologie et histoire de la discipline, dialogue interreligieux, notices de dictionnaire.

Durant cette décennie, jusqu'en l'an 2000, le professeur Ries fut chaque année l'invité de cette « université d'été » appelée *Meeting de Rimini* afin d'y organiser des séminaires pour des jeunes et des adultes venus d'Italie et de toute l'Europe : rencontre des religions et des cultures, foi et culture, science et foi, dialogue interreligieux. Cette activité a donné lieu à des interviews, à des articles de presse et à des exposés. Dans la bibliographie figurent de nombreuses synthèses de ces journées. Une autre activité spécifique est la publication d'une collection pour les jeunes et les enseignants : *Les religions des hommes*, dont l'*editio princeps* est publiée par Jaca Book de Milan, *Le religioni dell'umanità*, six livrets illustrés et diffusés en italien, en français, en anglais et en polonais.

Enfin, le lecteur trouvera chaque année des études consacrées au gnosticisme et au manichéisme, une spécialité de la recherche du professeur J. Ries depuis ses débuts louvanistes.

1992

I cristiani e le religioni. Dagli Atti degli Apostoli al Vaticano II (coll. Manuale di Teologia sotto la direzione di Joseph DORÉ, 5), Brescia, Editrice Queriniana, 1992, 535 p.

Il rapporto uomo-Dio nelle grandi religioni precristiane, Milano, Jaca Book, 1992, 2e éd., 92 p.

Le civiltà del Mediterraneo e il sacro. Trattato di antropologia del sacro (éd.), t. 3, Milano, Jaca Book e Massimo, 1992, 371 p.

Les origines et le problème de l'homo religiosus, *Traité d'anthropologie du sacré* (éd.), t. 1, Paris - Tournai - Louvain-la-Neuve, Desclée, 1992, 358 p.

Actes du IVe *Congrès copte*, *Louvain-la-Neuve*, *5-10 septembre 1988*, t. 1, *Art et archéologie*, 234 p., t. 2, *De la linguistique au gnosticisme* (Publications de l'Institut Orientaliste de Louvain, 40, 1992), XIV + 503 p., co-éditeur avec Marguerite RASSART-DEBERGH, Louvain-la-Neuve, Institut Orientaliste.

Dans *Le civiltà del Mediterraneo*, les articles :

– « L'uomo religioso nelle culture e nelle civiltà mediterranee », p. 19-27.

– « I culti isiaci e il loro simbolismo sacrale nella vita religiosa dell'Egitto ellenistico e romano », p. 341-365.

– « L'eredità religiosa e culturale dell'uomo mediterraneo », p. 341-365.

Dans *Les origines et le problème de l'*homo religiosus, les articles :

– « L'homme et le sacré », p. 15-24.

– « L'homme religieux et le sacré à la lumière du nouvel esprit anthropologique », p. 27-54.

– « Les perspectives d'une anthropologie du sacré », p. 333-345.

« Le pèlerinage, phénomène humain universel », dans « *Marche vers la splendeur, Dieu marche avec toi.* » *Actes du* Ier *Congrès mondial de pastorale des sanctuaires et des pèlerinages*, Rome 26-29 février 1992, Rome, Cité du Vatican, 1992, p. 114-129.

« Résurrection et réincarnation. Mort et au-delà dans le christianisme et l'hindouisme », *Intuitions Magazine* 14 (1992), Bruxelles, p. 12-15.

« Droits de l'homme et pensée religieuse en Inde », dans R. LÉPÉE (éd.), *Les Droits de l'homme dans tous leurs états (Actes d'un Colloque de Louvain-la-Neuve)*, Louvain-la-Neuve, Éditions Edifie, 1992, p. 123-146.

« Filosofia, storia, sociologia delle religioni e antropologia del sacro », dans *Religioni. Enciclopedia tematica aperta*, Milano, Jaca Book, 1992, p. 15-16.

« La storia delle religioni », dans *Religioni. Enciclopedia tematica aperta*, Milano, Jaca Book, 1992, p. 41-76.

« Le Codex de Cologne et les débuts de l'enseignement de Mani », dans G. WIESSNER et H. J. KLIMKEIT (éd.), *Studia manichaica*, II. *Internationaler Kongress zum Manichäismus, 6-10 August 1989, St. Augustin/Bonn*, Wiesbaden, Harrassowitz, 1992, p. 167-180.

« De la pureté, du sacré et de la sainteté. Étude de vocabulaire », dans *Les cœurs purs*, *La Vie Spirituelle* 701 (1992), Paris, p. 435-451.

« Le sacré dans la parole, le langage et la prière », dans Rosemarie KIEFFER (éd.), *Parole sacrée, parole profane. De la religion à l'éloquence. Actes du Colloque international de Luxembourg 1990*, Luxembourg, Courrier de l'éducation nationale, 1991, p. 9-23.

« Sainteté et Saints dans les religions non chrétiennes », dans *Catholicisme, hier, aujourd'hui, demain*, t. XIII, Paris, 1992, p. 656-681.

« L'istituzione religiosa e il sacro », dans *Atopon. Psicoantropologia simbolica e Tradizioni religiose*, I, 1-2, Roma, 1992, p. 21-33.

« Connaissance des mystères », *Louvain* 26 (fév.-mars 1992), Louvain-la-Neuve, p. 13-14.

« New Age, fede cristiana e modernità », *La nuova Europa. Rivista internationale di cultura* I, 6 (1992), Bergamo, p. 44-45.

« Mani, la lumière qui s'éteint », *Louvain* 31 (sept. 1992), Louvain-la-Neuve, p. 32-34.

Dans Eugenio dal PANE (éd.), *Antigona ritornata e il vecchio immigrato (Il libro del Meeting 1991)*, Rimini, 1992, les articles suivants :

- « La pace del mondo attraverso la fede », p. 356-363.
- « Scienzia, verità, pace ; overro la missione degli universitari cristiani », p. 364-372.

« Cahiers Jacques Vidal », *Revue de l'Institut catholique de Paris* 39 (1991), Paris, p. 175-181.

« Senso religioso e homo religiosus », dans *Scritti per Luigi Giussani. Gli uomini vivi si incontrano*, Milano, Jaca Book, 1992, p. 17-34.

« Il sacro nel tre grandi monoteismi », dans *Biennale di Venezia. Architettura e spazio sacro nella modernità*, Milano, Segesta, 1992, p. 15-18.

« Le pèlerinage, route du sacré », *Louvain* 34 (déc. 1992), Louvain-la-Neuve, p. 14-16.

Dans A. THÉODORIDÈS, P. NASTER, J. RIES, A. VAN TONGERLOO (éd.), *Philosophie, Philosophy, Tolérance* (Acta Orientalia Belgica, VII), Bruxelles - Louvain-la-Neuve - Leuven, 1992 :

- « Hommage au professeur Aristide Théodoridès, président de la Société belge d'études orientales », p. 1-3.
- « Concorde et tolérance. Un regard sur l'œuvre des humanistes », p. 123-129.

« L'annuncio cristiano tra paradosso e utopia », dans *Il nuovo areopago*, t. 11, Roma et Forlì, 1992, n° 3, p. 52-66.

Dans *Actes du* IVe *Congrès copte, Louvain-la-Neuve, 5-10 septembre 1988*, II, *De la linguistique au gnosticisme* (co-éditeur), 1992 :

- « De la linguistique au gnosticisme », p. XIII-XIV.
- avec A. VAN TONGERLOO, « The Manichaean Studies Newsletter », p. 278-280.
- « La religion de Mani à la lumière des textes coptes de Médînet Mâdi et du Codex Mani », p. 289-291.

1993

« Storia delle religioni », dans *EDO*, *Un'Enciclopedia d'orientamento*, n° 38, Milano, Jaca Book, 1993, 141 p.

« Les religions, leurs origines », dans *Bibliothèque des origines*, Paris, Flammarion, 1993. Préface de Fiorenzo Facchini, 158 p., 214 illustrations.

Le origini. Le religioni, Milano, Jaca Book, 1993. Presentazione di Fiorenzo Facchini, 158 p., 214 illustrations.

Ursprung der Religionen, Augsburg, Pattloch Verlag. Deutsche Übersetzung von Dr. Marcus Würmli. Vorwort von Fiorenzo Facchini, 158 p., 214 illustrations.

Expérience religieuse et expérience esthétique. Rituel, art et sacré dans les religions. Actes du colloque de Liège et de Louvain-la-Neuve (21-22 mars 1990) (éd.) (Collection Homo Religiosus, 16), Louvain-la-Neuve, 1993, 401 p., 17 pl. illustr.

Ibidem, les articles suivants :

– « Aux origines de l'expérience esthétique et de l'expérience religieuse. Religion et culture, art et sacré », p. 9-32.

– « Religion et beauté, sacré et symbole », p. 351-368.

– « Avant-Propos », p. 5-7, et « Bibliographie d'orientation », p. 369-375.

Il credente nelle religioni ebraica, musulmana e cristiana (éd.) (Trattato di antropologia del sacro, vol. 5), Milano, Jaca Book, Massimo, 1993, 362 p.

Ibidem, les articles suivants :

– « Dalla cultura di Olduvai alle migrazioni di Abramo : un cammino di oltre due millenni », p. 17-24.

– « Il sacro e la santità nella vita del credente ebreo, cristiano e musulmano », p. 341-352.

« Gnosticismo e cristianesimo », dans *Atopon. Psicoantropologia simbolica e Tradizioni religiose*, II, Rome, 1993, p. 47-62.

« Schmidt (Wilhelm, 1868-1954) », dans *Catholicisme, hier, aujourd'hui, demain*, t. XIII, Paris, 1993, p. 924-927.

« Histoire et destinée. La mémoire et les perspectives de l'essentiel », *Die Warte*, *Perspectives* 14/1660 (19 avril 1993), Luxembourg.

« L'émergence de la figure prophétique de Mani selon le Codex de Cologne », dans *Studia Patristica*, vol. XXIV, *Eleventh International Conference on Patristic Studies, Oxford, 1991*, edited by Elisabeth A. LIVINGSTONE, Leuven, Peeters, 1993, p. 399-405.

« Benedizione », dans D. COSI, L. SAIBENE, R. SCAGNO (éd.), *Ogetto e modalità della credenza religiosa*, vol. I de M. ELIADE, *Enciclopedia delle Religioni*, Milano, Jaca Book et Mazzorati, 1993, p. 130-136.

« Immortalità », *ibidem*, p. 316-340.

« L'homo religiosus sulle tracce di Dio », dans E. GUERRIERO (éd.), *I segni di Dio. Il sacro-santo : valore, ambiguità, contraddizioni*, Milano, Edizione Paoline, 1993, p. 9-24.

Dans E. dal PANE et Graziella GOLINELLI (éd.), *Il Giallo, il Nero, l'Indio e il Latino in cerca di Americhe (Il Libro del Meeting 1992)*, Rimini, 1993, les articles suivants :

– « Inculturazione del Vangelo e sincretismo religioso », p. 166-173.

– « New Age, fede cristiana e modernità », p. 174-182.

« Les hommes prient… depuis quand ? », *Mission chrétienne* 377 (1993), Paris, p. 8-12.

« Le Nouvel Âge et son message », *Pâque Nouvelle* 21 (1993), Namur, p. 13-21.

« Le chrétien face au Nouvel Âge », *Pâque Nouvelle* 22 (1993), Namur, p. 20-25.

« La paix dans le dialogue interreligieux », dans *Fátima e a Paz. Actos do Congresso internacional sobre Fátima e a Paz n° 75° aniversário dos aparições*, Fátima, Santuário, 1993, p. 179-192.

Dans P. POUPARD (dir.), M. DELAHOUTRE, J. RIES, E. COTHENET, J. VIDAL, Y. MARCHASSON (réd.), *Dictionnaire des religions*, Paris, PUF, 3e éd., 2 vol., 1993. Outre les 85 articles et notices des éditions précédentes mis à jour pour le texte et la bibliographie et repris dans la 3e édition, nouveaux articles et notices : « Acculturation », I, p. 8-9 ; « Assise, les religions et la paix », I, p. 132 ; « Confession des péchés en Égypte », I, p. 363 ; « Confession des péchés dans les populations à traditions orales », I, p. 361-363 ; « Dialogue des religions », I, p. 479-480 ; « Eau », I, p. 559-561 ; « Immortalité », I, p. 911-919 ; « Inculturation », I, p. 928-929 ; « Louvain (déclaration de) », II, p. 1153-1154 ; « Nicolas de Cues », II, p. 1427-1429 ; « Quinet (Edgar) », II, p. 1655-1657 ; « Rencontre des religions (hommes et religions) », II, p. 1706 ; « Syncrétisme (essai d'approche méthodologique) », II, p. 1950-1951 ; « Théocrase », II, p. 2007 ; « Vidal (Jacques) », II, p. 2118-2119.

Dans D. HUISMAN (dir.), *Dictionnaire des philosophes*, Paris, PUF, 2e éd., 2 vol., 1993, « Mani, manichéisme, II », p. 1900-1902.

Dans F. FACCHINI (éd.), *Paleoantropologia e Preistoria*, volume de l'*Enciclopedia tematica aperta*, Milano, Jaca Book, 1993, « Cosmogonie », p. 202 ; « Mito », p. 361 ; « Riti », p. 418-420 ; « Sacro », p. 423-424.

1994

The Origins of Religions, William Eerdmans Publishing Company, Grand Rapids, Michigan, USA, 158 p., 214 illustrations dans le texte.

Los ritos de iniciación (éd.) (Colección Teshuva, 4), Biblioteca Mercaba, Bilbao, Ediciones EGA, 1994, 224 p.

Ibidem, les articles suivants :

– « Prologo », p. 7-8.

– « El Hombre, el rito y la iniciación según Mircea Eliade », p. 11-20.

– « Los ritos de iniciación y lo sagrado », p. 21-28.

– « Los ritos de iniciación en la vida del hombre religioso », p. 193-208.

Humanisme, Science et Religion. In memoriam Aristide Théodoridès (coéditeur) (Acta Orientalia Belgica, VIII, 1993-1994), Bruxelles - Louvain-la-Neuve - Leuven, 1994, 323 p.

« Simbolica e dinamica della luce nei tre monoteismi abramici », dans Annamaria BALLARINO et E. dal PANE (éd.), *Il libro del Meeting '93, Accade qual cosa da Oriente*, Rimini, 1994, p. 19-30 (avec Olivier CLEMENT).

« Un solo Dio, tre messaggi. Il dialogo tra ebrei, cristiani e musulmani », dans A. BALLARINO et E. dal PANE (éd.), *Il libro del Meeting '93*, Rimini, 1994, p. 173-180.

« Le mythe, son langage et son message », dans E. LEONARDY (éd.), *Mythe et Littérature* (Recueil de travaux d'histoire et de philologie, 6e série, fasc. 47), Louvain-la-Neuve, Collège Érasme, 1994, p. 9-28.

Vision chrétienne de l'au-delà, dans *Les témoins de l'au-delà, Actes du colloque de Bastogne, 1992* (Tradition Wallonne, 9), Bruxelles, Communauté française de Belgique, 1994, I, p. 79-101, 15 illustrations.

« La notion de religion dans les textes manichéens », dans U. BIANCHI (éd.), *The Notion of "Religion" in Comparative Research, Selected Proceedings of the* XVI *I.A.H.R. Congress, Roma, 1990*, Roma, L'Erma di Bretschneider, 1994, p. 123-129.

« La méthode comparée en histoire des religions selon Georges Dumézil et Mircea Eliade », dans U. BIANCHI (éd.), *The Notion of "Religion" in Comparative Research*..., Roma, 1994, p. 713-719.

« Il sacro e l'ambiente », dans D. BENETTI (éd.), *Habitat. Un ambiente per vivere*, Milano, Jaca Book, 1994, p. 29-43.

« I riti di salute/salvezza nelle religioni del passato. Interferenze storico-religiose tra salute e salvezza », dans A. N. TERRIN (éd.), *Liturgia e terapia. La sacramentalità a servizio dell'uomo nella sua interezza* (Collana Caro Salutis Cardo, 10), Padova, Edizioni Messagero e Abbazia di santa Giustina, 1994, p. 36-53.

« Nicolas de Cuse et les origines de l'humanisme, coïncidence des opposés et dialogue interreligieux pour la paix », dans *Humanisme, science et religion* (Acta Orientalia Belgica, VIII), Bruxelles, Louvain-la-Neuve, Leuven, 1994, p. 109-118.

« L'homo religiosus e il simbolismo della montagna sacra », dans *Atopon. Psicoantropologia simbolica e Tradizioni religiose*, t. III, Roma, 1994, p. 19-32.

« L'uomo come simbolo », dans *Atopon. Psicoantropologia simbolica e Tradizioni religiose*, t. III, Roma, 1994, p. 85-90.

« Manichéens, Pauliciens, Bogomiles, Cathares. Transmission et fonctionnement des systèmes dualistes dans l'Europe médiévale », dans Christoph ELSAS (éd.), *Tradition und Translation. Zum Problem der interkulturellen Übersetzbarkeit religiöser Phänomene (Festschrift für Carsten Colpe)*, Berlin, W. de Gruyter, 1994, p. 154-164.

« La figure prophétique de Mani et les origines de sa doctrine à la lumière des Kephalaia coptes et du Codex de Cologne », dans S. GIVERSEN, M. KRAUSE, P. NAGEL (éd.), *Coptology, Past, Present and Future, Studies in Honour of Rodolphe Kasser* (Orientalia Lovaniensia Analecta, 61), Peeters, Louvain, 1994, p. 109-121.

« Jésus la Splendeur, Jesus patibilis, Jésus historique dans les textes manichéens occidentaux », dans *Gnosisforschung und Religionsgeschichte (Festschrift für Kurt Rudolph)*, Marburg, Diagonal Verlag, 1994, p. 237-247.

« Un regard sur la méthode historico-comparative en histoire des religions », dans G. SFAMENI-GASPARRO (éd.), *Agathè Elpis, Studi storico-religiosi in onore di Ugo Bianchi*, Roma, l'Erma di Bretschneider, 1994, p. 121-148.

« Éloge funèbre du professeur Aristide Théodoridès », dans *Humanisme, science et religion. In memoriam Aristide Théodoridès* (Acta Orientalia Belgica, VIII), Bruxelles - Louvain-la-Neuve - Leuven, 1993-1994, p. 7-9.

« Aristide Théodoridès (1911-1994). Un humaniste, un savant, un maître », dans *Humanisme, science et religion. In memoriam Aristide Théodoridès*

(Acta Orientalia Belgica, VIII), Bruxelles - Louvain-la-Neuve - Leuven, 1993-1994, p. 1-5.

« Alle origini dell'uomo spirituale. Dalla comparsa dell'uomo artefice all'inventore della scrittura », dans *Communio. Rivista internazionale di teologia e cultura* n° 135, *La spiritualità del cristiano*, maggio-giugno 1994, Milano, Jaca Book, p. 69-78.

« Croyances, mystères et voies de la réincarnation. L'héritage des religions anciennes », *Pâque Nouvelle* 23, 4 (1994), Namur, p. 38-45.

« Préface », dans Andrea DUE et Renzo ROSSI, *Premiers villages, premières cultures. La révolution néolithique*, Paris, Hatier, 1994 ; Milano, Jaca Book, éd. ital., 1994.

« Notizia (Jacques Vidal) », dans Jacques VIDAL, *Il desiderio riorientato. La Chiesa e le religioni*, Milano, Jaca Book, 1994, p. 15-18.

« Idolatria », dans Mircea ELIADE (éd.), *Enciclopedia delle religioni*, vol. 2, *Il rito, ogetti, atti, cerimonie* a cura di D. COSI, L. SAIBENE, R. SCAGNO, Milano, Marzorati e Jaca Book, 1994, p. 258-267.

« Omul modern, lumea, religiile şi sacrul (L'homme moderne, le monde, les religions et le sacré) », interview en roumain faite par Bogdan MANDACHE dans *Cronica, Revista de cultura*, t. 29, Iaşi, Roumanie, 1994, 17, 10 et 18, 10.

« Un monde éclaté, des peuples déchirés mais des chemins d'espérance : le XVe rassemblement de Rimini pour l'amitié entre les peuples », *Die Warte - Perspectives* 24/1706 (1994), Lux-Wort, Luxembourg.

« Histoire comparée des religions », dans P. POUPARD (éd.), *Les Religions* (Que sais-je ?, 9), Paris, PUF, 1994^{4}, p. 9-12.

« L'*homo religiosus* », dans P. POUPARD (éd.), *Les Religions*..., p. 19-29.

« La religion du Paléolithique, du Mésolithique et du Néolithique », dans P. POUPARD (éd.), *Les Religions*..., p. 31-37.

« L'*homo religiosus* et l'homme nouveau dans le droit de l'Église », dans L. GEROSA, *Antropologia, fede e diritto ecclesiale*, Lugano, prépublication, Palazzo dei Congressi, 1994, p. 15-19.

1995

Il sacro nella storia religiosa dell'umanità, Milano, Jaca Book, 1995, terza edizione aggiornata, 247 p.

Crisi, rotture e cambiamenti (diretto da), *Trattato di antropologia del sacro*, vol. 4, Milano, Jaca Book - Massimo, 1995, 415 p.

Ibidem, les articles :

- « Crisi e permanenza del sacro », p. 17-23.

- « Concezione manichea dell'uomo e della società ; rottura religiosa e progetto di una religione universale », p. 163-184.

- « Cambiamenti e permanenza del sacro nel corso di tre millenni di esperienze religiose », p. 361-386.

Los orígenes del « homo religiosus » (coordinador), *Tratado de antropología de lo sagrado*, 1 (Colección Paradigmas, 6), Biblioteca de Ciencias de las Religiones, Madrid, Editorial Trotta, 1995, 373 p.

Ibidem, les articles suivants :

- « El hombre y lo sagrado », p. 13-22.

- « El hombre religioso y lo sagrado a la luz del nuevo espíritu antropológico », p. 163-184.

- « Conclusiones y perspectivas : el homo religiosus y lo sagrado », p. 341-353.

L'homme indo-européen et le sacré (éd.), Aix-en-Provence, Edisad, 1995, 302 p.

Ibidem, les articles suivants :

- « Préface. L'homme indo-européen et le sacré », p. 11-13.

- « L'expérience du sacré dans la vie de l'homme indo-européen », p. 277-289.

- « Bibliographie sélective », p. 291-297.

El hombre indoeuropeo y lo sagrado (coordinador), *Tratado de antropología de lo sagrado*, 2 (Colección Paradigmas, 7), Biblioteca de Ciencias de las Religiones, Madrid, Editorial Trotta, 1995, 382 p.

Ibidem, les articles suivants :

- « Prefacio. El hombre indoeuropeo y lo sacro », p. 13-16.

- « La experiencia de lo sagrado en la vida del hombre indoeuropeo », p. 349-366.

- « Bibliografia complementaria », p. 367-372.

Guerre et paix. War and Peace (coéditeur) (Acta Orientalia Belgica, IX), Bruxelles - Leuven - Louvain-la-Neuve, 1995, 219 p.

Vivre de Maât. Travaux sur le droit égyptien ancien, édités par J. M. KRUCHTEN, *Recueil Aristide Théodoridès* (Acta Orientalia Belgica, Subsidia I et II), Bruxelles - Leuven - Louvain-la-Neuve, 1995, 802 p. (coéditeur).

« Le origini dell'uomo : culture ed esperienze del sacro », dans A. BALLARINO, E. dal PANE, S. FINUCCI (éd.), *E il popolo esiliato continuò il suo cammino* (Meeting '94), Rimini, 1995, p. 82-89.

« Notes de lecture du *Contra Epistulam Fundamenti* d'Augustin, à la lumière de quelques documents manichéens », dans M. SIMONETTI et P. SINISCALCO (éd.) *Studi sul cristianesimo antico e moderno in onore di Maria Grazia Mara*, II, *Studi agostiniani* (Augustinianum, XXXV), Roma, 1995, p. 537-548.

« L'*homo religiosus* e l'uomo nuovo nel diritto della Chiesa. Diritto canonico e antropologia cristiana », dans L. GEROSA (éd.), *Antropologia, Fede e Diritto ecclesiale. Atti del simposio internazionale sugli studi canonistici di Eugenio Corecco (Lugano, 12 novembre 1994)*, Milano, Jaca Book, 1995, p. 33-43.

« L'eschatologie manichéenne selon les textes orientaux et occidentaux », dans Cäcilia FLUCK, Lucia LANGENER, S. RICHTER, Sofia SCHATEN, G. WURST (éd.), Divitiae Aegypti, *Koptologische und verwandte Studien zu Ehren von Martin Krause*, Reichert Verlag, Wiesbaden, 1995, p. 264-270.

« Réincarnation, résurrection et foi chrétienne », *Pâque Nouvelle* 24, 2 (1992), Namur, p. 16-27.

« *Homo religiosus* und *homo novus* im Recht der Kirche, Kanonisches Recht und christliche Anthropologie », dans *Archiv fur katholisches Kirchenrecht*, t. 1, 63, Mainz/Rhein, 1994, p. 85-95.

« Symbole, symbolisme », dans *Catholicisme, hier, aujourd'hui, demain*, t. XIV, Paris, 1995, p. 636-654.

1996

« L'homme et le sacré dans le contexte d'une société industrielle et sécularisée. Entretien avec Julien Ries », dans *Équinoxe. Revue romande de sciences humaines* 15 (Printemps 1996), « Sacré(s) », Fribourg-Suisse, 1996, p. 11-21.

« New Age e reincarnazione », dans *Religioni e sette nel mondo. Rivista trimestriale di cultura religiosa* 2, 1 (1996), Bologna, p. 45-56, p. 119-125.

« L'homo religiosus, il sacro e il santuario », dans Fr. DEMARCHI, S. ABBRUZZESE (éd.), *La terra sacra. Chiesa e territorio. Seminario di studio, Università di Trento, 29-30 novembre 1994*, Rimini, ed. Guaraldi, 1995, p. 24-38.

« Le origini della coscienza nell'uomo arcaico. Memoria, simbolo, estetica (Actes du Congrès Mythos, Rome, 1994) », dans *Atopon. Psico-antropologia simbolica e Tradizioni religiose*, IV, Roma, 1996, p. 80-86.

« I simboli, sorgenti di conoscenza e di creatività », dans Annamaria BALLARINO et E. dal PANE (éd.), *Mille anni sono come un turno di guardia nella notte* (*Il libro del Meeting '95*), Castel Bolognese, ed. Itaca, 1996, p. 97-112.

« The Development of Religion », dans A. H. DANI et J. P. MOHEN (éd.), *History of Humanity. Scientific and Cultural Development*, vol. II, *From the Third Millennium to the Seventh Century B.C.*, Paris, Unesco, 1996, p. 98-106.

« La fête de Bêma, solennité pascale de l'Église manichéenne », dans C. CANNUYER, J. RIES et A. VAN TONGERLOO (éd.), *La fête dans les civilisations orientales* (Acta Orientalia Belgica, X), Bruxelles, 1996, p. 135-145.

« Chroniques bibliographiques : bibliographie générale » (p. 35-41), « manichéisme et gnosticisme » (p. 51-55), *Hieros. Bulletin annuel de la Société belgo-luxembourgeoise d'histoire des religions* 1 (1996), Liège.

1997

Las civilizaciones del Mediterráneo y lo sagrado (coordinador) *Tratado de antropologia de lo sagrado*, vol. 3 (col. Paradigmas, 15), Madrid, Trotta, 1997, 389 p.

Ibidem, les articles suivants :

– « El hombre religioso en las culturas y las civilizaciones mediterráneas », p. 9-18.

– « Los cultos isiacos y su simbolismo sagrado en la vida religiosa del Egipto helenístico y romano », p. 133-149.

– « La herencia religiosa y cultural del hombre mediterráneo », p. 343-359.

– « Bibliografia complementaria », p. 361-372.

I simboli nelle grandi religioni (éd.) con postfazione alla nuova edizione, Milano, Jaca Book, 1997, 277 p.

Simbolismo ed esperienza della luce nelle grandi religioni (a cura di J. RIES e Ch. M. TERNES) (col. Homo Religiosus, II, 1), Milano, Jaca Book, 1997.

Ibidem, les articles suivants :

– « Simbolismo ed esperienza religiosa », p. 17-23.

– « Simbolismo della luce e illuminazione gnostica nei testi manichei copti », p. 193-206.

– « Esperienza della luce e condizione umana », p. 267-279.

Dans Annamaria BALLARINO (éd.), *Si levò un vento impetuoso da Este... (Il libro del Meeting 1996)*, Castel Bolognese, 1997, les articles suivants :

– « La tradizione della Chiesa : una testimonianza di ecumenismo », p. 26-31.

– « La fede cristiana e le gnosi antiche e moderne », p. 94-99.

– « Il messaggio cristiano sfida le culture, ieri e oggi », p. 100-106.

– « L'arte, l'uomo e il sacro », p. 144-145.

« Les creences en la resurrecció dels cossos en les religions no cristianes », dans Antoni MATABOSCH (éd.), *La vida després de la vida* (*Cristianisme i cultura*, 20), Madrid, Editorial Cruïlla, 1997, p. 149-168.

« L'homme de toujours et son expérience du sacré », dans *Religion, culture, foi (Actes du colloque à Notre-Dame du Laus, 10-12 sept. 1996)*, Laval - Nantes, Ed. Siloë, 1997, p. 23-35.

« Baraiès le Didascale dans le *Codex Mani*. Nature, structure et valeur de son témoignage sur Mani et sa doctrine », dans L. CIRILLO et A. VAN TONGERLOO (éd.), *Manicheismo e Oriente cristiano antico*, Terzo congresso, 1993 (Manichaean Studies, III), Turnhout, Brepols, 1997, p. 305-311.

« L'apport de Régis Boyer à l'étude du sacré dans la religion des anciens Germains et des Scandinaves », dans Cl. LECOUTEUX et O. GOUCHET (éd.), *Hugur, Mélanges d'histoire, de littérature et de mythologie offerts à Régis Boyer*, Paris, Presses de la Sorbonne, 1997, p. 233-243.

« Orizontul iudeo-crestin in opera lui Mircea Eliade. Dumnezeu, om, şi istorie », dans Cristian BĂDILIŢĂ (éd.), *Eliadiana* (coll. Plural), Iaşi, ed. Polirom, 1997, p. 39-46. (Article en roumain : « L'horizon judéo-chrétien dans l'œuvre de Mircea Eliade : Dieu, homme, mythe et histoire »).

« Omul modern, lumea, religiile, sacral », dans B. M. MANDACHE (éd.), *Teofania interioară ; dialoguri cu teologi catolici contemporani*, Iaşi, Editura Presa Bună, 1997, p. 204-213.

« La communauté des premiers chrétiens et les origines de l'Église », *Pâque Nouvelle* 26, 2 (1997), Namur, p. 16-22.

« Il tempo, le culture e le grande religioni », *KOS, Rivista di medicina, cultura e scienze umane*, N.S., n° 141 (giugno 1997), Milano, p. 44-47.

« De wereld van het pelgrimeren. Religieuze en culturele aspecten », *Communio. Internationaal Katholiek Tijdschrift* 22, 3 (1997), Oudenaarde, p. 201-209.

« Aristide Théodoridès (1911-1994). Un humaniste, un savant, un maître », *Le monde copte. Revue encyclopédique de culture égyptienne* 27-28 (1997), Limoges, p. 273-276.

« L'universo del pellegrinaggio. Aspetti religiosi e culturali », *Communio. Rivista internazionale di Teologia e cultura* 153 (1997), Milano, p. 9-17.

« Les sectes dans le collimateur de la Commission parlementaire belge d'enquête », *Esprit et Vie* 4, IX, 97, Langres, p. 366-373.

« Sette e nuovi movimenti religiosi davanti alla Commissione Parlamentare Belga. Una presentazione critica dell'inchiesta », *Religioni e sette nel mondo. Rivista trimestrale di cultura religiosa*, t. 3, 2 (1997), Bologna, p. 175-193.

« Croce », dans *Enciclopedia delle religioni diretta da Mircea Eliade*, vol. 4, *Il Pensiero*, *concezioni e simboli*, Ediz. tematica europea a cura di D. COSI, L. SAIBENE, R. SCAGNO, Milano, Jaca Book - Marzoti, 1997, p. 167-178.

« Ugo Bianchi (1922-1995) et l'École italienne d'histoire des religions », *Hieros. Bulletin annuel de la Société belgo-luxembourgeoise d'histoire des religions* 2 (1997), Liège, p. 58-61.

« Chroniques bibliographiques : bibliographie générale », *Hieros. Bulletin de la Société belgo-luxembourgeoise d'histoire des religions* 2 (1997), Liège, p. 62-69.

1998

« *Homo religiosus* et expérience du sacré », dans Pierre MILLION (éd.), *Religiosité, religions et identités religieuses (Actes du colloque interdisciplinaire de Grenoble de 1994)* (Coll. Recherches sur la philosophie et le langage, 19), Grenoble, 1998, p. 171-190.

« Les premiers voyages missionnaires de Mani », dans C. CANNUYER, J. RIES et A. VAN TONGERLOO (éd.), *Les voyages dans les civilisations orientales. Travel in the Oriental Civilizations* (Acta Orientalia Belgica, XI), Bruxelles, 1998, p. 132-142.

« Économie du salut et rôle des sauveurs selon les textes manichéens occidentaux », dans *Le sauveur et l'économie du salut chez les gnostiques* (IIe-V^{e} *s.*) (*Actes du colloque de Lille, 1996*) (Mélange de science religieuse, 55), Lille, 1998, p. 49-68.

Dans Annamaria BALLARINO (éd.), *Lo starets rispose : « Davvero, tutto è buono e splendido perché tutto è verità » (Il libro del Meeting 1997)*, Rimini e Castel Bolognese, 1998, ed. ITACA, 1998, les articles suivants :

- « Cultura e verità. Contrasto e dialogo ? », p. 87-93.
- « L'Occidente alla ricerca di un significato. In memoria di Leo Moulin », p. 94-99.

« Fondement et but de la comparaison en histoire des religions », dans *Omaggio a Dario Sabbatucci. Studi e materiali di storia delle religioni*, vol. 62, L'Aquila - Roma, N.S. XX, 1/2, anno 1996, p. 459-470. Publié en 1998.

« L'*homo religiosus* nell'opera di Eliade e la storia comparata delle religioni », dans L. ARCELLA, P. PISI et R. SCAGNO (éd.), *Confronto con Mircea Eliade. Archetipi mitici e Identità storica*, Milano, Jaca Book, 1998, p. 355-362.

« La controversia sugli idoli, l'antropologia patristica e le origini dell'iconografia cristiana. » Introduzione a M. A. CRIPPA, M. ZIBAWI, *L'arte paleocristiana. Visione e spazio dalle origini a Bisanzio*, Milano, Jaca Book, 1998, p. 9-16.

« La polémique contre les idoles, l'anthropologie patristique et les origines de l'iconographie chrétienne. » Introduction à M. A. CRIPPA et M. ZIBAWI, *L'art paléochrétien. Des origines à Byzance*, Paris, Zodiaque et DDB, 1998, p. 9-16.

« La polémica contra los ídolos, la antropología patrística y los orígenes de la iconografía cristiana. » Introducción à M. A. CRIPPA y M. ZIBAWI, *El arte paleocristiano. Visión y espacio de los orígenes a Bizancio*, Lunwerg editores, Barcelona, Madrid, 1998, p. 9-16.

« I Terapeuti di Alessandria. Filosofia e guarigione dell'anima secondo Filone », dans *Atopon. Psicoantropologia, Simbolica e Tradizioni religiose*, vol. V, 1997 (1-2), Roma, p. 75-79.

« L'uomo, lettore e testimone del grande libro della creazione », *Quaderni Valtellinesi* 64 (4° Trimestre 1997), Sondrio, p. 5-9.

« Le reliquie, presenza del sacro », *KOS, Rivista di medicina, cultura e scienze umane* 159 (dic. 1998), Milano, Europea Scienza Umane Editrice, p. 26-30.

« Du culte des martyrs à la vénération des reliques », *Pâque Nouvelle* 27, 4 (1998), Namur, p. 20-24.

« *Healing and Restoring. Health and Medicine in the World's Religions*, ed. by Lawrence E. SULLIVAN, Macmillan, New York, Collier, London,

1990 » dans *Atopon. Psicoantropologia, Simbolica e Tradizioni religiose*, vol. V, Roma, 1997, p. 121-126.

« Joseph Vergote, orientaliste, égyptologue et humaniste (1910-1992) », dans C. CANNUYER, J. RIES et A. VAN TONGERLOO (éd.), *Les voyages dans les civilisations orientales* (Acta Orientalia Belgica, XI), Bruxelles, 1998, p. XI-XII.

« Askese, Religionsgeschichtlich, gnostisch », dans *Religion in Geschichte und Gegenwart*, I, Tübingen, Mohr Siebeck, 4e éd., 1998, p. 831-832.

« Chronique de bibliographie générale d'histoire des religions et de bibliographie du manichéisme et du gnosticisme », *Hieros. Bulletin annuel de la Société belgo-luxembourgeoise d'histoire des religions* 3 (1998), Liège, p. 58-64 et p. 72-74.

« *In memoriam* Jean Varenne », *ibidem*, p. 57.

« Du mythogramme au mythe. À propos de l'hypothèse d'André Leroi-Gourhan », dans *Sciamanismo e mito. Arte preistoria e tribale*, Prépublication du XVI *Valcamonica Symposium*, p. 24-29, settembre 1998, Capo di Ponte e Iseo.

1999

Dans C. CANNUYER, F. MAWET, J. RIES, *Le ciel dans les civilisations orientales* (Acta Orientalia Belgica, XII), Bruxelles - Louvain-la-Neuve - Leuven, XXVI + 258 p., l'article « Le ciel, les dieux du ciel et les cultes célestes dans les religions anciennes », p. 1-9.

I primi secoli del cristianesimo (coll. Le religioni dell'umanità), Milano, Jaca Book, Bologna, EDB, 1999, 32 p. illustrées.

I caratteri dell'Islam (coll. Le religioni dell'umanità), Milano, Jaca Book, Bologna, EDB, 1999, 32 p. illustrées.

Dans Annamaria BALLARINO (éd.), *La vita non è sogno* (*Il libro del Meeting '98*), Castel Bolognese, ed. ITACA, 1999, les articles suivants :

- « Il sogno e l'utopia del '68 », p. 180-186.
- « Lo scoperta dello splendore della vita », p. 214-219.

« L'art pariétal, livre de la sagesse de la préhistoire ? », dans Françoise MIES (éd.), *Toute la sagesse du monde. Hommage à Maurice Gilbert, S. J. pour le 65e anniversaire de l'exégète et du recteur*, Namur, Presses Universitaires, 1999, p. 633-645.

« Pellegrinaggi, pellegrini e sacralizzazione dello spazio », dans Paolo CAUCCI VON SAUCKEN (a cura di), *Il mondo dei Pellegrinaggi*, *Roma*,

Santiago, Gerusalemme, Milano, Roma, Jaca Book e Fratelli Palombi, 1999, p. 19-38.

« Pèlerinages, pèlerins et sacralisation de l'espace », dans Paolo CAUCCI VON SAUCKEN (éd.), *Pèlerinages. Compostelle, Jérusalem, Rome* (coll. Présence de l'art), Zodiaque, DDB, 1999, p. 19-38.

« Pilgerreisen und ihre Symbolik », dans Paolo CAUCCI VON SAUCKEN (éd.), *Pilgerziele der Christenheit, Jerusalem - Rome - Santiago de Compostella*, Darmstadt, Wissenschaftliche Buchgesellschaft, p. 19-38.

« Peregrinaciones, peregrinos y sacralización del espacio », dans Paolo CAUCCI VON SAUCKEN (éd.), *Roma, Santiago, Jerusalen. El mundo de las peregrinaciones*, Barcelona, Lunwerg ed., 1999, p. 19-38.

« L'homo religiosus e l'uomo nuovo nel diritto della Chiesa. Diritto canonico e antropologia cristiana », *Associazione Internazionale Amici di Eugenio Corecco vescovo di Lugano* 3 (1999), p. 25-36.

« Prospettive antropologiche per il terzo millenio », dans Raimon PANIKKAR, *La pienezza dell'uomo. Una cristofania*, Milano, Jaca Book, 1999, p. 11-18.

Dans Annamaria BALLARINO et Nicola CELORA (éd.), *L'ignoto genera paura, il mistero genera stupore* (*Il libro del Meeting '99*), Castel Bolognese, ed. ITACA, 1999, les articles suivants :

– « Miti fondamentalistici, religioni e violenza », p. 88-94.

– « Teologia delle religioni, dialogo interreligioso e missione cristiana », p. 95-101.

« La civilisation planétaire et ses problèmes. Le vingtième carrefour mondial des jeunes à Rimini », *La voix du Luxembourg. Die Warte. Perspectives sur les arts et les idées* 34/1902 (11 nov. 1999), Luxembourg.

« In memoriam Hans-Joachim Klimkeit (1939-1999) » ; « In memoriam Gernot Wiessner » ; « Chronique de bibliographie générale d'histoire des religions », *Hieros. Bulletin annuel de la Société belgo-luxembourgeoise d'histoire des religions* 4 (1999), p. 61-71.

2000

Le christianisme des origines (coll. Les religions des hommes), Paris, Cerf et Magnard, 2000, 32 p. illustrées.

Le catholicisme (coll. Les religions des hommes), Paris, Cerf et Magnard, 2000, 32 p. illustrées.

Le bouddhisme (coll. Les religions des hommes), Paris, Cerf et Magnard, 2000, 32 p. illustrées.

L'islam (coll. Les religions des hommes), Paris, Cerf et Magnard, 2000, 32 p. illustrées.

I volti del Buddhismo (coll. Le religioni dell'umanità), Milano, Editoriale Jaca Book, Bologna, EDB, 2000, 32 p. illustrées.

Lo sguardo del cattolicesimo (coll. Le religioni dell'umanità), Milano, Editoriale Jaca Book, Bologna, EDB, 2000, 32 p. illustrées.

L'uomo e il divino nell'induismo (coll. Le religioni dell'umanità), Milano, Editoriale Jaca Book, Bologna, EDB, 2000, 32 p. illustrées.

Esploratori del pensiero umano. Georges Dumézil e Mircea Eliade (éditeur avec Natale SPINETO), Milano, Jaca Book, 2000, 432 p.

Ibidem, les articles suivants :

- « Esploratori del pensiero umano : Georges Dumézil e Mircea Eliade », p. 11-21.

- « L'*homo religiosus* e l'esperienza del sacro. Controversie recenti e nuove chiarificezioni del pensiero di Mircea Eliade », p. 291-307.

« Saint Paul dans la formation de Mani », dans J. RIES, F. DECRET, W.H.C. FREND, M.G. MARA, *Le Epistole Paoline nei Manichei, i Donatisti e il primo Agostino*, Roma, Sussidi Patristici, Istituto Patristico Augustinianum, 2000, seconda ed., p. 7-30.

Vieillesse, sagesse et traditions dans les civilisations orientales (coéditeur avec C. CANNUYER, D. FREDERICQ-HOMES, F. MAWET et A. VAN TONGERLOO) (Acta Orientalia Belgica, XIII), Bruxelles - Louvain-la-Neuve - Leuven, 2000.

Ibidem, les articles suivants :

- « Toute la Sagesse du Monde. À propos du *Liber Amicorum* en hommage au Recteur Maurice Gilbert », p. 1-10.

- « Sagesse et gnose dans la tradition manichéenne », p. 127-133.

Dans Annamaria BALLARINO et Nicola CELORA (éd.), *2000 anni, un ideale senza fine* (*Il libro del Meeting 2000*), Castel Bolognese, ed. ITACA, les articles suivants :

- « I cristiani oggi di fronte al pluralismo delle religioni : fede e dialogo, società e tolleranza », p. 150-155.

- « Il senso religioso nella storia religiosa dell'umanità. Presentazione della mostra », p. 178-182.

Sacrul în istoria religioasă a omenirii, Traducere din limba italiană de Roxana Utale (coll. Plural Religie), Iaşi, Roumanie, Ed. Polirom, 231 p.

(Trad. roumaine de J. RIES, *Il sacro nella storia religiosa dell'umanità*, Milano, Jaca Book, 3e éd., 1995.)

« Vidal (Jacques) (1925-1987) », dans *Catholicisme, Hier, Aujourd'hui, Demain*, t. XV, Paris, Letouzey et Ané, 2000, p. 1028-1029.

« Bibliographie générale d'histoire des religions », *Hieros. Bulletin annuel de la Société belgo-luxembourgeoise d'histoire des religions* 5 (2000), Liège, p. 50-60.

2001

L'uomo e il senso del mistero, con le religioni dell'Africa e dell'Australia (coll. Le religioni dell'umanità), Milano, Jaca Book, Bologna, EDB, 2001, 32 p. illustrées.

Le Bouddhisme (coll. Les religions des hommes), Paris, Magnard, Cerf, 2001, 32 p. illustrées.

L'homme religieux (coll. Les religions des hommes), Paris, Magnard, Cerf, 2001, 32 p. illustrées.

Érasme et la montée de l'humanisme. Naissance d'une communauté européenne de la culture (éd.) (coll. Homo Religiosus, 7), Louvain-la-Neuve, Centre d'histoire des religions, 2001, 214 p.

Ibidem, les articles suivants :

– « Le mouvement humaniste et la formation de l'Europe », p. 5-10.

– « Les Humanistes, pionniers de la rencontre des religions », p. 21-40.

– « *Érasme, précepteur de l'Europe.* Jean-Claude Margolin explore l'héritage de la pédagogie érasmienne », p. 123-138.

– « Des humanistes précurseurs de la modernité », p. 175-181.

Crisis, rupturas y cambios (coordinador), *Tratado de antropología de lo sagrado*, vol. 4 (Colección Paradigmas, Biblioteca de Ciencas de las Religiones, 30), Madrid, Trotta, 468 p.

Ibidem, les articles suivants :

– « Introducción. Crisis y permanencia de lo sagrado », p. 9-16.

– « La gnosis di Mani : lo sagrado, el hombre y la sociedad. Ruptura religiosa y proyecto de religión universal », p. 171-196.

– « Mutaciones y permanencia de lo sagrado en el curso de tres milenios de experiencia religiosa », p. 403-429.

« Jésus Sauveur dans la controverse anti-manichéenne de saint Augustin », dans J. VAN OORT, O. WERMELINGER et G. WURST (éd.), *Augustine and*

Manichaeism in the Latin West (Proceedings of the Fribourg-Utrecht Symposium of the I.A.M.S.), Leiden, Brill, 2001, p. 185-194.

« Augustin d'Hippone : du manichéisme au néoplatonisme et au christianisme », dans É. DELRUELLE et Vinciane PIRENNE-DELFORGE (éd.), *Kèpoi. De la religion grecque à la philosophie. Mélanges offerts à André Motte* (Kernos, Suppl., II), Liège, Centre international d'étude de la religion grecque antique, 2001, p. 285-296.

« Le jugement sur le Manichéisme porté par saint Augustin à la lumière de son expérience relatée dans les *Confessions* », dans M. F. WLLES et E. J. YARNOLD (éd.), *Studia Patristica*, vol. XXXVIII, *Papers ... Thirteenth International Conference on Patristic Studies, Oxford, 1999. St Augustine and his Opponents*, Leuven, Peeters, 2001, p. 264-274.

« Dinler Tarihi, Fenomenoloji ve Hermenötik. Mircea Eliade'in yapıtına bir bakış », dans Yayna HAZIRLAYAN, Constantin TACOU, *Din ve Fenomenoloji*, Istanbul, éd. Izyayincilik, 2000, p. 7-20. (Traduction turque de *Histoire des religions, phénoménologie, herméneutique. Un regard sur l'œuvre de Mircea Eliade*, Cahier de l'Herne, 1978, p. 81-87.)

« Bibliographie générale, bibliographie du manichéisme », dans *Hieros. Bulletin annuel de la Société belgo-luxembourgeoise d'histoire des religions* 6 (2001), Liège, p. 42-51 et p. 53-55.

En 2001, traduction polonaise des six albums de la collection *Les religions des hommes*, faite sur les textes de l'édition italienne *Le religioni dell'umanità* et publiée sous le titre de collection *Religie Ludzkości* par les éditions WAM de Cracovie et de Poznan. Les titres des albums sont : *Chrześcijaństwo*, *Katolicyzm*, *Hinduizm*, *Buddyzm*, *Islam*, *Misterium*. Chaque album comporte 32 p. ill. de l'édition princeps ital.

2002

The First Centuries of Christianity (coll. Religions of Humanity), Philadelphia, Chelsea House Publishers, 2002, 32 p. illustrées.

The Scope of Catholicism (coll. Religions of Humanity), Philadelphia, Chelsea House Publishers, 2002, 32 p. illustrées.

Man and the Divine in Hinduism (coll. Religions of Humanity), Philadelphia, Chelsea House Publishers, 2002, 32 p. illustrées.

The Many Faces of Buddhism (coll. Religions of Humanity), Philadelphia, Chelsea House Publishers, 2002, 32 p. illustrées.

The World of Islam (coll. Religions of Humanity), Philadelphia, Chelsea House Publishers, 2002, 32 p. illustrées.

Man and the Sense of Mystery (coll. Religions of Humanity), Philadelphia, Chelsea House Publishers, 2002, 32 p. illustrées.

Symbolisme et expérience de la lumière dans les grandes religions, Julien RIES et Charles M. TERNES (éd.) (*Actes du Colloque tenu à Luxembourg du 29 au 31 mars 1996*) (coll. Homo Religiosus, Série II, 1)., Turnhout, Brepols, 2002, 276 p.

Ibidem, les articles suivants :

– « La Collection *Homo Religiosus*, Série II ».

– « Symbolisme de la lumière et illumination gnostique selon les textes manichéens coptes », p. 177-188.

– « Expérience de la lumière et condition humaine », p. 251-262.

« Il simbolismo nella vita dell'uomo arcaico. Il simbolismo funerario nel Paleolitico. Il simbolismo presso gli artisti del Paleolitico superiore. L'uomo neolitico e i suoi simboli », dans Natale SPINETO (éd.), *I simboli nella storia dell'uomo*, Milano, Jaca Book, 2002, p. 27-46.

« Los símbolos en la vida del Hombre prehistórico », dans Natale SPINETO (éd.), *Los símbolos en la historia del Hombre*, Barcelona, Madrid, Lunwerg editores, 2002, p. 27-46.

« Ta symbola stè zoè tou Proïstorikou Anthrôpou », dans Natale SPINETO (éd.), *Ta symbola stèn istoria tou Anthrôpou*, Athena, Kotzamanès et Sia, 2002, p. 27-46.

« Premiers gestes de prière des hommes de la préhistoire », *Pâque Nouvelle*, fasc. 3 (2002), Namur, p. 33-37.

« Les premières prières dans l'histoire de l'humanité », *Pâque Nouvelle*, fasc. 4 (2002), Namur, p. 33-40.

« Preghiera cristiana ed esperienza del sacro », *Dialoghi carmelitani* 3, 2 (giugno 2002), Brescia, p. 31-38.

« Christianisme et Islam. Quel dialogue ? », *Traces*, *Revue internationale de Communion et Libération* (février 2002), Fribourg/Suisse, p. 21-23.

« Chronique bibliographique annuelle d'histoire des religions. Bibliographie critique », *Hieros, Bulletin annuel de la Société belgo-luxembourgeoise d'histoire des religions* 7 (2002), Liège, p. 40-48.

SOMMAIRE

Mgr A. M. LÉONARD, La figure du prêtre dans les grandes traditions religieuses V
André MOTTE, Figures de prêtre dans la littérature grecque 1
Christian CANNUYER, Les « prêtres » dans l'Égypte pharaonique 33
Werner SUNDERMANN, Zoroastre, prêtre et prophète dans la doctrine des manichéens 59
Robert TURCAN, Images et fonctions du « clergé » mithriaque 73
Kurt RUDOLPH, Der mandäische Priester als Jünger und König 89
Jacques SCHEUER, La critique bouddhique du sacerdoce et du sacrifice brahmaniques 99
Michel DELAHOUTRE, Sacrifice et sacerdoce dans l'hindouisme d'après les publications du XXe siècle 117
René LEBRUN, Réflexions sur le prêtre hittite 125
Régis BOYER, Domaine scandinave ancien : le goði 131
Laura RIZZERIO, Le « prêtre véritable » chez Clément d'Alexandrie 143
Jean-Pierre MONDET, Le sacerdoce ministériel dans le *Commentaire sur l'épître aux Hébreux* de S. Jean Chrysostome 157
Luigi CIRILLO, Jacques de Jérusalem d'après le roman du pseudo-Clément 177
Édouard COTHENET, Les ministères dans les pastorales 189
Lambros COULOUBARITSIS, Hommage à l'abbé Julien Ries 203
Anne VANDERMUNTERT, Bibliographie de Julien Ries. Deuxième partie : 1992-2002 209

COLLECTION D'ÉTUDES CLASSIQUES

1. *Religio Phoenicia* – Acta Colloquii Namurcensis habiti diebus 14 et 15 mensis Decembris anni 1984. Ediderunt C. BONNET, E. LIPIŃSKI & P. MARCHETTI, 1986.
2. Chr. FROIDEFOND – *Lire Pindare*, 1989.
3. Fr.-X. DRUET – *Langage, images et visages de la mort chez Jean Chrysostome*, 1990.
4. R. BODÉÜS – *Politique et philosophie chez Aristote.* Recueil d'études, 1991.
5. A. ALLARD – *Muḥammad ibn Mūsā al-Khwārizmī. Le calcul indien (Algorismus).* Histoire des textes, édition critique, traduction et commentaire des plus anciennes versions remaniées du XIIe siècle, 1992.
6. *Phoinikeia Grammata. Lire et écrire en Méditerranée* – Actes du Colloque de Liège, 15-18 novembre 1989. Édités par Cl. BAURAIN, C. BONNET & V. KRINGS, 1991.
7. *Miscellanea linguistica Graeco-Latina.* Edidit L. ISEBAERT, 1993.
8. M. MUND-DOPCHIE – *La fortune du «Périple d'Hannon» à la Renaissance et au XVIIe siècle.* Continuité et rupture dans la transmission d'un savoir géographique, 1995.
9. *Quaestiones Homericae* – Acta Colloquii Namurcensis habiti diebus 7-9 mensis Septembris anni 1995. Ediderunt L. ISEBAERT & R. LEBRUN, 1998.
10. J.-Y. MALEUVRE – *Jeux de masques dans l'élégie latine. Tibulle, Properce, Ovide*, 1998.
11. *Rhetorical Theory and Praxis in Plutarch* – Acta of the IVth International Congress of the International Plutarch Society (Leuven, July 3-6, 1996). Edited by L. VAN DER STOCKT, 2000.
12. *Jean Guillaume: Philologie et exégèse* – Trente-cinq années d'études nervaliennes – Textes réunis par M. BRIX, L. D'HULST & L. ISEBAERT, 1998.
13. M. BRIX – *Le Romantisme français.* Esthétique platonicienne et modernité littéraire, 1999.
14. Th. S. SCHMIDT – *Plutarque et les Barbares.* La rhétorique d'une image, 1999.
15. H. SELDESLACHTS – *Études de morphologie historique du verbe latin et indo-européen*, 2001.
16. J. ASSAEL – *Euripide, philosophe et poète tragique*, 2001.
17. *De la* phantasia *à l'imagination* – Sous la direction de D. LORIES et L. RIZZERIO, 2003.
18. D. PALÉOTHODOROS – *Épictétos*, 2004.
19. Virtutis Imago: Studies on the conceptualisation and transformation of an ancient ideal – Edited by G. PARTOENS, G. ROSKAM and T. VAN HOUDT, 2005.

PRINTED ON PERMANENT PAPER • IMPRIME SUR PAPIER PERMANENT • GEDRUKT OP DUURZAAM PAPIER - ISO 9706

N.V. PEETERS S.A., WAROTSTRAAT 50, B-3020 HERENT